ユダヤ問題と裏返して見た日本歴史

三村三郎著

ユダヤ問題と裏返して見た

日本歴史

日猶関係研究会刊

京都駅前「洛陽ホテル」におけるイスラエル国貿易使節一行の観迎会（国際イスラエル文化協会主催），中央は通訳古屋登世子女史，向ってその左は同使節マック・トール氏，次は西川磯吉，筆者，楼井重雄，藤井哲夫，服部茂等，中央右はベッナー博士，元某子爵夫人，中外日報記者，奥村竜三，誉田季麿，鈴木康之，青柳清水，西山茂等，

一昨年日本橋中央クラブにおける日猶懇談会写真，前列中央向って左米軍総司令部附ユダヤ教大司教メーヤ・ゴールドマン氏，その右ウイリヤム・ウォール氏，この会合には東久邇氏，松平直鎮元子爵等も最後まで参加していたがこの写真にはもれている。筆者中央よりやや左方の一番ウシロ

元東京文理大学々長佐伯好郎博士がユダヤのダビデ王を祭ったものとその論文の中で断定した太秦広隆寺境内にある「大酒神社」

京都太秦広隆寺の本堂

太秦広隆寺境内にある旧国宝「桂宮院」

太秦の「蚕の社」の境内に古より建てる有名な三本足鳥居

仝上側面より見たるもの

古来福島県桑折町に存する「イスラエルの井戸」と共に有名な京都太秦の「伊佐羅井」の井戸，正面石ワクの中央に同調刻の文字見ゆ

東京後楽園涵徳亭におけるイスラエル共和国建国三周年紀念祝賀会（1951年）

昨年十一月銀座のレストラン，彌真茂登における日猶懇話会の写真，向って前列右から犬塚惟重，ユダヤ教牧師フランケル，山本英輔，三浦関造，仲木貞一，同二列犬塚きよ子，鳥谷幡山，高嶋辰彦，三村三郎，梁島正一郎，後藤光男，次に立てる人左端から村田聖明，富岡宰一郎，西山茂，大畑正一，南俊夫，香川治義，安江弘夫，宮原忠，小笠原孝次，山本英一，右端金藤光槌，その前に坐せるは末松経正

日猶懇和会主催の研究発表会における一場面

元上海におけるユダヤ教会堂

ユダヤのゴールデンブックに記録表彰された　元陸軍大佐安江仙弘氏（昭和十四年二月大連特務機関長時代の写真）

序　文

本書は、はじめ「世界の話題特集、猶太問題ダイジェスト」として編集に取りかかつたのであるが、書いているうちに批判して見たくなり、ついに御覧の通りの手の込んだ本になつてしまつた。「裏返して見た日本歴史」と題してあるが、決して学究的に歴史と取り組んで書いたものではない。極めて思うままにジャンプまたジャンプしながら、見たこと、聞いたこと思うたことを卒直に、時には傍若無人に書きなぐつたものである。表現も近ごろ流行のピカソ的立体的表現法を用い、時には口語体あり、文語体あり、甲の人の紹介記事の中に乙の人の来歴を長々と入れてみたり、筆者の自己紹介を至るところにサシハサンでうんざりさせているところもある。

また本書は先輩に対して一切の敬語を省略した、敬語の必要を認めた場合は読者において随時敬称を補足して読んでいただきたい。時には失礼な表現もあると思うが、筆者の表現にかまわず読者において失礼でない読み方でよんでいただくようにお願いする。

書中の内容については単に「話題」として提供するだけで、ことの真偽については学者や後世の史家に委せることにしたい。

出雲朝と天孫朝の対決
外宮と内宮の対決
天照大神と素盞嗚尊の対決
瓊々杵尊と饒速日尊の対決
神武天皇と長髄彦の対決

などなど、あまり好まない表現であるが、若い人たちの気持をくんで使わせてもらった。筆者はただ、こうした方面の「問題の提供者」として世論を喚起し、歴史に無関心な大衆を覚醒し、日本歴史に注目し興味を持つに至らしめば目的を達するのである。ことの正否や結論は、みんなで歴史を勉強して御随意に決定したらよいと思っている。

従来歴史家は不敬罪や国賊呼ばわりを恐れて公平な史論は書けず、臭いものに蓋をして、真正の歴史は雲の彼方にとざされていた。日本歴史をモウ一返「裏返し」て再確認するか、改めるかしなければ、このままでは大衆から信頼されないことになり、一部の誤りのために全体が否認されたり疑われたりして、ついには敬遠され見放され無視されることになりはしないか。

現に日本紀元二千六百年などといっても、今ごろ、どこへ行っても通用しない。つい最近も、頭の古い筆者は或る「宮殿下」からこの問題について冷かされたぐらいで、信仰としてはよいかも知れないが、学問としては成り立たないというのである。この際、われわれは「ヒイキの引き倒し」をやめて徹底的に畳みをたたきホコリを出して本当の歴史観を打ち樹てようではないか。

一般に日本古代史などは、すでに「時効」になつた位に考えて敬遠する向が多いが、筆者はむしろ、日本歴史の真姿開顕はこれからだと思う。なぜならば、日本歴史はこれまで九重の雲深く神秘のヴェールに包まれて真の姿をのぞき見ることを許されなかつたからである。即ち不敬罪というものを作つて一方的な見方を強えられ、専ら政治的意図のもとに史学が左右されていた時代だつたからである。これでは歴史研究もサッパリである。その意味において日本歴史の研究は未だ処女地であり、本当の研究はこれからだと思う。鬼が出るか蛇が出るか、少しタタミを叩いてホコリを出して、しばらくの間揉んで見ることである。その結果はじめて真の歴史に到達するであろう。神武天皇と長髄彦の問題などもまだまだ時効になつていない大切な問題である。

本書の目次を見ただけで、ハヤ眼の色を変えたり、鉛の天神様のようにシャチコ張つて見せる人もいるが、真理は何人もこれを害うことは出来ないし、また真理でないものはこれを如何に擁護して見てもどうにもならないものである。いかに原爆を以てしても真理を破砕することは出来ない。またいかに原爆を多量に準備して見ても真理ならざるものを長く維持しこれを守ることは出来ないものである。

こんな杜撰な随筆歴史ぐらいで、動揺したりグラつくような国体だったらむしろ根底から覆えしてやり変えた方が増しである。櫛風沐雨三千年の霜雪を凌いできた日本はそんなチョロコイものではない筈だ。

言論自由の今日こそ思う存分に泥を吐かせ、手にある資料は余すところなく出し尽させるべきである。過渡期においては玉石混交、いろいろな説が飛び出て、しばし混乱するであろうが、やがて落ちつくべきところに落ちついてくるものである。「臭いものにフタ」をしておくと、それがために全体の真価が疑われてくるもので却って大局的にはマイナスになるものである。間違ってる点があったらやり変えたらよいし、悪いところは悪いで卒直に認めたらよい。強いて弁護する必要はない。逆もまた真なりで、逆説があればこそ真説もまた従って生ずるものである。

本書は従来の官学の御用史観に対して逆説が多い。強いてやったのではないが、筆者の極めて公平な史観を以てすれば、勢い従来の御用学説は悉く覆って悪神が善神となり、逆賊が忠良となつて浮び上つてくることをどうすることも出来ないのである。

書中或る問題の場合には新しい構想をさらに発展させて頂きたいために、必要以上にくり返し強調している箇所があり、また或る問題については早まつて先入主を植えつけては日猶問題の啓蒙期にあたつて、あとの妨げになると思い、わざと信ずるが如く信じないが如く、テーマとして考えていただくように記してあることを御諒承願いたい。

本書は研究著書ではないが、漫然たる随筆でもない。筆者のネラつている読者層に必要だろうと思う資料を、何の連絡もなく書いて、ただ編集しただけのものである。文体は分り易いことを旨とし、内容は売れ行きと相談しながら案外真実を忠実に書いたものである。筆者としては稀に見る横着な書き方をした本であるが、ピカソやマチスが読んだら、恐らく絵筆を投じて感嘆するだろうところの、尖端的な表現著書であることを信じて疑わない。最後に本書の執筆に当つて貴重な資料を賜わつた中山忠直氏、犬塚惟重氏、川口選治郎、川守田英二氏、山本英輔氏、瀬戸四郎氏、生田目俊造氏、その他の方々に厚く感謝し、併せて執筆中長く寄寓した医学博士高須令三氏一家の絶大な援助と御厚遇に深く感謝する。

一九五三年四月廿八日

著者　三村三郎識す

ユダヤ問題と裏返して見た日本歴史 目次

四、神武天皇はダビデの血統？……（七六）
(イ)神武天皇ユダヤ人説いろいろ……（七六）
—行方不明のイスラエル十支族—メシヤはダビデの血統から—イエスは救世主に非ず—ユダヤ人迫害の根本原因—東方からメシヤが出るとの預言—小谷部、酒井説—川守田氏の説—
(ロ)日本国内に保存されているイスラエルの国歌……（八五）
—伊勢音頭はユダヤの紅海における「モーセの姉」ミリアムの歌—青森、岩手の一部に伝わる「ナガド」の古歌はユダヤの「出埃及の行進曲」でモーセの歌—宮崎県の「地搗歌」は「神がアブラハムに与えた宣託歌」—日猶比較対照表—サムエル青年—
(ハ)イスラエル人の波状的渡米と到着後の抗争……（八九）
A、神武天皇と長髄彦、蘇我と物部の争い……（八九）
B、長髄彦果して逆賊なりや？……（九四）
C、日本人即ユダヤ人ではない……（一〇九）
D、ユダヤの南北朝と日本の南北朝との関連……（一一三）
—熊沢天皇の重大な発言—竹内家のモーセの十誡石、オニックス等は日本南朝が伝えてきた神宝—米ソ二大陣営の対立はユダヤ南北朝問題解決のハルマゲドン—
E、日本の歴史上における数々の疑点……（一一七）
—国譲りとは勝者の弁、実は謀略懐柔による出雲侵略—十握劒を大地につき立て大国主命

解　題

本書のヤマはどんなところにあるのか、以下箇条書きにして掲げよう。

一、天孫朝と出雲朝との対決においては、天孫朝が勝つたから天孫朝が正当化され、出雲朝は負けたから出雲族の祖神である素盞嗚尊までが悪神化されていることを指摘した。さらに素盞嗚尊は地上人類及び万有の統治者と任けられ、地球上の主神と神定された神であつたが、人類及び万有救済のために、万神の罪を一身にお引受けになり、ついに神やらいに逐われ給うた贖罪救世の至誠神であり、太古におけるメシヤ、キリストであると論じた。

二、神武天皇が勝つたから、神武天皇の先祖である瓊々杵尊が正統化され、長髄彦は負けたから長髄彦の仕えていた天孫饒速日尊が不正統化されていることを指摘し、瓊々杵尊と饒速日尊の対決においては「饒速日尊正統論」?を掲げて見た。神武天皇と長髄彦の対決においては「長髄彦は天孫饒速日尊に仕え大義名分を正した大忠臣であつたが、たまたま天孫同志の直取引《ちきとりひき》の犠牲になり逆賊の汚名を蒙つた史上最も同情すべき人物であること」を論じ、日本建国の一大犠牲者として「長髄彦神社」を建設し、むしろ天皇家がこれを祭祀すべきであると論じた。

三、外宮と内宮の対決においては、内宮の祭神は天皇家の祖神であり、、外宮の祭神は全民族の神であるという中山忠直氏の説に史的根拠を与え、外宮を世界全民衆に開放せよと論じた。また中山氏の「外宮を長野県安曇平に遷せ」という論に対して、筆者は「外宮をその元屋敷である丹波に還せ」と論じた。

北畠親房卿の神皇正統紀によると「外宮の祭神は天之御中主神なり」とあり、また山崎闇斎をはじめ垂加神道の一党は「外宮の祭神は国常立尊である」と論じている。富士古文書には「伊弉諾尊伊弉冉尊二柱は、国常立尊の神霊を其神都田羽（丹波）の真井原《まないのはら》に祀り豊受大神と崇めさせ給う云々」とあつて、豊受大神即国常立尊であると記している。外宮はもと丹波に奉斎されていたが雄略天皇の時に、丹波から伊勢に移されたものである。即ち当時の政治政策からして大衆の手から外宮を取りあげて内宮と共に朝廷の直接管理下におくことが必要だつたのである。しかし外宮がこのまま内宮と共に伊勢に御鎮座になつていたのでは、内宮同様に一民族神として扱われるに至り、神道イズムが狭義に解され国家神道の範囲を脱することが出来なくなる。今後日本神道を世界神道として押し立てて行くためには、外宮を伊勢から元の丹波にお還り願うことが最も望ましいことだと思う。即ち外宮を内宮から分離し、内宮、外宮といつたような相対的名称も廃止して、一民族の祖廟たるが如き内宮的観念から脱却せしめることが肝要である。そして独立不羈、全人類及び万有の祖神たる元の神位を「再確認」し「外宮の祭神は天之御中主神即国常立尊即エホバの神である」ことを改めて中外に宣言すべきである。

内宮は天皇家の祖廟として、天皇家がこれを奉斎しこれを管理することは当然であるが、外宮は全民族の神として本来朝廷の管理下におかるべきものでないこと、再び大衆の手に開放されねばならないことを本著は詳細に論じた。

四、天孫降臨以前の日本島における最も有力な先住民であつた出雲族についても、学者は渡来民族であると見ている。喜田貞吉博士は南方説を唱え、鳥居竜蔵博士は北方説を主張した。小谷部全一郎博士は小アジヤからきた民族であるとし、イスラエル民族の中興に与つて大いに関係のあるヤコブの兄のエサウの子孫であると断じている。筆者はこれについて、出雲族の形成は原住民大山津見族に素盞嗚尊の率いるコーカサス系種族が加わり、後者種族の政治的支配下に独特の出雲文化を形成し出雲朝が出来上つたものと見る。また日本島に到着するまでにはパレスチナ、メソポタミヤ、ペルシヤ、印度北方から、蒙古、満洲、朝鮮半島を経由して来たと考える。このコーカサス人はユダヤ人と同様セム族に属する。

これに対して天孫族の形成は南方経由のヘブライ人種を主流として先住馬来系と原住民大山津見族とから成り、前者ヘブライ系種族が支配的置位に立つて独特の文化社会を形成したものと思う。

五、出雲朝と天孫朝の対立、神武天皇と長髄彦の対立、蘇我と物部、南朝と北朝、源氏と平氏等地上諸多の対立は、悉く高天原以来の持越しの事件である。即ち高天原における天照大神、素盞嗚尊二神の係争が未解決のまま地上に持越されている。ということは二神の原住地たる小アジヤから持込まれた事件だということであつて、即ち原住地における争いのむし返しを出先日本に来てからまで継続しているということである。小谷部博士は「日本及び日本国民の起源」の中において、出雲朝と天孫朝の対立をエサウの子孫とヤコブの子孫の対立抗争と見ているようだが、或る意味で当つていると思う。筆者はこれをコーカサス系とイスラエル系の二大対立だと考えている。

六、結論的に言えば、ユダヤ人はマルクスやレーニンに限らずみな革命家である。画壇においても音楽界においても、科学、教育においても然りである。彼等は生れながらに他民族と異つた眼と耳と霊性とを与えられているこの世の革命児である。ピカソの如きは画壇におけるマルクス、レーニンであり、ガリレオやエヂソン、アインシユタインは科学界のマルクス、レーニンである。またマルクスやレーニンは思想界のピカソであり、ガリレオ、エヂソン、アインシユタインである。ただその立場を異にしているだけで、彼等はどの世界に入つても、どの時代にあつても、恐らく尖端に立つてその世界その時代を革命せずにはいないであろう。由来ユダヤ人はこの世を革命するために生れついている民族であるかのようである。天来の性分を悪用すれば人類を破滅させる民族であり、善用すれば人類を永遠に幸福に導く偉大なる指導家となるであろう。キリストは宗教界の革命家であり、コロンブス、ナンゼン、スタイン、オツペルト等は探険家としての革命家であり、ロスチャイルド、ロックフエラー、サツスーン等は財界の革命家であり、チヤツプリンは映画喜劇の革命児である。メンデルもフロイドもザメンホフも皆それぞれの分野における革命家である。「世界革命とユダヤ人」!!、決して陰謀や謀略によらずして今や現実に人類世界はあらゆる面においユダヤ人によつて革命されつつあるではないか。決して思想、政治、経済の面だけではない。広く芸術、科学、文化あらゆる分野にわたつてすでに革命されつつある世界の現実を直視し、改めてユダヤ問題に対処すべきだと思う。

地球は動くものでなく太陽が地球の周辺を廻転しているものだという古来の人類の考え方に対し「地動説」を唱え、ローマ法王に幽囚され「それでも地球は動く」と頑張つたユダヤ人ガリレオによつて世界中の人たちの考え方は一変させられた。ユダヤ人マルクスの経済学説によつて従来の学説は変えられてしまつた。またユダヤ人ピカソの出現によつて世界中の画壇が一変させられつつある。また音楽界においてもワグナー、メンデルスゾーン、ブラームス、メニユーヒン、トローベル、ヂンバリスト等殆んど近代の名手の過半を占めており、原子力に寄与したオッペンハイマー、リリエンタール、アインシユタイン等があり、また医学界には最近わが国を訪れたストレプトマイシンの発明者ワックスマン博士をはじめ遺伝法則の発見者メンデル、結核菌の発見者ローベル・コツホ、淋菌の発見者ナイセル、肺炎菌の発見者フレンケル、梅毒血清診断の発見者ワツセルマン等実に無数である。ユダヤ人コロンブスのアメリカ大陸発見によつて確かに近代世界は革命された。ユダヤ人エヂソンの電燈、電話、映画（トーキーを含む）蓄音機等の発明によつて近代文明は新たにされた。ユダヤ人アインシユタイン博士によつて近代物理学はまるで変えられてしまつた。名を失念したがユダヤ人某氏の発案になる国際連盟の誕生によつて新しい世界機構が考えられるようになつた。

このようにわれわれの世界観、宇宙観は否応なしに彼らによつて変えられつつある現実を直視しなければならない。キリストもヨハネもポーロもユダヤ人であり旧約も新約聖書も共にユダヤ人の手によつて書かれたもので、世界中の人たちがこれをバイブルとしているのである。近代文化のバローメーターとされているノーベル賞の受賞者が過半ユダヤ人によつて占められている事実から見ても彼らが世界文化史上において如何なる置位を占めているかを知るべきである。

血を流すばかりが革命ではない、政治的支配ばかりが支配ではない、現に彼らは世界革命をあらゆる分野において遂げつつあり、また世界中の各界を現に指導し支配しつつある。選民と自称するのみでなく選民の実を挙げつつある現状である。

近々この百年間にアメリカ、イギリス、フランス、ロシヤ、デンマーク、オーストリヤ、ドイツ等において、或いは一国の総理大臣となり、大統領となり、またはその他の司法大臣、大蔵大臣となつたり、或は伯爵、男爵に列せられたユダヤ人は数え切れないほどある。前欧洲大戦当時の英国総理大臣ヂスレリー卿（総理大臣二回、大蔵大臣二回、伯爵に列す）をはじめ、独逸共和国大統領の栄位に昇つたフリードリヒ・エベルトもユダヤ人であり、かつてデンマークの大蔵大臣だつた有名なブランダース、仏国のヘリオツト、墺国のシロム、独逸のロートシルト、英国のアロン等も皆ユダヤ人で一国の大臣になつている。独逸帝国議会の最初の議長でありまた同国大審院の最初の議長だつたジムソンも独逸生れの猶太紳士であつた。ヴイクトリヤ女王時代の英国首相で初代伯爵だつたシヤフツベリー卿あり、さらにサーの称号を与えられたモンテフオロー卿、伯爵に叙せられた前記ベーコンスフイルド卿をはじめ英国枢密院には昭和四、五年頃前印度総督レーデイング卿ら十人の英系猶太紳士が顧問官として籍を連ね、また議会にも多数猶太系議員がいると指摘されていた。また前古未曾有の大政治家として四回も英国の総理大臣になつたグラツドストンはリパプールの商家に生れたユダヤ人であり、前記レーデング卿の如きはユダヤ人として英国における最初の大審院長となり検事総長となり、ついに入閣して外務大臣となり男爵から累進して侯爵となつた人である。また英国下院議員にして印度事務大臣となり印度憲法の原案をつくつたモンタギユー氏あり、国際連盟初代事務総長ドラモンド氏も共に英系ユダヤ人として著名である。またアメリカでは廿八代大統領ウイルソン同廿九代大統領ハーデイング等がユダヤ人として伝えられており、フランス系ユダヤ人では古くはナポレオン皇帝がユダヤ系として諸書に指摘されているのをはじめ一九〇二年商相をふり出しに労働相、陸相、首相兼外相となりついに一九二〇年大統領に当選したミルラン氏あり、隻眼の独裁者ガンペッタ、国際連盟事務総長アブノール、外務大臣になつたエーレンタール伯、ドレフユス等ほか無数に大臣が出ている。新興チエッコ・スラヴイアキアの初代大統領マサリツク、その次のベネツシユ大統領も共にユダヤ人であるといわれ、国際連盟十九ケ国委員会議長白国代表たるイーマンス、また当時同連盟で活躍したスペイン代表マダリーガ、ポーランドのライヒマン等悉くユダヤ人として挙げられている。ドイツでは欧洲大戦末期の首相シユテイネス、また前記ドイツ共和国初代大統領として洽く知られているエーベルト、同じく首相、大統領となつたシヤイデマンあり、その他シムソン、シユタール、ラツサール、マルクス等世界的に著名な政治家思想家を無数に輩出している。ソ連に至つてはケレンスキー、レーニン、トロツキー、ヨツフエ、カーメネフ、ルイコフ、ブハーリン、ボクダノフ、リトヴイノフ、カガノウイツチ等殆んど首脳はユダヤ人によつて占められ今日に至つている状態である。

以上は主としてユダヤ人の政治的進出をのべたのであるが、さらに学界における進出は一そう目ざましいものがある。哲学者としては古くはオランダ最大の哲学者スピノーザあり、またソクラテスの再来と云われたドイツ啓蒙期の偉大な哲学者モーセス・メンデルスゾーンあり、近くはベルグソンあり、物理学者としては前記アインシュタイン博士、ガリレオをはじめヘルツ光線の発見者でヘルツ力学の創設者H・ルドルフヘルツ氏あり（独逸ボン大学教授）、またベルリン大学教授でノーベル賞の受賞者であるハーバー法で有名なF・ハーバー氏、同じくドイツの理論物理学者として電気学理論の権威でミュンヘン大学教授マックス・アブラハム氏、独逸ゲッチンゲン大学教授兼天文台長、ポッツダム天体観測所長として幾多の数学、理論物理学の論文を残し業蹟を残したシュヴアルツシルド氏、同じくオランダの大学教授で天文学者として知られたカプタイン氏、英国の天文学者として知られたダヴイッド・ギル氏、同じくドイツの天文学者シュヴアーベ氏・ドイツの物理学者で電気学上のオームの法則を発見したシモン・オーム氏、飛行機の発明者として有名なリリエンタール氏、同じく原子物理学のリリエンタール氏等々何れも世界的に著名な物理学者がクツワをならべてユダヤ人の間から出ている。

またユダヤ人アブラハム・ゴットロン・ウエルナーはドイツ地質学の開祖とも称せられている有名な鉱物学者であり地質学者である。伊太利の有名な言語学者アスコリも国際語エスペラントの創設者ザメンホフもユダヤ人であり、同じく伊太利の精神病学者であり犯罪心理学の創設者として世界的に著名なロムブロゾ博士も、遺伝法則の発見者メンデルも、精神分析学の創設者フロイド博士もみなユダヤ人である。医学界におけるユダヤ人の功績は前記ワックスマン、フランケル、コッホ、ナイセル、ワッセルマンをはじめ日本の秦佐八郎と共に六〇六号の創製者として有名な、ノーベル賞の受賞者エーアリッヒ氏、パリー大学教授で黴菌学者ワイダル氏（ワイダル氏反応の提唱者）、アメリカにおける獣医界の泰斗サルモン氏等々無数である。

さらに公法学者としてウイン大学やバーゼル大学、ハイデルベルヒ大学等の教授だつたイエリネク氏あり。またベルリン大学の法律学の教授だつたガンス氏、パリーの哲学教授として、また自然法、国際法教授として著名なアドルフ・フランク氏あり、その他法学者としてオーストリヤのヨゼフ・ウンゲル氏、ドイツのゲアリング氏、フランスのレオンカーン氏、オランダのトビアス・アスサー氏、米のダヴイツド氏等々みな猶太系法学者として知られている。

またかつて米合衆国の最高司法権を握る高等法院七総裁の一人として列したブランデース氏、シカゴ大学総長ハーバー博士等も猶太人として知られている。

晩年ケンブリツジ大学教授となり、またウエストミンスター大教会の牧師兼ヴイクトリヤ女帝の侍講だつた英国著名の宗教家チャールス・キングスレーは貧賤なる猶太人を父母として英国デヴオン州に生れたと伝えられている。

詩人としてはハイネあり、ダヌンツイオあり、劇作家としてはドイツのフルダ、アメリカのヴエラスコがあり、さらにアメリカの生んだ最初の世界的劇作家オニールがある。また北米ミネソタ生れの小説家で詩人だつたオッペンハイム氏、フランスの歌劇作家オーベル氏、ドイツの戯曲家として表現派作家中の最多作家として知られているカイザー氏、ユダヤ人を両親としてロンドン近郊に生まれ三十一才の若さで死んだが英国の有名な女流作家として知られているアグイラー女史、ドイツ文壇の寵児だつたウアッセルマン氏、その作品は有名すぎるほど有名な「春の目ざめ」「地霊」「パンドーラの箱」等の著者ヴエデキンド氏、このほか英国の詩人サスーン氏、同じく英国の作家ザングウイル氏、同じくロンドンの伝記作者ウアルトン氏等いづれもユダヤ人作家として著名である。

世界的音楽家としてはワグネル、ブラームスあり、作曲家としてはヤコブ・メンデルスゾーンの名を知らぬものはない。ロシヤが生んだ世界一の称あるヴアイオリンの名手ヂンバリストも、アメリカのメニユーヒンもトローベルも、プロシヤ王の招聘を断つた有名なメンデルスゾーン・バルトルデイも、ジーグフリード・ワグナーも、マイヤーベーアも、オッフエンバッハ、ゴールドマルク、ヨアヒム、ミッシア・エルマン、ハイフエッツ等々悉くユダヤ人と云われ、ことに音楽界に至つては、ユダヤ系楽譜を除いたら近世音楽は成立しないであろうと称されるほど、重要人物を輩出している。

次に画壇方面ではオランダのミレーと称されたイスラエルス、またドイツ印象派を確立した印象派の先駆者リーベルマン、さらにモネーと共に印象主義の代表的画家として知られているピッサロ、ソ連画家として有名なアンネンコフ、最近世界画壇を風びしつつあるフランスのピカソ等々いづれもユダヤ民族の出身である。

さらに女優としては特に世界的に令名のあるベルナール、ラシエル、ルビンスタインの三人をあげることが出来る。その他有名なアメリカの映画監督ルビッチ、スタンバーグ、グリフイス等みなユダヤ人であり、映画フアンの人気役者、チヤップリン、フエヤバンクス、ピックフオード、ロイド、キートン、シトローハイム、ルビッチ、セネット、フアイトその他少しでも知られたものは皆ユダヤ人であると云われているほどである。

その他新聞雑誌等世界の通信網はユダヤ人に握られていると云われる位である。ロイテル通信社長のロイテル男爵はドイツ系ユダヤ人であり、ハーストは米ユダヤ人で、ハースト系新聞のほかに米国内で約十種、ロンドンで三種の世界的権威ある大雑誌を発行している。ウオルフ通信社長のウォルフ氏も同様ユダヤ人である。

このほかに見のがしてならないのは探険界におけるユダヤ人の功績である。前記コロンブスの米大陸発見は申すまでもなく、さらに英国の考古学者にして探険家として知られているスタイン氏の新疆省タリーム盆地の探険、特に和闐附近の古蹟を詳細に調査し、種々の遺品、古壁画、古文書、図書、仏経典等多数貴重資料を発見した。特に木簡のような、紙の発明以前の文記は珍中の珍とされている。一九〇六年再度の探険を試みタリーム盆地、甘粛省の西辺、燉煌千仏洞に多数の絵画、古書、古経典を発見し、三度目には蒙古の西部からパミール山中、アフガニスタン方面まで踏査し、さらに一九三〇年第四回探険に出かけ古代欧亜の通路発見に努めた。この功績によつて彼は英国貴族に列せられたが、氏はブタベスト生れのユダヤ人であつた。また中部メソポタミヤでフエニキア文化の中心であつたヒッチト帝国の埋没した首府を発掘して一躍名をなしたオッペンハム氏、さらに北極探険家として知られたノルウエーの偉大な政治家であり学者であつたナンゼン氏（ノーベル平和賞の受賞者）、東洋学者としてフランス政府から学術踏査のためメソポタミヤに派遣されたオッペルト氏、ブタベスト大学教授で中央アジヤを探険旅行して業蹟を残したヴアンベリイ氏、アフリカ探険家のエミン・パシヤ氏、スエーデンの地質学者でアジヤ大陸横断の大旅行探険に成功し、のち貴族に列せられ王立学士院科学部長に就任したズヴエン・ヘデイン氏等いづれもユダヤ人として知られている。

このほか経済界に活躍している世界ユダヤ人の存在については縷々のべるまでもない。英国一流の諸会社及び大銀行等は殆んどユダヤ人富豪たるロスチヤイルド、フリユリング、ゴツシユン、セリグマン、モンタギユー、シユロエダー等によつて占められ、アメリカにあつても銀行家シツフは哩数二万二千二百哩に及ぶ私設鉄道会社を経営してその社長となり、また東京の三越に幾倍する大百貨店を営むユダヤ巨商にストラウス、ジエゲル、ブルーミングデール、アルトマン、ステルン等があり、またかつて上海の二大財閥と称されたサツスーン、カドーリの二人も共にユダヤ人だつたことは御承知の通りである。

また国際連盟を発案したのもロータリ倶楽部をつくつたのもユダヤ人であり。世界連邦政府樹立世界運動もユダヤ人アインシユタイン博士等の発起によつて発足している。これらは何れもユダヤ機関の協議や指令によつてなされたものでもなんでもなく、彼ら個人の意思によつてなされたことは明かである、これは要するに彼の個人々々が他民族よりもそうした感覚が秀でている結果にほかならないのである。ロータリ倶楽部やフリーメーソン結社はユダヤの陰謀機関であるようにいう人もあるが、世界各国の一流人が加入していてしかもユダヤ人に自由にされるということは大体おかしいことである。しかし彼らは自由にするであろう。なぜならば彼らは優秀だからである。別にこれはロータリやフリーメーソンに限つたことではない。どの世界においても優者が劣者をリードすることは当然で、これを陰謀と称することは当らない。現に見よ、前記するところによつて如何にユダヤ人が陰謀でなく実力を以て世界に君臨し人類を圧倒しつつあるかを。陰謀呼ばわりはむしろ敗者劣者の嫉視の謀略語にすぎないであろう。

七、本書は日猶文化の共通性について論じ、日猶同族論を紹介し、日猶提携の必然性を強調した。あわせてこの運動の先覚者を顕彰し同志を紹介する意味で親猶主義者列伝を添えた。

八、本書に日本国家成立の根底を覆すが如く見える大胆率直な独特の史観を載せたのは、他意あつてのことではなく、日本国体の真姿を開顕せんがための遠大な筆者年来の抱負から出たものである。

九、明治維新の志士たちが何故脱藩してまで徳川に敵対したか、それは藩籍などが邪魔になるほどの高い国体観に立つたからである。私たちは今、狭義の日本観から脱藩しなければならないほど高次の世界観に立たされているのである。世界維新（昭和維新）は必然的に人種、国籍、宗教、党籍等の桎梏から人類を開放することを要求しているのである。われわれは今や過去の民族原理を世界原理にまで飛躍発展させなければならない時運に遭遇している。

天地初まつて以来の世紀の一大転換期に当つて「神武建国の初めに還れ」といったような生優しい看板や理念で以てこの峠を越せるものではない。今泉翁は「天孫降臨の段に還れ」といつたが、天孫降臨や修理固成の段でも未だ途中の論にすぎない。「天地初発の天之御中主神の段に立ち還れ」と絶叫せざるを得ないのである。

人種、国籍が違い、宗教宗派が異つておつても天之《か》御中主《み》神のもとに人類は平等で兄弟だという根本原理に立たなければ、今後の世界の処理は出来ない。日本人よ!!、まず「天之御中主神に還れ」「天地初発の段に立ち還れ」、しかる後に改めて八百万神を見ようではないか、またこの観点に立つて改めて日本歴史を眺め、さらに現実の日本と世界を見直そうではないか。日本の旧約時代は原爆と共にすでに去つた。新たな聖書を以て日本が起ち上らなければならん時である。日本の新約聖書はすでに与えられている。その冒頭に曰く「天地の初発《はじめ》の時、高天原に成りませる神の名《みな》は、天之御中主神」と。文字の並べ方は旧約も新約も同じものであるが読み方が大いに違う。旧約時代は「天照大神」重点時代で、天照大神から一歩でも眼を外《そ》らしてはならないという読み方を強えられていた。即ち天照大神の父母神イザナギ、イザナミノ命以前の神々は思想的に抹殺されていた時代である。造化の真神を認めず祖先の英雄や偉人乃至はエンゼル（天人、天使）を以てこれに置きかえた時代である。その結果「神とは人だ」という観念を助長し、インチキ生き神を数多つくる動機を与え、神道を迷信に堕落させた。精々祖先崇拝教ということに定義づけられているが、惟神の大道はそんなチッポけなものではない筈だ。この道から生れ出た八紘為宇の大理想は今日の世界政府運動よりも遙かに高い理念に根ざしている。というのは「天地初発の段」以下の神代思想の背景を持っているからである。「天照大神」から初まるところの祖先教や民族教では今後の世界に通用しない。新神道イズムは「天地初発の天之御中主神の段」に立つて、神道の世界性を強調し、「世界神道」を打ち樹てるように進まねばならない。

以上のような観点から狭義の神道観、国体観を一応根底から革新せねばならないと考え、近ごろの筆者としては少し思い切つて書いた。

一、某宮様と「フリ人」の研究

「シオン通信」十一号（昨年十二月発行）に、宮様の談話として次のような注目すべき記事が出ていた『紀元前十四、五世紀ごろ、コーカサス方面を経てパレスタイン地方に王国を立てた「フリ人」の存在が、日本と密接な関係があるのではないかと思われる。言語学上から見ても、日本語もコーカサス地方の言語もウラルアルタイ系であるところから、この「フリ人」の研究が古代日猶関係解決の鍵になるかと思う云々』と、

旧約聖書に扱われているこの「フリ人」の記録を知らない人が多いのであるが、最近英米の学者間に「フリ人研究」が盛んで、特に一九四六年オックスフォード大学出版のジャック・フィネガン著「ライト・フローム・ゼ・エンシエント・パスト」が有名である。宮様は目下該書の飜訳執筆中だと承っている。そう云えば最近国際キリスト教大学教授の左近義慈氏が或雑誌に「ホリ人の研究」と題して書いたのを見かけたことがある。

（A）　親猶運動の盲点を衝く宮様

筆者は昨年六月同宮邸に伺候し一時間半にわたつて親しく御話を承る機会を得た。平民的な宮さまは、お話しもザックバランでお友だちと語らつているような気安さである。

その時のお話しの重点は「研究と運動とを切り離してやつたらどうか」ということだつた。「日猶親善運動に役立てようとしての研究は、いたずらに結論を急ぎ、理論を飛躍させる恐れがありはしないか」という御注告だつた。「両民族の共通点だけを列挙して、かるがゆえに両者は同族だということは当らないし、また同族なるがゆえに両者の親善を計らねばならないということも余りに消極的な考え方である。九分九厘まで共通していても、一厘のところで本質的な相違が発見されることもないとは言われない。目は横に鼻は竪《たて》についているという共通はどの民族にも存するのである。風俗、習慣、言語等のはしばしにはどこの民族にでも共通するものがある。かるがゆえに日本人は南洋からきた、大陸からきた、小アジヤからきた等々と学者はいうが、共通を拾いあげただけでは水掛論である。私はむしろ両者の相違点、特殊性をあげて研究した方が遙かに興味があるのではないかと思う。また親善運動については、異民異種族の間にこそ却つて親善を促進する運動が起さるべきで、同種同族の間には殊更に親善を言わなくてもよいだろうと思う。親善のために殊更に同族論を引き出そうとすると研究に無理が出来てくる。研究は研究、運動は運動で別々にすべきもので、おのずからその使命目的を異にしているものだと思う。秦族の研究は今後も大いにやるべきだと思うが、運動に引きずられて結論を急ぐことのないようにしたいと思う云々」

理路整然まさに日猶親善論者の大きな盲点を衝いている。

宮様は極めて近代的感覚を持った科学的学徒であって、決して本書に扱っているような「キリストの日本来住記」とか「劒山に埋蔵するソロモンの秘宝」とか言ったような途方もない説にお耳を傾けられるようなお方ではない。つねに神秘主義や神憑り説を排除し警戒していられることを附言しておく。

しかるにもかかわらず、なおかつ本書にこれを扱うゆえんは、科学的証明がない以上そのままに信ずることは出来ないが、由来「火のない所に煙りは立たない」道理で、何かしらこれに関連して大きな謎が秘められているかも知れない。とりあえず一つの話題として提供しておきたい。真偽の証明はやがて時が解決するだろう。それまで結論は「お預け」という軽い気持ちで書いて

いることを御諒承願いたい（一九五三・一・三〇）

二、神鏡の裏に謎のヘブライ文字

(イ) 左近博士宮中に召出されて鑑定

やんごとなき所に昔から御神体として奉斎されてきた神鏡の裏面にヘブライ文字が刻まれているという噂は、私たち同攻者の間には早くから伝わっていたもので、別に耳新しいことではない。森有礼にからまる同様の噂もあり、また竹内文書の裁判事件に関連して鵜沢博士が伊勢に出張して調査した結果の噂も同様のものであった。また日本ホーリネス教会の創立者中田重治先生からこの話があったということも伝聞していたが、矢張りそれはどこまでも噂の程度で真実性に乏しかった。しかるに著者が一昨年八月以来月刊「シオン通信」を発行したところ茨城県平磯町の「きよめ教会」の牧師生田目俊造氏から叮重なお便りと同時に、昭和廿三年五月発行の同教会の機関誌「きよめの友」に同氏が執筆した次の一文を添えてきた。これによって噂の真相はまさに明かになったと言えるであろうと思う。以下生田目氏の一文です。文中に「恩師」とあるのは元「

日本ホーリネス教会」「きよめ教会」等の創立者だつた故中田重治先生を指称しているのである。

『恩師の命もあつたので恩師なきあと遺命を守つて今日までこれを秘して置いたが最早時代も変つた今日、公開してもよいと思う。否今こそ語るべき時であると信ずる。

エルサレム問題がこうまで活溌に動いてきた今日これを公にして我民族の覚醒を促すべきはなすべき事と信ずる。わが民族の中にこれよりして幾許か感動されて起ち上る者があるとなれば幸いである。

今の日本人にただ上から正義に立て、悪をするな、潔かれ、と叫んでもそれはなかなかである。人は自らの中に尊いものを見出した時に、自ら―正義に、潔きに―立ち返り起ち上るものである。

イスラエル人は神の選民たる誇りを以て世界に立つている。また事実イスラエル人はその興亡数千年の悲しい歴史を辿つてきたが今も選民として神に顧みられている事は確かである。これによつても宇宙世界を支配してい給う神ありということもまた確実であり信ずべき事である。

私はどうしても日本人の中には何か神秘的なものがあると感ぜられる。今より語らんとする事によつてわが民族がこの神の選民と驚くべき関係にある事を悟り、これよりして真の神を見出し信ずる者があるとすれば幸いである………

その日の恩師夫人は常になく厳《おごそ》かに語り出ずるには「今より語る事は必ず口にも筆にも上《のぼ》すべからず」と先づ堅く断られて話し出された。その当時の情勢としてはこれは必然の事である。御話は斯うである。

昨日A学院のS博士が突然わが聖書学院に来訪されて非常に厳《おごそ》かなる事を語られた。宮中のいとやんごとなき所に古《いにしへ》より神体と仰がれ給う鏡があつた。その鏡の裏に現わされてあつたものがはじめは模様とのみ見られたがそれは模様にあらずして驚くべし、ヘブル語である事が明かになつた。さあ大変賢き所の鏡にヘブル語が刻まれてある。然《さ》れば日本においてヘブル語の権威者は誰かという事になつた。そこで選ばれたのがA学院のS博士である。早速御召出しに相成り厳秘の裡にその写しを示された。博士がこれを拝見するに、正にヘブル語にして、旧約聖書出埃及三章十四節「我《われ》は有《あり》て在《あ》る者《もの》なり」と刻まれてあつた。博士は厳かさにただ恐れ慄《おのの》いた。もとより写真に撮る事も写すことも、口外も許されぬ事なれど、我が恩師のかねてよりユダヤ人問題に関してその名高ければ早速来られて恩師にのみその厳かなる秘密を打ち開けられたものであつた。恩師また信仰の子供である我等に親しくこの秘密を明かされたのであつた。祖国日本民族覚醒の祈りの為に。

ああ如何におごそかなる思いを以てこの奇しき伝を聞いたことであろう。ああこれ神秘なるかな奇なるかな。然ればとて吾人が今直ちに我が祖国の歴史をヘブルにさかのぼらんとするにはあらねども、わが日本が「ただの国にあらざる事」だけは信ぜられる。やがて神の国の来らん時一切は明かさるるであろう。

不肖この神秘を知らされて以来信仰はまた大きく新たにされたものである。この朝の家拝は終始わが念頭を去らない。恩師の信じたものを堅く信じて来た。鏡に印刻された神の聖名「我は有て在る者なり」はまた吾が脳裏に深く刻まれたのであつた。

抑々も出埃及記のこの条（くだり）は文字通り神がイスラエル民族を罪の世界エジプトより引出さんとて指導者モーゼを立てて神の栄を現わし給うヘブル民族史中最もおごそかなる箇所である。

「モーセその妻の父なるミデアンの祭司エテロの群を牧《か》いおりしがその群を曠野の奥にみちびきて神の山ホレブに至るにエホバの使者「棘《しば》のなかの火焰の中」にて彼にあらわる彼見るに棘《しば》火に燃ゆれどもその棘《しば》焼《や》けず、モーセいひけるは我ゆきてこの大なるみものを見何故に棘の燃《もえ》たえざるかを見ん、エホバ彼がきたり観んとするを見たもう即ち神棘の中よりモーセよモーセよと彼をよびたまいければ我ここにありというに、神いいたまいけるは此に近よるなかれ汝の足よりくつを脱ぐべし汝が立つ処は聖《きよ》き地なればなり、又いいたまいけるは我はなんぢの父の神アブラハムの神イサクの神ヤコブの神なりとモーセ神を見ることを畏れてその面をかくせり。ヱホバ言いたまいけるは我まことにエジプトに居るわが民の苦患を視また彼等がその駆使者（おひつかうもの）の故をもて「号ぶところの声」を聞けり我れかれらの憂苦を知るなり。われ降りてかれらをエジプト人の手より救いいだしこれを彼地より導きのぼりて善き広き地、乳と密との流るる地……に至らしめんとす。今イスラエルの子孫の号呼われに達る、我またエジプト人が彼らを苦しむるその暴虐を見たり、然れば来れ、我汝をパロにつかはし汝をしてわが民イスラエルの子孫をエジプトより導きいださしめん。モーセ神にいいけるは我は如何なる者ぞや、我豈パロの許に往きイスラエルの子孫をエジプトより導きいだすべき者ならんや。神いいたまいけるは我必ず汝とともにあるべし是はわが汝をつかはせし証拠なり、汝民をエジプトより導きいだしたる時汝等この山にて神に事へんモーセ神にいいけるは我イスラエルの子孫の所にゆきて汝らの先祖等の神我をなんじらに遣はしたまうと云わんに彼等もし其名は何と我に言わば何とかれらに云うべきや、神モーセにいいたまいけるは「我《われ》は有《あり》て在《あ》る者《もの》なり」又いいたまいけるは汝かくイスラエルの子孫にいうべし「我有《ワレアリ》」という者我をなんじらに遣わしたまうと、神またモーセにいいたまいけるは汝かくイスラエルの子孫にいうべしなんじらの先祖等の神アブラハムの神イサクの神、ヤコブの神エホバわれを汝らにつかわし給うと是は永遠にわが名となり世々にわが誌《シルシ》となるべし」（出埃及三章一節―十五節）

鏡には即ちこの神の聖名が刻まれていたのであつた。そもそも神には名がない。無理につけるならば天地の有らざる先に先づ在したまうた者即ち神、これが神の名である。また信ずる者の神である。

ああ尊き神の聖名!!「我は有て在る者なり」日本に於て最も尊ばれたる所にて最も尊きものに最も尊き聖名が刻まれてあつたのである。この国に建国以来この神の聖名は秘められていたのであつたろうか。「汝われを知らずといえどわれ名をなんぢに賜いたり」（イザヤ書四十五章）とは如何にこの時に適切なる聖言であろう。

「エホバは日なり盾《たて》なり」と三千年の昔わが日本とイスラエルを結び給いし奇しさに心がおどる。神の聖名を与えられたモーセは、神の力を与えられ、かくてあのイスラエル全民族を罪のエジプトより引き出し指導して曠野に神の十誡を受けあらゆる苦難の中を神の約束の聖地に導いた。

今や神の聖名を与えられ、神を知り奉つたわが民族、平和の魁《さきがけ》をなしたる日本、「世界を導く者は誰ぞ!!」今やわが民族と大いなる関係ありと信ずるイスラエル民族、神の予言通り故国の聖地パレスチナ、エルサレムへ帰されんとして悪魔との激しい戦いをしている。神の御栄光はエルサレムに現わされつゝある。すべての祝福もまた審判も。

この神の戦いの重大なる時起ち上る者は誰ぞ!!、世界の国々は神の側に味方する者と逆らう者に別れつゝある。神の味方する者また多々あるであろう。あゝ愛する祖国日本は、何れぞ。あゝ神秘の日本、神よ願くは上天皇陛下を始め奉り、真の神を崇《あが》むる祭司国日本としてエルサレムのために禱告《トウコク》に当らしめ給え。あゝ大君の都エ・ルサレム。「エルサレムの為に平安を祈れ、エルサレムを愛する者は栄ゆべし」(聖書詩篇)』

以上を以て生田目氏は文を結んでいる。さて文中に

一、宮中のいとやんごとなき所に古《いにしへ》より神体と仰がれ給う鏡。

二、賢き所の鏡。

とあるのは一体どんな性質の「鏡」であろうか。問題の焦点はここにある。

恐れながら著者は、それは 天皇の親祭し給う宮中賢所《かしこどころ》に奉斎する神鏡であろうと拝察する。

もし然りとするならば問題は必然的にこの「神鏡」の御原型たる三種の神器の一たる八咫神鏡に及ぶわけである。

(ロ) 八咫神鏡の裏面にも？ 賢所の神鏡にも？

日本書紀によると「是の時に天照大御神、手に宝鏡を持ちたまひて、天忍穂耳尊に授けて祝《ほ》ぎて曰く、吾が児、此の宝鏡を視まさむこと、当《まさ》に吾を視るが如くすべし。与《とも》に床を同じくし殿を共《ひと》つにして、斎鏡《いはひのかがみ》と為《な》すべし」（古語拾遺、旧事紀、日本書紀）とあつて、天孫降臨以来崇神天皇に至るまでは、この「同床共殿」の神勅に基き、八咫鏡は天照大御神の御神体として天皇のお住いになる宮中に奉斎し、天皇は大神様と全く御一体となり天皇は神と「同床共殿」で万機を視そなわせられたのである。

しかるに当時ようやく海外との交通が開け異民族の帰化、外国文物の輸入等があり、はじめて外国風の租税制度を布き、本来の日本の姿をある時期まで踏晦《くらま》して海外文明を受け入れこれを促進する必要が起つたのである。出口王仁三郎翁、大石凝真素美翁等はこれを名づけて「和光同塵の皇謨」といつている。

そこで崇神天皇は従来の如く大御神様と「同床共殿」では恐れ多いとされ、また一方異民帰化人等の宮廷への出入、外国文化の受け入れ等のために神威の汚されんことを恐れて天照大御神様の御神体たる八咫神鏡を宮中外の別殿にお遷しになられたのである。

古語拾遺に「漸《ようや》くに神威を畏みたまひて、殿を同《とも》にしたまふこと安からずおぼしたまふ。故《か》れ更に斎部氏をして、石凝姥神《いしこりどめのかみ》の裔《すえ》と、天目一箇神《あめのまひとつのかみ》の裔の二氏を率《ひき》ゐて、更に鏡《みかがみ》を鋳《い》、剣《みつるぎ》を造らしめたまひて、護身の御璽《みしるし》と為《な》したまひき。是は今践祚の日に献る所の神璽の鏡剣なり。仍《か》れ倭《やまと》の笠縫邑に就きて磯城《しき》神籬《ひもろぎ》を立てて、天照大神及草薙剣を遷し奉りて、皇女豊鍬入姫命をして斎《いつ》き奉《まつ》らしめたまひき……巻向玉城朝《まきむくのたまきのみよ》（垂仁天皇）に洎《およ》びて、皇女倭姫命をして、天照大神を斎き奉《まつ》らしめたまひき。仍《か》れ教《をしゑ》の随《まにま》に、其の祠《みや》を伊勢国五十鈴川上に立て、因《よ》りて斎宮《いつきのみや》を興《た》てゝ、倭姫命をして居《はべ》らしめたまひき云々」

とあつて、今ここに八咫鏡を別殿に遷すについて、新たにこれを模して同型の神鏡を鋳造したというのである。そして天孫降臨以来宮中に奉斎されていた真物の八咫鏡は、これを豊鍬入姫命に仰せて大和の笠縫邑《かさぬひのむら》に遷して奉斎し、のち倭姫命が代つて奉斎し、ついに倭姫命の時に至つて各地転々の末、今の伊勢の五十鈴川上に鎮祭するに至つたのである。また当時新たに模造した神鏡は爾来長くこれを宮中にとどめ、今日なお宮中三殿の一たる賢所《かしこどころ》に奉斎しているのである。

されば、モシ「賢所」に奉斎している神鏡の裏面に生田目氏のいう如くヘブライ文字で、しかもヘブライ語で、イスラエルの神「エホバ」を表象する「我は有りて在る者なり」を刻してあるとするならば、それは当然神鏡の原型たる八咫鏡の裏面にも同様のヘブライ文字が刻してあることになり、日本の皇室は古来イスラエルの神エホバを拝し、したがって日本民族はしらずしらずのうちにこれを信奉し支持してきたことになるであろう。皇室の秘宝三種の神器は果して何処よりきたり、その正体はいかなるものか、世界歴史との関連において再検討されなければならないであろう。

(ハ)　紀州日前神社の神鏡にも？

さらに問題はこれのみにとどまらない。古語拾遺に「是《ここ》に思兼の神の議の従《まにま》に、石凝姥神をして日像之鏡《ひのみかたのかがみ》を鋳《い》しめたまひき。初度《はじめ》に鋳たるは、少しく意に合はず、是《こ》は紀伊国の日前神《ひのくまのかみ》にます。次度《つぎ》に鋳たるは其の状美麗《かたちうるは》しかりき。是《こ》は伊勢大神にます云々」

また旧事紀に

「宜しく日神御像《ひのかみのみかた》を図《うつ》し造りて招《お》ぎ祈禱《いのり》奉《まつ》るべし……天《あま》の金山《かなやま》の銅《かね》を採りて日矛《ひぼこ》を鋳造《つく》らしむ此の鏡少《いささ》か意に合はず。則ち紀伊国に坐す日前神是《ひのくまのかみこれ》なり。また鏡作りの祖天糠戸神《あまのぬかどのかみ》をして天香《あまのかぐ》山《やま》の銅《かね》を採らしめて、日像之鏡《ひのみかたのかがみ》を図《うつ》し造らしむ。其の状《かたち》美麗《うるは》し。しかるに窟戸《いはと》に触れて小《こ》瑕《きずつけ》有り。其の瑕《きず》今猶は存《あ》り。即ち是れ伊勢に崇《いつ》き祕《まつ》る大神なり。所謂八咫鏡亦は真《ま》経《ふ》津鏡《つのかがみ》と名づくる是れなり云々」

とあり、日本書紀にも同様記事あり。これによると、どうやら紀州「日前神社《ひのくま》」の御神体（鏡）・も同型同種のもののようである。

筆者は昭和十六、七年ごろ、神道の同攻で時の和歌山県知事清水重夫氏にお目にかゝり護国神社に案内されて参拝し、同日石川市会議員の主催で商工会議所及び女学校で講演し、さらに翌日大阪府警察部の思想第二課長槐島定介氏のアッセンで和歌山市警察官錬成所？に講演に行ったがその際同所の自動車を駆って竈山神社から「国懸《くにかかし》」「日前《ひのくま》」両社に参拝し、特に「日前神社」の社務所に立寄り社記、社伝を調べたことがあったが、やはり右旧事紀、古語拾遺に掲げたような説が伝わり記録されていたことを確かに記憶している。

こうなると問題の「鏡」は単に宮中賢所の神鏡のみでなく、「伊勢神宮」ならびに紀州「日前神社」に奉斎されている神鏡にも同様のヘブライ文字が録されているのではないかと考えられる。これはあながち無理な推察ではないと思う。

(二) コーカサスからユダヤを経て日本へ？

日本の民族問題、伝統的文化の問題について学者はさらに角度を変えてモットいろいろな面から追及し研究すべきだと思う。本項の問題の如きは全く従来の日本民族史、文化史の角度からは解決出来ない問題である。

日本の民族、人種の問題については筆者は現在、前述宮様の「フリ人の研究」に一番大きな期待をもっている。それは後に別項に記するように瑞月翁の著書「玉鏡」に「古代においてこの馬来系とコーカサス系とが一緒になつて現在の日本人の容貌がつくり出されている云々」とあるところからヒントを得て、すでに七、八年前から手をそめて或る種の確信をもっているからである。

宮様の御研究によると、この「フリ人」がコーカサスからユダヤ人の故地パレスチナに入つて一時王国を立てたことのある人種だが、どうやら日本と密接な関係があるらしいというのである。

そしてこれが日猶関係解決の鍵になるだろうとニランでの御研究と承り、実は御世辞なしに一瞬ハッと度肝《どぎも》を抜かれた形で、しかも勘《かん》どころが全く一致していたのには驚かざるを得なかつたのである。私の方は早く気づいたばかりで一向に研究は遅々として進まずにいた際、殿下の御研究の発展ぶりを承り、しかも基礎的な勉強から着々と進みつつあるのにはただただ敬服のほかはない。

今問題にしている「神鏡」の裏面に刻されたヘブライ文字にしても、これを以て直ちに、かるが故に日本人はユダヤから来たとか、ユダヤ人と日本人は同祖だなどと速断することのないようにしたいと思う。あるいは太古にヘブライを通過した民族が持ち来らしたのかも知れず、殊に大切なものほど悪魔にネラわれるもので、いつどんな所でどんなものにスリ変えられたりどんな風に謀られていないとも限らないのである。

なお前記生田目氏の文中に神鏡裏面のヘブライ文字の鑑定者「A学院のS博士」とあるのは、A学院とは青山学院のことであり、S博士とはヘブライ語学者として有名な故左近義弼博士のことである。この話は「基督兄弟団」の牧師さんや「きよめ教会」の牧師さんたちの間には殆んど知らん人がないまでに行きわたつている。

三、外宮の祭神はエホバの神であり、神体はユダヤのマナの壺だという説

外宮の祭神は古来一般に豊受大神と伝えられているが、神皇正統紀には天之御中主神であると記し、山崎闇斎は国常立尊であるといい、富士古文書には「国常立尊即豊受大神」であると記している。しかるに中山皇漢医学研究所長中山忠直氏は近来頻りと外宮の祭神はエホバの神であり、その御神体はユダヤの三種の神宝の一たる「マナの壺」であると主張している。本章は主として中山説と小谷部説を批判し卑見をのべておいた。

(イ) 行方不明のユダヤの三種の神宝

ユダヤの三種の神宝といえば

一、はアロンの杖

すなわち祭司アロンが神示を蒙りエジプト王の前で種々奇蹟を現わした鉄の短い杖である。

二、はマナの壺

アラビヤの曠野において飢饉におそわれたとき、神は天からマナと称する小粒の穀物を降しイスラエル全民族はこれによつて餓死を免れたため感謝の記念として、その穀物を少量納めたという黄金の壺

三、はモーセの十誡石

ユダヤ教の開祖モーセが神から授けられた十誡を刻せる石牌

以上である。即ち「アロンの杖」「マナの壺」「モーセの十誡石」の三つをユダヤの三種の神宝と称するのである。ダビデ王の時代までは天幕作りの幕屋に奉安していたが、ソロモン王の時に宏壮な神殿を造営してエホバの契約の櫃《はこ》をダビデの城《まち》すなわちシオンよりかき上げて神殿の至聖所に納めたのであるが、当時その中には王位のしるしたる三種の神宝中の二種がすでに失われていたということである。旧約聖書列王紀略上八章に「櫃《はこ》の中には二つの石牌《いしのいた》の外《ほか》何もあらざりき云々」と、すなわちアロンの短杖とマナの壺はこの頃すでに失われ単にモーセの十誡の石牌のみあつたことを示している。紀元前一千年、今から約三千年前のことである。今は当時残されていた「モーセの十誡石」も彼等イスラエル人の手にはなく杳として行方知れずになつている。

(ロ) 古代ユダヤの神宝は悉く日本に

しかるにわが国にはどうしたもののハズミか、さきには茨城県磯原町の竹内家に「モーセの十誡石」があるということで、それのみのためではなかつたが別なことと関連して十数年間も裁判し大審院まで行つて、ついにウヤムヤに終つた事件があり、また四国の劒山には「アロンの短杖」ほかソロモンの秘宝が埋蔵されているというので故内田文吉翁が二十年も前から目をつけて、とうとう昭和十一年七月から当時の金で廿五万円もかけて数年間掘つたが、終戦後逝くなり、昨年夏改めて同じ場所を元海軍大将山本英輔氏や関東大学教授の仲木貞一氏等が同様の見解のもとに発掘し初めている。

著者は竹内家の裁判に水戸の地方裁判所に行つて傍聴したことがあり、竹内巨麿氏にも七、八回お目にかかつて「モーセの十誡石」「オニックス」等をはじめ沢山の神宝、神書と称するものを直接見せて頂いたこともある。

また劒山の問題では忘れもしない昭和十九年五月十四日（不思議にもユダヤ独立記念日に該当する）から八月八日まで東京神田錦町警察署に前記故内田文吉翁と共に留置され、警視庁から毎日特高が出張して「劒山問題」を中心にユダヤ問題で調べられたことがあつた。八月八日警視庁出所と同時に兵庫県警察部にまわされさらに三ヶ月ばかり留置された。昨年七月初めて劒山に登山し内田翁の発掘場所を見て感慨無量だつた。

このように「モーセの十誡石」が竹内家にあるといい、「アロンの短杖」が劒山に秘められているという噂さの矢先に、昨年著者が「シオン通信」を発行していた頃、中山忠直氏から同紙に掲載するようにと送つてきた原稿に外宮に「マナの壺」が奉斎されているという一文があり、他の記事には興味がなかつたが、「外宮にマナの壺」という一句を見ただけで私はある大きなショックを感じた。外宮に関する私の見解がこれによつてある大きな飛躍を遂げる段階に達し中山氏に衷心から感謝している。それは丹波の「元伊勢に関する研究」ならびに「出雲族の研究」に関連してのものであることは後日発表することにする。

その後中山氏は「外宮とマナの壺」に関しさらにこれを詳細に東京発行の雑誌「共通の広場」昨年九月号に大要つぎのように発表した。

(ハ) 伊勢の外宮の祭神はヤハエ

『これは伊勢の外宮がヤハエ（Jahweh）を祭つたものだという世界をおどろかせる、日本歴史のコペルニクス的研究の発表だ。ヘブライ語（Hebrew）の研究が不充分だつた昔はヤハエ（Jahweh）をエホバ（Jehovah）というたが、今ではヤハエ（Jahweh）またはヤアヴエ（Jahveh）が行われている。（中略）……外宮の御神代《みかむしろ》がモーセの遺言で作つたものに違いないことは、その中に入つているものがマンナ（manna）が風化したものと思われるほかに、その大きさがバイブル（bible）の記録と一致するからだ。出エジプト記の十六章三十三節に

「モーセ、アロンに言いけるは壺を取りてその中にマンナ一オメルを盛りてこれをエホバの前におき汝等の代々の子孫のためにたくはふべし」

と書いており、その壺がヤハエ（エホバも同じ）にそなえたものだことが明示され、外宮の祭神がヤハエなることが証明される。 小谷部が飯田の本の寸法から計算したところによれば「Kami のカメ」の寸法は一オメル（1 omer）を入れる大きさだという。

わが国を昔から「金甌無欠」の国体というが、これは外宮の御神代《みかむしろ》から出た言葉だ。これは南史の「朱イ伝」に出ているコトバ「武帝いう、わが国家なお金《きん》のカメにヒトツのキヅ、カケなきがごとし」

から出ている。堯帝がエリヤだことを証明するにはペルシャの歴史と満洲の古い記録から証明せねばならぬが、それは別のチャンスにゆずり、ここでは結論を急ぐことにし、堯の末が漢の王で、その末が大国主で、大国主がその「黄金の壺」をもつて日本に亡命したのを証明出来る。

「大国主」とは「大きな国の主（King）」ということだ。出雲の千家氏は世界において最も由緒の正しい古い家柄だことが文献的に証明される。美保神社の御神代《みかむしろ》が「天の羽舟」という楠の丸木舟だが、これは外宮の御神代《みかむしろ》をその舟にのせて日本にもつてきたことを記念するためだ。外宮の御神代《みかむしろ》の中に入つているものがマンナの風化したものに違いないことは小谷部が次の如く書いていることでわかる。

『昔雄略天皇は、「天下に朕が開きて見られざるものなしと宣《のたま》いて、この黄金の罐、即ち甕《かめ》の口を開かせ給いたるに、中より白き煙り出でたるより、畏みてこれをもとの如く密閉せしめたりと国史に載す」（日本書紀通釈）……また平家物語に左の文を載す「凡そ神璽と申すは、神代より伝わりて代々の御帝の御守りにて、験《しるし》の箱（著者曰くヘブライ人は誓約の験《しるし》の櫃《はこ》という）に納めけり。この箱開くことなく見る人もなし。これによりて後冷泉の御時、いかが思しけん、この箱を開かんとて蓋《ふた》を取り給いしに、忽ち中より白煙上り給いけり……紀伊の内侍蓋覆《ふたお》うて、緘《から》げ奉る云々」と。神鏡と称せらるるカンガメの中より、前後二回とも白き煙り出でたりとあるより察するに、中には或種の穀物納めありて、これが多くの年代を経る間に白き粉《こな》と化したるものにあらずやと謹んで推考す』

雄略天皇が外宮の御神代《みかむしろ》のフタを開けられたということは天皇の性格としてありうべき話だ。

外宮が伊勢に遷されたのは、全く政治的意味で、ヤハエのヤシロが丹波にあつては、それを背景とする出雲の勢いが強くなつて、とても皇室の力が及ばなくなる恐れがあるので、それを伊勢にうつして、あたかも外宮を内宮よりも格の低い神の如く見せるために「天照大神に食物《たべもの》をささげられた神」即ち保食《うけもち》神と宣伝して、内宮を中心に民族の思想を統一せんとしたのだつた。

そしてそれが成功した。

今や世界永久の平和のために、人類の思想統一が必要で、そのために外宮の祭神の本体を明かにして、人類がヤハエを中心に団結して、武器を捨てて握手せねばならぬ時なのだ。

天皇が伊勢にお参りの時、外宮を先にされ、内宮を後にせらるるのは、伝える如く国津神を敬まわれる謙遜なお気持ちからでなく、内宮は皇室の先祖を祭つたところにすぎぬのに、外宮は民族全体の神で、神の格が内宮より上だからなのだ。

外宮の神官度会氏によつて唱えられ出した「伊勢神道」なるものがある。これは外宮の尊厳を内宮以上におきたい希望から、平安朝時代から鎌倉時代までにだんだんつくりあげられたもので、外宮をば天之御中主神を祭つたものと言おうとしたものだが、そのような細工をするまでもなく、事実において外宮は天之御中主神すなわちヤハエを祭つた、世界最高の神なのだ。思うに浦島の「玉手箱」とは外宮の御神代なのだ。

浦島の話は雄略天皇の廿二年七月に丹波からもたらしたもので、九月に外宮が伊勢に遷されたのであるが、この玉手箱の話を宮中につたえたことの精神分折的説明はつぎの如くだ。すなわち天皇の命令で、その御神代が伊勢にうつされるときまると真名井の神官が（丹波の外宮のあつた所に今も真名井神社がある）

「いよいよ御《み》神代《かむしろ》と永久《とこしえ》におわかれだ。せめてもの名《な》残《ご》りにそれを開けて見よう」

ということになり、それを開けて見たら白い煙りが出たので、これを雄略天皇に開けさせず、自分らだけが見たという、子供らしい誇りを満足させたく、浦島の話を作つて天皇をおどろかしたのだ。しかし雄略天皇はおそるる所がなく、それをあけて見たら、果して煙りが出たので、ひそかに恐れをいだき、にわかに年をとつたという自己暗示から、外宮を伊勢にうつした次の

年に死んでしまつた』(原文のまま抄萃した)

以上が中山忠直氏の外宮に対する所論の骨子である。そして氏はさらに「神武天皇は、現天皇家の先祖ではなく、インドネシアから渡つてきたサルタンだ」といい、「崇神天皇が日本最初の天皇で、現天皇家の本当の御先祖だ」というのである。そして「崇神天皇はキリスト(救い主)と云われてきた人間イエスが殺されてから生れたイエスの遺児で、天皇はイエスの理想の後継者であらせられる」、だから「イエスの家柄を受けつがれた天皇は永久平和実現のために御位をゆづつてヤハヱを奉斎する外宮の大祭司になつて頂かねばならない」というのである。それには「伊勢の外宮を長野県の安曇平《あつみたいら》に移して長野神宮と称し人類一体教の本山とする」「天皇は御位をゆづられ、長野神宮の大祭司になつていただく、お退位でなく、御譲位である。この場合、陛下を上皇《じようこう》と申しあぐ」そして「皇居を長野神宮の隣りに献上する」(何れも原文のまま)。

例によつて中山氏の論は飛躍する。気の小さいものは恐らく目をまかして卒倒するであろうが本人は至つて正気で大真面目《おゝまじめ》なのだから御安心願いたい。著者は約二十年前中山氏が牛込区柳町におられたころ、同じ町におられた遠藤無水氏を訪問の帰途立寄つてお邪魔したり、また牛込若松町に移られてからも同単笥町にいた薄田斬雲氏からの帰途よく立寄つていろいろ聞かされたものだ。桜沢如一氏を知つたのも同宅でであつた。当時はアナキストから足を洗つて日本主義的な立場にあつたころで、晩婚だつた氏がまだ奥さんをもらつたばかりだつたと記憶する。この十数年間お目にかかつていないが、現在沼津の牧水庵に不自由な体を養いながら、しかも溌らつとして文筆を呵し、大胆卒直に自らの思想的見解を天下に発表している勇気には所論の当否は別として全く敬服している一人である。一昨年ごろから頻りに「是非一返来い来い」と手紙がくるのだが未だに会えずにいる。この二ケ年位の間に凡そ七、八十通位のボロクソな「お叱り」や「おほめ」の便りをいただいている。

私は中山さんの御意見の中からときどき大きなヒントを与えられる。この点いつも感謝しているが、幾ら叱られても前記のような氏の見解に全幅的な支持を与えることはもちろん私には出来ない。

(二) 外宮の祭神に関する文献と学説

――北畠親房卿の神皇正統紀に曰く「伊勢外宮は天之御中主神なり云々」――伊勢神道に曰く「豊受神は水徳の神にして天之御中主神なり」――山崎闇斎及び垂加神道の一派は曰く「外宮の祭神は国常立尊なり」――

廿二社本縁、止由気宮儀式帳及び宝基本紀に曰く「外宮の祭神は天祖国常立尊御霊にて坐す」――富士古文書に曰く「国常立尊の神霊を、其神都田羽の真井原に祀り豊受大神と崇めさせ給う」――出口王仁三郎翁曰く「外宮の祭神は国常立尊である」――中山忠直氏及び小谷部全一郎氏曰く「外宮の祭神は天之御中主神即エホバの神である」――

外宮の御祭神に関しては昔からいろいろの説がある。冒頭の見出しに掲げたように外宮の神官や親房卿などは外宮の祭神は天之御中主神であると主張し、また江戸時代の学者山崎闇斎等の垂加神道の一党は外宮の神は国常立尊であると唱道した。今でも山本英輔氏や京都の白峰宮の宮司石井鹿之助氏等はこの説を支持しているときいている。

また二千年来富士浅間神社に伝わったといわれるいわゆる富士古文書（別名徐福伝）には

『国常立尊則ち一族眷属を従へて、先づ田場国真伊原の要衝に、天《あま》の御舎《みあらか》を見立てて、之に遷り止りましまし給う。之を桑田の宮という……尊寿十五〇六十〆日（即ち十五万六百日）にして、桑田宮に於て神避りましぬ。同国の田羽山の陵に葬る』

また同書に曰く

『伊弉諸尊伊弉冉尊二柱は、田場国真伊原の田羽山の麓に祠を建てて、国常立尊御夫婦の神霊をぞ祀らせ給う。之を豊受大神という』

また曰く

『天照大御神は、勅命を以て出雲国杵築宮より、祖佐男命《すさのおのみこと》の女、出雲毘女命を田場国真伊原の桑田の宮に招きて、豊受大神の宮を守護ましまさしむ。命は天資敦厚、神に仕へますこと誠敬至らざるなく、其状神の如し。諸々の農民神は現神と崇め居給いしが、寿十六〇五千十四日にして神避りましぬ。田場山に葬る。三《み》穂《ほ》都《つ》毘《び》女《め》命と謚し奉る。後世、祠を建てて其神霊を祀り出雲大神とぞ称しける』

また同書国常立尊来歴記に曰く

『伊弉諾尊伊弉冉尊二柱は、国常立尊の神霊を其神都田羽の真井原に祀り、豊受大神と崇めさせ給い、天照大御神は、祖佐男《すさのおの》命の一女出雲毘女尊（即ち三穂都毘女命）をして豊受大神の宮を守護せしむ云々』

と記している。これによると、今日外宮の祭神とされている「豊受大神とは国常立尊の別名である」という結論になり、山崎闇斎の説をはじめ諸書に記された「外宮の祭神は国常立尊である」という古文献と一致することになるのである。彼等は「外宮の祭神は豊受大神でなく国常立尊である」と主張したらしいが、実は別名同体神で「豊受大神即国常立尊」であることに気づかなかつたのであろう。

出口王仁三郎翁は富士古文書に示されたと同様「国常立尊即豊受大神」であるいう見解を取つていたようである。かつて昭和七、八年ごろ伊勢両宮を参拝した折にも、特に外宮の前で大勢の昭和青年会の人たちを前にして「外宮の祭神は豊受大神といつているが、実は国常立尊をお祭りしているので、名前は違つても同じ神さまである」と話されたそうである。その他翁の著者の中にこの思想が幾多散見している。

外宮は御承知のように、今から約千五百年前雄略天皇の時に、丹波の真名井の原から伊勢にお遷しになつたのである。その以前はズッと丹波に御鎮座になつたのである。

前記富士古文書によればその創建はすこぶる古く、イザナギ、イザナミ二柱の神様が「国常立尊の神霊を、その神都田羽の真井原に祀り、豊受大神と崇めさせ給い、天照大御神は祖佐男命《すさのおの》の一女出雲毘女尊をして豊受大神の宮を守護せしむ云々」とあるように、内宮よりもズットズット古いのである。すでにイザナギ、イザナミの神さまがこれを奉斎し、天照大御神さまもこれを崇めさせ給うた神であることが知られるのである。従来外宮を内宮の下位におき、内宮を崇むるの余り外宮を一般に軽視する傾きがあつたと思うが、かくの如きは天照大神を崇むる所以にあらずして却つて御心に反する結果になると思う。この点では中山さんの大胆卒直な御意見に筆者は大いに同感である。

(ホ) 外宮がなぜ伊勢に遷されたか

この問題について中山氏曰く

『外宮が伊勢に還されたのは、全く政治的な意味で、ヤハヱのヤシロが丹波にあつては、それを背景とする出雲の勢いが強くなつて、とても皇室の力が及ばなくなる恐れがあるので、それを伊勢にうつして、あたかも外宮を内宮よりも格の低い神の如く見せるために「天照大神に食《たべ》物《もの》をささげられた神」即ち保食神《うけもち》と宣伝して、内宮を中心に民族の思想を統一せんとしたのだつた。そしてそれが成功した。

今や世界永久の平和のために、人類の思想統一が必要で、そのために外宮の祭神の本体を明かにして、人類がヤハヱを中心に団結して、武器を捨てて握手せねばならぬ時なのだ。

天皇が伊勢にお参りの時、外宮を先にされ、内宮を後にせらるるのは、伝える如く国津神を敬まわれる謙遜なお気持ちからでなく、内宮は皇室の先祖を祭つたところにすぎぬのに、外宮は民族全体の神で、神の格が内宮より上だからだ云々』
大いに傾聴すべき御意見だと思う。天皇さま初め皇族がたの神宮御参拝に際しては古来「外宮先拝の例」があり、内宮よりも外宮をまず先に御参拝になるのであるが、これには確かに中山さんの指摘されたような意味があるのではないかと思う。かつて熱田神宮々司菟田茂丸氏がマイクを通じて「明治天皇神宮御参拝につきかくれたる御逸話」と題して次のような放送をしたことがある（朝日新聞）

『明治三十八年十一月神宮御参拝はその年最後の行幸でありまして、実にわが国運を賭《と》してロシヤと戦い、曠古の大勝を得ましたことを皇祖天照皇大御神に御奉告遊ばす誠に重大なる行幸でありました。時の宮内官当事者は、陛下御参拝の御次第を定めますのに、第一日は内宮、第二日は外宮といたしまして、これが勅裁を奏上いたしましたところが、聖慮は外宮を先とする旧儀を重んぜられ宮内官の上奏に対しては勅許あらせられずして外宮、内宮の順序で御参拝あらせられたのであります云々』

前項㈡にすでにのべたように外宮は天照大神さま以前、天孫降臨以前から山陰の丹波に御鎮座になり、イザナギ、イザナミの神も天照大神も共に崇められた神である。それを第廿二代雄略天皇の即位廿一年九月に伊勢の度会の山田の原にお遷しになつたのであるが、内宮はこれよりさき第十一代垂仁天皇の時にすでに伊勢に御鎮座になつていたのである。その内宮のソバに外宮をお引き寄せになつたのであるが、神界の序列、名分の上からするならばむしろ丹波の外宮の方に伊勢の内宮をお遷し申上げるべきであつたと思う。これが逆になつたことについては中山氏のいう如く多分に政治的意味があつたと拝察する以外にその理由を発見することが出来ない。

(ヘ) 丹波と外宮の御因縁

前記富士古文書に丹波を「田場の国」或は「田羽の国」などと書いているが、古記録には丹波を「田《た》庭《には》」と書いている。また但馬を「田島」などと書いている。これはむかし丹波国即ち山陰地方に外宮があり豊受大神が鎮座していたために、外宮の神領地で神饌田があつたところから田《た》庭《には》、田《た》島《しま》、稲羽《いなば》等の農に因んだ地名が生じたのである。大嘗祭の由基田、主基田が古く丹波に定められたのもこうした縁由にもとづくものであろう。

出口翁の著書の中に「もと豊受大神は丹波綾部町の本宮山に奉斎され、当時この山を本居《ほんこ》山と称した」といい、また「雄略天皇の時に丹波の比沼の真名井から外宮が伊勢に遷られる時に出口家の分家がお伴をして行かれ、爾来代々外宮の神主として奉仕していられた」と書いている。今日外宮の神主は度会《わたらい》氏を名のっているが、モト出口氏であることは周知の事実である。幕末の有名な国学者で外宮の神主だつた度会延佳氏なども、みづからその著書に「出口延佳」と書いているのを見ても明かである。また北畠親房の師匠で伊勢神道の大成者といわれた度会家行も、「神名略記」「弁卜抄」の著者出口延経氏も共に外宮の神主で出口氏を名のつている。

その丹波の国の出口家の流れを汲む出口なお子刀自に外宮の祭神たる国常立尊（即豊受大神）がかかられて世の立替え立直しを預言されたということも太古以来の大きな御神縁と申すべきであろう。また同刀自によつて開かれた大本教団が豊受大神即国常立尊の御神徳を高揚するために努力することは歴史的必然だとせねばなるまい。大本が開教以来特に農事に力を入れ、今日社団法人愛善みずほ会を結成し全国に千数百ケ所の支部を有し機関誌「みずほ日本」を発行して食糧増産に挺身しているのも故なきにあらずというべきである。

(ト)　外宮をモトの丹波へ（丹波神都説の提唱）

中山氏は近年あらゆる機会をとらえて

「伊勢の外宮を長野県の安曇平《あずみだひら》に移して長野神宮と称し人類一体教の本山とする」

「天皇は御位を譲られ、長野神宮の大祭司になつていただく、御退位でなく、御譲位である。この場合、陛下を　上皇　と申上ぐ」

「皇居を長野神宮の隣りに献上する」（何れも原文のまま）

等々の論についていろいろな雑誌、機関紙（復活日本、共通の広場等）に発表し、また石原莞爾氏の愛弟子元陸軍少佐吉住菊治氏等と共にこの運動について団体を結成すべく印刷物を発行したりあるいは田中清一氏の「国土計画」に関するパンフレットを中山氏が発行した時にもこの論をさしはさんでいた。天才児と、うたわれた中山氏がそれほど左様にこの運動に熱心である。しかも病体を推してまさに余生をこの運動に捧げんとするイノチがけの主張である。しかるに打ち割つた話は、かつて彼を支持していた仲間の人たちでさえも「これは狂気じみている」と評して取り合わない。彼が熱心に主張すればするほど、彼の精神状態が疑われるという有様である。しかし筆者はさすがに彼は天才児だと思う。思いもよらぬこと、人の全然気のつかない、また気がついてもよく言い切らない点を、ズバリと言つてのける、そしてあらゆる反対を押し切つて憑かれたる者の如く進んでゆこうとする、その止むにやまれぬ彼の背後《バック》に筆者は或る大きなものを感ずるのである。めったに口にすべからざることを口にし言挙げするについてはそこに神意が動いていることを見のがしてはならない。

そこで筆者は中山さんに申上げたい『アナタは頻りに外宮を長野県の安曇平に遷されるようにと主張されるが、いつの場合もそこに何等の根拠が示されていない。これはどういうわけか、私はアナタの「長野遷宮説」の根拠を承りたい。なぜ長野説を固執されるのか』

私は思う、モシ外宮をお遷し申上げるならば、それは三番叟のセリフではないが「元の屋敷にお直り候《そうら》へ」で、「外宮の元屋敷《もとやしき》」である丹波にお還《かえ》り遊ばすのが最も根拠ある穏当な道ではないのか。「丹波の元伊勢」はアナタもご存じの筈である。モトモト丹波から伊勢に、アナタの仰つしやるように「政治的な意味で」遷されたものだとするならば、なおさらのこと、今日こそ「全民族の神」として改めて丹波の元屋敷に御復活遊ばすべき時であろうと謹んで拝察するのである。

大本神諭に「伊勢は丹波に、丹波は神都《みやこ》に」という一節があるが、前記富士古文書に「国常立尊の神霊を其神都田羽《たには》の真井原《まないのはら》に祀り、豊受大神と崇めさせ給う云々」と照し合せて、これはまさに国常立尊即豊受大神の神都復興の大預言であると信ずるものである。

内宮は天孫降臨以来天皇家が代々みずからの祖神としてこれを奉斎し、天皇家が奉仕してきた神であるに対し、外宮は全民族および万有の祖神として天孫族の渡来以前から出雲族が主としてこれを奉斎し奉仕してきたところの全民族大衆の神であつたようである。しかるに外宮は雄略朝の時に伊勢に遷されて以来、内宮と共に朝廷の直接管理の下におかれ、大衆の手から取りあげられた形になつている。

長い間祖国と神都を失つていたイスラエル民族が、ついに一九四八年故地パレスチナ(元屋敷)を回復して帰還し、神都エルサレムの復興を企て、多年回教徒《アラブ》に押えられていた神殿の解放を叫んでいるように……。筆者は丹波人として外宮の丹波御帰還を望むと同時に、外宮を再び全民族大衆の手に解放されんことを祈つてやまないのである。

筆者註……「元伊勢の所在地」は今日丹後になつているが、丹後はもと丹波から分れたのである。続日本紀に「和銅六年四月、割二丹波国五郡一、始置二丹後国一」とあり、旧事紀に「諸良朝御世《ならのみかどのみよ》(元明天皇)、和銅六年、割二丹波国一、置二丹後国二」とあり、倭名鈔に「丹後国、太邇波乃美知乃之利《たにはのみちのしり》」とあるように丹後も昔は丹波と称されていたのである。

(チ)　大田田根子をして外宮の神主に

また中山さんは前記長文の引例の中で「大国主命が楠の丸木舟にのつて大陸から、外宮の御神体即ちマンナの黄金のツボを持つて出雲に渡つて来た」といい、「内宮は皇室の先祖を祭つたところ」といいながら、しかも天皇を外宮の大祭司になつていただこうということは腑に落ちぬことである。

かつて江戸時代の大学者新井白石は、天皇は代々伊勢内宮の神官となり政治は徳川がするようにと主張したが、中山さんは　天皇は外宮の大祭司にと主張される。やはりこれが時代的感覚のズレというものか。天皇さまの御先祖を祭つたという内宮をさしおいて、大国主命が持ち来つて出雲族が奉斎していたと彼れみずからいうところの　外宮の大祭司に　天皇をということは如何であろう。これはあまりに思いつきの論だとしか思われない。なぜならば、つぎの歴史的事実を見ても一目瞭然で別途に考え直そうではないか

日本書紀崇神天皇七年春二月の条に

『……意《おも》はざりき、今朕が世に当りてしばしば災害有らんとは。恐らくは朝に善政なくして、

答を神祇に取るか。なんぞ命神亀《うらへ》て以て災を致せる所由を極めざらむ。ここにおいて天皇すなはち神浅茅《かむあさち》原《はら》に幸《いでま》して、八十万神を会《つど》へて以て卜問《うらと》いたまう。この時に倭《やまと》迹迹日《ととひ》百襲姫命《ももそひめのみこと》に神《かみ》明憑《かか》りして曰く、天皇何ぞ国の治まらざるを憂ふる。もしよく我を敬ひ祭らば、必らず当《ま》さに自《おのづか》から平《たひら》きなむ。天皇問いて曰く、かく教へたまう者はいづれの神ぞ。答へて曰く、我はこれ倭国《やまとのくに》の域内に居る神、名を大物主神という。時に神語《かみのみこと》を得て教のまにまに祭祀《いはひまつ》りたまいぬ。然れども猶事において験《しるし》なし。天皇すなわち沐浴斎戒して、殿内を潔浄めて祈みて曰く、朕神を礼《ゐやま》うことなお未だ尽さざるか。何ぞ享けたまわぬことの甚《けやけ》き。ねがわくはまた夢裏に教へて以て神恩をつくしたまへ。この夜夢に一貴人あり、殿のほとりに対い立ち、大物主神となのりて曰く、天皇復《ま》たな国の治まらざることを愁《うれ》へましそ。これわが意ぞ。もし吾が児《こ》大田田根子《おほたたねこ》を以て吾を祭らしめたまはば、すなわち立ちどころに平《たひら》ぎなむ。また海外の国ありて自ら帰伏《まゐしたが》いなむ……天下に布告して大田田根子を求めたまう。すなわち茅淳県陶邑《ちぬのあがたすゑのむら》において大田田根子を得て貢る……大田田根子に問いて曰く、汝は誰が子ぞ。対へて曰く、父をば大物主大神という。母をば活玉依媛《いくたまよりひめ》という。陶津耳《すゑつみみ》の女なり……すなわち大田田根子を以て大物主大神を祭る神主《かむぬし》となす……ここにおいて疫病はじめて息《や》み、国の内ようやくに静まり、五穀すでにみのりて百姓饒《にぎは》いぬ』

とあり、古事記にも同様の記事があり、さらに古事記には「大田田根子命《みこと》を神主《かむぬし》として三諸《みもろ》山に大三輪大神をいつき祭つた」とある。大三輪神社の祭神は御承知の如く大物主神である。日本書紀巻第一に「一書に曰く大国主神、亦の名は大物主神」とあるところから一般に大国主神即大物主神としているが筆者は反対である。かつて桐田正治氏は「大三輪神社の祭神はヱホバの神である」と或る誌上で論じたことがあつた。私はまだそこまでは分らないが、出雲族の奉じていた神であることは確かである。日本書紀においては大国主命が御自身の幸魂、奇魂を三諸山に大三輪神社として奉斎したことになつているが、古事記ではそうなつていない。次のように示している。即ち大国主神が最初少彦名神と二神協力して国土を経営してきたが、少彦名神が今や常世《とこよ》の国にお渡りになり自分一人になつた。

「ここに大国主神愁《うれ》いまして、われ独りしていかでかもこの国を得つくらむ、いづれの神とともに吾はこの国を相い作らましと告《の》たまいき。この時に、海《うなばら》を光《てら》してより来《く》る神あり。その神の言《の》りたまはく、我が前をよく治めてば、吾共与《われとも〴〵》に相い作り成してむ。もし然らずば、国成り難《がた》てましとのりたまいき。かれ大国主神曰《まを》したまはく、然らば、治めまつらむ状《さま》はいかにぞとまをしたまへば、吾をばも、倭《やまと》の青垣東山の上にいつきまつれとのりたまいき。こは三諸山《みもろの》の上に坐す神なり」

とあつて、明かに今の大三輪神社の祭神大物主神を指称しているのだが大国主神とは別神である。この神は大国主神が奉斎した神で、したがつて出雲族の信仰の対象となつた神であろうことは考えられるが、ヱホバの神であつたかどうかは私は知らない。モシ中山さんが仰しやるように、大国主神がエリヤの末でユダヤのマナの壺を持つて日本に亡命してきたとするならば何《ど》うとも言えないことになるであろうが。

そこでだ、前記日本書紀の崇神記から長々《ながなが》と引例したところをモウ一度よくくり返してよんでいただきたい。崇神天皇の当時大きな災害がしばしばあつて天皇は大いに御心を悩ませられ亀卜また神憑り等によつて伺つたところが、かつて大国主神が国土経営に当つて勧請し奉斎したところの出雲族崇拝の神である大物主神が現われて「もしよく我を敬い祭らば当《ま》さに自ら平ぎなむ」と仰せられた。そこで天皇はつつしんでそのようにこの神を祭祀したけれども何等の効験がなく改めて神にお伺いしたところ「わが児大田田根子を以て吾を祭らしめたまはば、則ち立ちどころに平ぎなむ、亦海外の国ありて自ら帰伏せむ」と仰せられた。天皇は早速天下に布告して大田田根子を求め、大田田根子を神主として祭つたら「ここにおいて疫病始めて息《や》み、国の内ようやくしづまり、五穀すでにみのりて、百姓饒《にきは》いぬ」という結果になつたというのである。

以上によつて見るように天皇様が出雲系の大物主神を祭祀して効験がなく、ついに同系の大田田根子を神主として祭り大いに神効があつたという歴史的事実に鑑みて、私は中山さんのいう外宮を長野県に移して天皇をその神主になつていただいてもどうだろうかと思うのである。私は丹波人として外宮が元の丹波にお還りになることを望み、そして天皇が天下に布告して同系の昭和の大田田根子を求めて神主となしこれを祭祀せしむべきであると信ずるのである。

(リ)　国常立尊即豊受大神即エホバの神

つぎに大きな問題は外宮の御祭神が果して中山さんの主張するようにヤハヱ（エホバ）であるかどうかの問題である。また山崎闇斎や出口翁や富士文庫にいうが如く国常立尊であるかどうかである。そして国常立尊とヤハヱとを同神と見ることが出来るや否やの問題である。長くならないようにするために、結論から先に申上げることにする。

日本書紀の見解に立つならば明らかに、ヤハヱ即国常立尊と見ることが出来るのである。なぜならば、古事記には「天之御中主神」を以て天地初発の神としているが、日本書紀においては「国常立尊」を以て天地剖判の祖神としているからヤハヱと同様に解しても決して不当ではないと思う。しかし果して　外宮の祭神が国常立尊であつたかどうかである。

内宮の祭神　天照大神は八咫鏡と共に天孫降臨以来代々皇居の中に奉斎されてきたが、前項にのべたように第十代崇神天皇の時、皇居の外に別殿に奉斎されるようになり、爾来大和の笠縫邑を振り出しに皇女倭姫命によつて近江、美濃等各地を転々し、ついに第十一代垂仁天皇の廿五年現在の伊勢の地に御鎮座になつたのである。

しかるに　外宮の神さまは天孫降臨以前神武天皇即位以前から山陰地方に御鎮座になり出雲族によつて奉斎されていたと考えられる。

丹波亀岡町から小一里行つたところに、古来丹波の一の宮として国幣大社出雲神社が現存するように、また地下発掘物によつても証明されるように、むかし丹波地方は出雲民族の発展地帯だつたのである。そんな関係で早くから丹波に　外宮の神様が御鎮座になつたものであろう。

出口王仁三郎翁の説によると「国常立尊はモト伯耆《ほうき》の大山《だいせん》に御鎮座になつていたが、のち大国主命がこれを今の出雲の大社の地にお迎いして奉斎したのだ」と言つておられる。

富士文庫に「イザナギ、イザナミノ尊二柱は、国常立尊の神霊をその神都田羽《たんば》の真井原《まないのはら》に祀り豊受大神と崇めさせ給い、天照大御神は、祖佐《すさの》男《おの》命の一女出雲毘女尊をして豊受大神の宮を守護せしむ」とあるように国常立尊即豊受大神であり出雲毘女尊が仕えていたとするならば、また山崎闇斎のいうように外宮の祭神が国常立尊だとするならば、そして出口翁のいう如くこの神を大国主神が奉じていたとするならば、外宮の神様はまぎれもなく、モト出雲族の奉じていた神でヤハヱと同格神であると言い得るのである。

その意味においては前記中山氏の

「外宮が伊勢に遷されたのは、全く政治的意味で、ヤハヱ（ヱホバも同じ）のヤシロが丹波にあつては、それを背景とする出雲の勢いが強くなつて、とても皇宝の力が及ばなくなる恐れがあるので、それを伊勢にうつして、あたかも外宮を内宮よりも格の低い神の如く見せるために云々」

ということも肯定出来るのである。また、外宮の神主度会氏は一千年も前から明治に至るまで絶えず外宮の祭神は　内宮よりも格式が高いということを強調し長い間内宮の神主と争つてきたことも理解されるし、伊勢神道における外宮の祭神は天之御中主神であると宣伝した意味も諒解されるのである。

元京大教授で今日特に出雲文化研究のために自らすすんで島根大学教授になつている経済学博士中川与之助氏はこの問題について大要次のように著者に語つた。

「出雲民族は本来農耕を主とした経済民族で、地の神国常立尊を奉じていたと思われ、天孫族はこれに対して、天の神天照大神を奉じた政治民族であつたと思う。そして「天の神信仰の政治民族たる天孫族」が「地の神信仰の経済民族たる出雲族」を滅ぼして、自らの奉ずる天の神即ち天照大神を「内宮」とし、従来出雲族の奉じていた地の神即ち国常立尊を「外宮」とすることによつて、長い間の思想信仰の抗争を調停し民族思想の統一和合をはかつたのであろう。私の考えでは今の丹波の「元伊勢」附近が両民族の停戦地点であつたろうと思う。キリスト教をはじめ多くの宗教は大地を忘れて「天の神」一方の信仰になり観念論におちいつている。天国にのみ心を奪われて自らの立つている大地即ち現実を忘れている。地球が丸いものであることも最近になつてようやく分り、アメリカ大陸があることすらもコロンブスが発見するまで分らないでいるようなものが、高天原だの天国だの浄土だのと言つたところで何の分ろう筈がないじやないか。またその天国や浄土に行くためにも現実をおろそかにして行ける筈はない。むしろ現実をよく見きわめ現実界自然界をよく理解することによって霊界も天国も分ることになるのである。私は経済学者だから空想的な天神の信仰よりも、実際的な大地神の信仰を尊重する」（文責記者）

私はこの見方は非常に面白いと思う。博士は地球儀を国常立尊の御神体として早くからお祭りしている人である。しかし人によっては、国常立尊は地神ではないと言われるかも知れない。もちろん筆者も地球だけの主宰神だとは思わないが日月星辰あらゆるものの物性を有するものの大主宰神ではないかとひそかに考えたことがある。

それは古事記の冒頭にあげられた天之御中主神以下、タカミムスビノ神、カミムスビノ神、ウマシアシカビヒコヂノ神、アメノトコタチ神まで五神を、特に古事記原文は

『上《かみ》の件《くだり》五柱《いつはしら》の神は別天神《ことあまつかみ》』

と別扱いにされ、さて改めて行を変えて「次に成りませる神の名は国之常立神……」

と初まっているところから見て天祖に対する国祖といったようなお立場の神で、或は現実界の祖神と見るべきか、と考えたのである。日本書紀本文は前記の古事記冒頭における「別天神《ことあまつかみ》五柱《いつはしら》」を全く抜きにして、国常立尊から書き初めているが、これは非常に意味のあることだと思う。こ

れがさらに水戸光圀公の大日本史になるというと「神代は杳《よう》として測るべからず」とあつて、神代史を全く抜かして「神武天皇」から書き初めているが、恰もこれと揆を一にするものではないだろうか。

日本書紀本文に

「……時に天地の中に一物生《な》れり状《かたち》葦牙《あしかび》の如し。便《すなは》ち化為《な》りませる神を国常立尊と号す」

とあるように国常立尊は頗る現実的な神で、古事記冒頭の天之御中主神とはまるで感じが違う。天之御中主神は「幽の幽神」で「聖眼なおこれを視る能わず賢口これを語る能わず」といった感じだが、国常立尊になると「幽の顕神」といった感じでわれわれと接触の出来る神という感じを受ける。出口翁は、神を四種に別けている。即ち、幽の幽神、幽の顕神、顕の幽神、顕の顕神と。「顕の顕神」というのはわれわれ同様の肉体を持った人のことである。「顕の幽神」というのは大国主神、少彦名神といつたような現界に一辺肉体を持つて出て来られた方が死後神になつた方をいうのである。

「幽の幽神」とは天之御中主神といつたような神で「聖眼猶は視る能わず」の方である。「幽の顕神」というのは、見ることの出来ない幽の幽神が仮りに形を取つて顕れて来た場合を申上げるのである。されば国常立尊というのは、実は天之御中主神の仮りに形を取つて顕われてきた場合を申上げるので敢えて別神ではないということになるわけである。即ち天之御中主神と国常立神は一体であると言えるのである。これで中山さんも大分安心したのではないかと思う。また出口翁は「国常立尊は地上神界の主宰神である」とも説いている。この点中川博士にも安心して頂けるのではないかと思う。

聖書に出てくるヱホバの神というのは実際においてはわが古典にいう天地初発の天之御中主神の如き「幽の幽神」ではなく、明かに「幽の顕神」である。アブラハムやモーセやイヱスその他の預言者に絶えず御姿を現わしたり、現界人に身近く接触してくるところを見ると、彼等が信ずる如く最高神かどうか。最高神の一顕現かも知れないが、彼等の見ている神観、宇宙観は恰も日本書紀の「別天神五柱」を抜きにして「国常立尊」から初まつているのと同格の見方ではないだろうか、私は古事記の方がモウ一つ高く深い宇宙観を示しているように思へてならない。出口翁は「国常立尊は地上神界経論の主宰神」といい、国常立尊を国祖と申上げ、さらに天の神を別にモウ一段高く説かれているが、これが本当だと思う。

しかし現実界に身をおいている私たちは、どうしても中川博士のいう如く、天にのみ心をうばわれて地を忘れてはならないと思う。この点従来の宗教は博士の仰しやるように、天の高くしてうるわしき神の御国ありということにのみ心をうばわれて現実の商売も仕事も手につかず、肉眼に見ることも出来ない霊界や天国のセンサクにのみ明け暮れしている人が沢山いるが、これではならないと思う。出口翁の書いた「道のしおり」に次のような一節がある。古典によると、昔々の大昔に伊邪那岐神から天照大神には日の国を、月読神には月の国を、素盞嗚尊には大海原（地球）を治めよとの詔があつた。それについて

「そもそも速素盞嗚《はやすさのお》の尊《みこと》は、御父《おんちち》伊邪那岐の尊の詔をかたくまもりて、この大地をお構《かま》いなさるについて八百万の神が、日の大御神様がうるわしき天の高きにましますのを見て、のこらず心を天へよせてしまい、肝腎のこの大地の主《あるじ》たる速素盞嗚の尊の命令《いひつけ》は、一としてもちいないのであつた。いずれの神々もみな取違いをしてしもうて、この大地は汚れているから、高天原の日の御国《み》にのぼることばかりを考えて、速素盞嗚の尊の命令を一つももちいなさらぬのである。しかしそのうるわしき高天原へ上《のぼ》るには、この大地にてあらゆる罪けがれを洗いきよめてから、速素盞嗚の尊の御取次をしてもらわねば、高天原へは上《のぼ》られぬのであれども、八百万の国津神は思いちがいをしておられたので、速素盞嗚の尊がこの世の主《あるじ》にして救い主《ぬし》たることを

知らずして、ないがしろにされるので、速素盞嗚の尊は、ひとり御心を悩ませられ、どうぞして八百万の国津神を悔い改めさせて、神の御国なる高天原へ、救いやらんとおぼしめして、蔭《かげ》で血を吐くほととぎす、日夜泣き悲しみたまいて……ついには許々多久《こゝたく》の罪を御身一人に引き受けて御涙や血潮《ちしほ》をもつてあがない下されたのである云々」

全く中川博士の指摘された如く昔も今も真理には変りなく足が地につかないような観念論では世は治らんものと見える。理想はあくまでも高く現実はあくまでも下から低いところから積み重ねて行かねば、結局その高いところにも行けないことになるのである（一九五三、一、二三）。

ここまで書き終えてさる一月廿四日東上し一月廿五日の「宮様を中心とする研究発表会」に出席、廿九日に帰つたのであるが、この東上中に本項に取つて驚ろくべき貴重な資料を発見した。

それは同攻の先輩故小谷部全一郎氏が大正六年一月に「日本神代の住民」と題する上中下三巻を著述したが、民心を刺戟することを恐れて発表せず、ただ一人大川周明博士にだけひそかに見せたという、この遺稿の中に前記中山氏の意見と同様「外宮の祭神は天之御中主神である」ことを詳細に論証していることである。

(ヌ) 小谷部氏遺稿中に外宮天之御中主論発見

二十八日の夜日猶懇和会の熱心なメンバーで著者と同郷の国大出の若き学徒川口選治郎氏を訪問した。氏は早くから小谷部氏を崇拝し、東京近郊にある小谷部氏の遺族をつねに見舞い、また今はなき小谷部氏のお墓に毎月お参りしてお掃除をされるなど、実に美しい心情の持ち主である。氏は小谷部さんの発行図書はもちろん、往復文書から彼の筆蹟、逸話、遺品、遺稿集等細大洩らさず蒐集し小谷部氏の伝記や年表等を作っている小谷部研究の第一人者である。同夜これを拝見しているうちに、フト眼にとまったのが、問題の「日本神代の住民」と題する未発表の論文である。その中に一番大きな問題として取上げているのが次のような内宮と外宮の祭神に関する注目すべき記事である

「このまま経過するにおいては、将来或は国民彝《い》倫《りん》の大本を誤ることなきを保せざるが故に、皇国万代の基礎のために、余はここに内宮および外宮について謹釈し奉るべし」

と前提し、博引傍証種々の古文献を列挙したのち

「如上の考証その他の史籍に徴して、伊勢外宮は　天祖　天之御中主神を奉斎せる皇国重鎮の霊蹟なりと謹みて啓釈し奉り、あわせてわが国万代の基礎をして一層強固ならしめんがため、余はこの事実を事実として力説顕彰するものなり。而してもしこの説を非とするものあらば、其は前に掲出せる史籍の記事全部を抹殺し得べき有力なる考証を以てせざるべからず、余の寡聞なる未だその種の文籍の存するを知らざるなり。思うに伊勢内宮は、国史と直接の関連あるより神職も自然其方を重くせんとの心より、外宮を重ずる説を悉く排除し、彼の勤王無比なる北畠親房卿の著わされし神皇正統紀に「伊勢外宮は天之御中主神也」とあるをも斥《しりぞ》くるに至りしものなるべし。

かくの如きは、鎖国時代に生れて、世界の大勢および宇宙の大を知らざりし当時の神道家の所為としては、多少同情すべきも、外宮の大神は天照大神の守護神なるを、曲解して、司饌奉仕の神なりとするに至りては、断じて黙すべからず。

元来伊勢神宮は、天照大神宮は宇治に、豊受大神宮は山田に鎮座あらせられ、神官もまた相分れて奉仕せしより、自ら競争起り、たがいに軋轢《あつれき》せる結果、両宮祭神の尊卑を争うに至れり。

天照大神宮の神官は、「豊受神は天照大神の御饌神にして大膳を司る臣下の神なり」といい、豊受大神宮の神官は「豊受神は水徳の神にして、天之御中主神なり、故に天照大神の祖神なり」と主張し、たがいに譲るところなかりしも、いつの頃よりか、天祖霊神の方は疎外せられ、国史に直接の関係ある故を以て多少の権威ありし内宮側の勝利に帰したるが如き有様となり、而して神職をはじめ世人の多くは、外宮の大神を御饌津神《みけつのかみ》、即ち天照大神の御饌奉仕の神なりと信ずるに至り、大麻《たいま》の如きも、天照大神宮より発せらるるものは頗る荘重なるに、外宮のものはこれに比して著しく粗なるが如き等は、まことに恐懼おく能わざる所にして、余はわが国有司の速かにこれを古制に復し、伊勢外宮の神霊は、天祖、天之御中主神なることを認め、かつこれを国家の守護神として奉斎せられんことを、天長地久の国基のために誠意渇望するものなり。」

と実に烈々たる気迫と満々たる自信を以て国家万代の基礎を固めしめんとの至誠愛国の熱情から書きつづっていることが分る。さらに

「而して天神とは、未だ地球のあらざりし以前の神にして、天地万物を造り、これを統持せらるる主宰者即ち天之御中主神をいうなり……

諸冊二尊深く天神を尊信し、天照大神もまた篤《あつ》く天神を信じ、天孫降臨の時に当り、常に同

床同殿に斎きたまい、高御位を永遠に知《しろ》し食《め》す「真澄《ますみ》の神鏡」を授け給えり。而してこの神鏡は、天祖より伝承せし由緒あるものなることは「伊弉諾尊曰吾欲レ生二御宙之珍子一、乃以二左手一持二白銅鏡《ますみのかがみ》一、則有二化生之神一、是謂二大日孁貴一」（日本書紀）とあれば、天照大神には祖神にして併せて産土神たる関係あるものなるが故に、「宝鏡」と称し給いしは即ちこの鏡なるべく、而して天照大神が、天石窟《あまのいわやと》に入り、磐戸《いわと》を閉じて幽居し給いし時に、天ッ瑞宝なるこの「宝鏡」をも磐戸内に奉持したまいたるや疑うべからず。書紀のいわゆる「是時以レ鏡入二其石窟一者、触レ戸小瑕其瑕於レ今猶存云々」とある当時の新鏡を、宝鏡または神鏡と称したるものにあらざるべし。

天神本紀、天孫降臨の条に曰く「汝天児屋命天太玉命二神、宜下持二天津神籬《あまつひもろぎ》一降二於葦原中国一亦為二吾孫一奉上斎也」と。すなわち畏くも天祖より伝わる天津神籬を奉じて降臨し給えたるは灼として天日を観るが如し。

而して余はこの上なお論議するは、恐懼おく能わざるところなるも、わが国現下の精神界の荒涼たるに顧み、筆を進めて顕正するの止むを得ざるものあるなり。

天照大神、神器を天孫に授け給い、而して天孫瓊々杵尊は、これを奉じて豊葦原中国に降臨し給いしが、「真澄之神霊」は、後に、丹波国（和銅六年割丹波国置丹後国）真名井に遷座あらせられたるものの如く拝し奉るなり。

廿二社本縁、伊勢の事の条に曰く「丹後の国与佐の真名井の原に坐す豊受の神を迎え奉らる。この年人皇第廿二代雄略天皇即位廿一年丁已に当れり。天皇も御夢の告ありて、よつて明年戊午秋七月、勅使を差《つか》わして迎え奉る。同九月に度会郡山田の原の新宮に鎮坐す。大倭姫の命にて坐す。内外の制度皆計定之也。神は天祖国之常立尊御霊にて坐す。天孫瓊々杵尊、天児屋根命、天太玉命もこの相殿に坐すなり」と。また止由気宮《とゆけのみや》儀式帳および宝基本紀にも同一の記事あり……天皇深く神祇を畏敬し給い、その頃まで丹波に鎮座の天祖の神霊を特に勅使を差遣して伊勢に勧請し奉りたるものなるべし。しかるに多くの年代を経るに従い、天神至上神を、内宮の御饌を司る神とせしが如きは、まことに恐懼の至りにして、その影響するところ彼の出雲政庁と江戸幕府の如き比にあらざるなり』

この記事によると天孫降臨の際天照大神から「この宝鏡を視まさんこと当に猶は吾れを視るが如くすべし」と仰せられた所謂「宝鏡」は、一般に考えているような岩戸開きの時石凝姥命が造られた「八咫鏡」とは全然別個のものだとされている。即ち天照大神以前、すでにイザナギノ命の時代から天神の御神体《ヒモロギ》として「真澄の神鏡」（白銅鏡《ますみのかがみ》）が伝承されており、日本書紀及び天神本紀に云う「汝天児屋命、太玉命、宜しく天津《あまつ》神籬《ひもろぎ》を持《たも》ちて、葦原中国に降りて、亦吾孫の為めに斎い奉れ」と仰せられた「天津神籬」とはまさにこの「真澄之神鏡」のことであると受けとられる。そしてこの「真澄之神鏡」は天祖以来イザナギノ命を経て天照大神に伝承され、歴代何れもこの「宝鏡」を通じて天神を尊信し、天孫降臨に際してもこの宝鏡を天津神籬として授けられ同床同殿に奉斎しこれを通して天神を篤く尊信すべく勅せられたというのである。そしてこの「真澄之神鏡」は小谷部氏によれば、のちに丹波の国真名井即ち外宮に遷座あらせられたものと拝察するというのである。

書紀その他をよく拝見すると三種の神器以外に「宝鏡」或は「天津神籬」を別個にお授けになられたように受取れる節《ふし》が確かにあるように思う。小谷部氏の説でゆくと「八咫神鏡」は内宮に「真澄之神鏡」は外宮の御神体《ひもろぎ》になっているという結論になってくる。そして八咫神鏡は天照大神の御神体であり、「真澄之神鏡」は天神天祖（天之御中主神又は国常立尊）の御神体であらせらるるという結論になってくるようである。なるほどそうなれば開闢以来の大事件と申さざるを得ない。

かれはさらに同著において

『わが上代において言語未だ多からず、故に天神を至上高貴の意義にて「カミ」と称し、また国俗、尊敬する人をも「カミ」と称し、而して漢字の渡来後、この「カミ」の語に「神」の文字を充用せるより次第にその意義を混同し、かつ年代を経るに従つて、遠き神代の霊神を忽諸に附し来れるものとすれば、吾人はその間の意義を明かにし、速かに古制に復して、天祖、天之御中主神に帰敬の誠を顕わし、この霊神を戸々各家はもちろん、各学校、各官庁、各神社、各寺院、各教会に奉斎し、人力の及ぶ能わざるところに天神の冥助を祈り、人をして邪を去り正につかしむるは、覚醒せる日本国民の、自国および世界に対する義務なりと信ず。ああ人類の生息するところ、いずれの国にか天神を畏敬崇拝せざるところあらん……神として帰依礼拝すべきものと、上として仰望崇敬すべきものとを混同し、前者の存在を忘れて後者に祈禱を捧げ、その冥助を願うが如きは、即ち本を忘れて末に走るものにして、かくの如き状態のもとにある邦国は、久しからずして衰微し、ついにその存在を危うせざるもの古来稀なり。わが国維新の大改革に当り、諸般の事物はみな生面を一新せるも、神事に関してさらに着手するところながりしは、事《こと》慎重を要するものありしが故なるべし。而して今やすなわちその時機の至れるものなり。

それ天祖の徳、もとより公平無私、一視同仁にして、世界各国の人類にしてその冥護の鴻恩に浴する彼我の別あることなし。されば天神を崇奉することまた万国と共通するにあらずんばいずくんぞ神の寵契に応ずるを得んや。余はわが国人が天祖の御心を以て心とし、これを諸般の行為に現わし、古における如く海外をして普くわが神国の光輝を仰望せしむる日の再来せんことを期待するものなり』

と、この点については著者も全く同感である。かつて小谷部氏は横浜組合教会の創立廿五周年紀念大会につぎのような祝辞を贈っている。

『元来わが日本は言葉の国にして文字の国にあらざるが故に、支那文字の輸入せられしより以来、わが国民に及ぼしたる思想の誤解は実に枚挙にいとまあらず。たとえばわが国語の「カミ」は「上」の義にして崇め尊ぶの意なるに、この「カミ」の邦語に「神」という支那文字を充用せるが故に、古来国家に功労ありて蒙古語の「カン」蝦夷語の「カムイ」と同意義なる「カミ」の尊称を受け「上」として崇められし偉人等は、支那文学の輸入以来一躍して造物主と位を同じうする神となりしため、神ならぬ身の神となられしそれ等の人々は却つて恐懼して居らるべきも……その他わが国民の重大なる誤謬は畏くも天照大神を以て宇宙主宰の大神とし造化真神の存在を失滅せるにあり。彼のオホヒルメノ尊は天祖神霊に奉仕し、祭祀を司り給いたる諸冊二尊の皇女にして、後世そのオホヒルメの御名に支那文字を当てはめ天照皇大神と称号し奉りしより、古来太陽崇拝の風習なりし国民思想と一致し巫女の皇姨を以て天地主宰の大神とするに至りしが如きは即ち誤りの最も甚しきものにして、余の全生涯を挙げ、この国民思想の誤謬を矯正し天父真神を顕表し奉ると共に、余に対する天の使命もまたここに存するものあるを余は確信す』

と、この点に至っては全く前記中山氏の見解と弟たりがたく兄たりがたい間柄で、同一の立場から論じているようである。

四、神武天皇はダビデの血統？

(イ) 神武天皇ユダヤ人説いろいろ

「神武天皇ユダヤ人説」は古くから行われていた。三、四年前藤沢親雄氏を訪問した際『四王天（四王天延孝氏）さんが先日きて、かつてロンドンで発見したという古い「神武天皇はユダヤ人なり」という英語の本を寄贈して行つた』ということをきいたことがある。当時私は藤沢氏と共に「日猶関係研究会」をつくり同氏宅に盛んに往来していた。惜しいことにその内容については未だに伺つていない。日本人の中にもこの説をなすものは古くから相当沢山あつた。小谷部全一郎、酒井勝軍氏等々である。

御承知のようにむかしから「イスラエル十二支族」といつてマナセ、エフライム、ベニヤミン、ルベン、シメオン、ユダ、イツサカル、ゼブルン、ダン、ナフタリ、ガド、アセル等十二の支族からユダヤ人というものは成立つていた（拙著「日本とイスラエル」参照）。このうちのユダ族とベニヤミン族の二つが今日現存するユダヤ人で、その他の十支族は今から二千六百六十余年前「北朝イスラエル王国」滅亡と同時に、ユダヤ伝来の三種の神宝を奉じたまま国を出て今なお行方不明になつている。

小谷部さんは日本の皇室はこの「失踪十支族」の中のガド族だと主張し、酒井さんはエフライム族を主張し、たがいに論争したことは有名である。その内容については両人とも大著を出しているから直接について見られたい。酒井さんの「橄欖山上疑問の錦旗」、小谷部さんの「日本及び日本国民の起源」この二冊を取り出して対照するのが一番よい。

この二人の説が従来日本における「日猶同祖論」または「同族論」の最も代表的なものであつた。しかも小谷部氏は日本皇室はユダヤのガド族の血統だと主張してその著書を天覧に供し、酒井氏はそれは怪しからんガド族はヤコブの副妻レアの腹から出たもので皇室を冒瀆する不敬極まる説だと反駁し、ヤコブの正妻ラケルから生れたヨセフ、そのヨセフの子のエフライムが祝福を受けてユダヤの正系と定められたもので、日本皇室はそのエフライム族だと主張したのである。しかしガド族にしてもエフライム族にしてもそれは共に二千六百数十年前から行方不明になつているところの所謂「失踪十支族」の流れである。今までこのほかにもいろいろの説を立つたものがあつたが、どれもこれも失踪十支族の中のどれかが日本にきたという説だつた。

しかるにここに最も有力なしかも注目すべき新説が海の彼方から叫ばれて来た。それはサンフランシスコにおける有名なヘブライ語学者川守田英二氏によつてである。氏は在米すでに三十年キリスト教牧師であるが、氏の説によると「神武天皇はダビデの血統」だというのである。これでゆくと神武天皇は失踪十支族の流れではなく、現存ユダヤ人と同族だということになり、従来の小谷部、酒井等の説はもちろんシーボルト（P・F・V・Siebold）やマック・レオド（MC. Leod）等をはじめ外人等の学説もことごとく覆へされることになるのである。

ダビデはユダ族の出身で今から約三千年前の人である。ベツレヘムのエッサイの子で羊牧《か》いだつたのであるが、サウルに見出されて、サウルの女ミカルを妻とし、のち全イスラエルを統一してエルサレムに都し、即位して王となつた人である。ユダヤ人は昔からメシヤ（救世主）はこのダビデの血統から出ると信じていた。そこえダビデから約千年を経てユダヤ滅亡の苦難の当時に、同血統からイエスが現われて、「吾れはそれなり、汝等の多年待望していたメシヤとは自分のことだ」と名乗りをあげたのだが、イエス以前の旧約の予言者たちの言によると、メシヤというものは「世の終り」に出現するもので、世の終りには、天に斯々《かくかく》の徴《しるし》が現われ地にも斯々《かくかく》の象《しるし》が現われると記されている、しかるにイエスの出られた当時には天にも地にも左様な験《しるし》は全く無かつたというところから、旧約を信ずるユダヤ人たちは、イエスを世を欺く偽救世主として磔刑にしたのである。ユダヤ人は今でもイエスを救世主《めしや》とは信じていない。本当のメシヤはダビデの血統から別に世の終りに出現するものと信じている。そのために彼等は絶えずキリスト教国家から迫害され、クリスチャンからまた排斥されているのである。しかるに今や旧約に予言された「世の終り」の徴が天にも地にも明かに現われてきた。旧約によるとメシャは世の終りに「東の空から雲にのつて天降る」ことになつており、また彼等の仕うべき永遠の王が「日出づる島」から出ることになつている。

由来「光は東方より」という言葉はユダヤ人をはじめ小アジャにおける民族の言葉で、いづれも世の終末（弱肉強食の旧社会が滅び地上天国が建てられる時、即ち世の切り替えの時をいう）の時に救世主が東方から現われるという伝説に基づく所謂「救世主待望」の声なのである。決して日本から出た言葉ではない。日本から見て東方と言えばアメリカに当るでしよう。私たちの先祖がアメリカを昔から期待していたとは思われない。ユダヤ人は今でもミズラホと呼ぶ例の✡ユダヤ紋章を教会堂にかかげて礼拝しているが、ミズラホとはヘブライ語の「日出づる方」即ち東方の意であつて、これを拝することは東方遙拝の義をあらわすものというべきである。

その世の終りに東から現われて全イスラエルを救い世界を救う救世主がダビデの血統から出るという、その大事な大事なダビデの血統を日本の皇室が神武天皇以来連綿として受継いでいるという川守田氏の論なのである。一昨年の話ですでに十七年間これに打込んでいるというのですから、モハヤかれこれ二十年間没頭しているわけである。サンフランシスコを訪れた日本人は大抵氏の訪問を受けて「神武天皇のダビデ血統説」を一席きかされる例になつているらしい。先日並河栄治郎氏もきいて帰つた話をしていたし、三四年位前岩手県の県会議長（名を失念）もきかされて感動した話をしていた。

筆者は一昨年愛媛県今治市の日本基督教団今治教会牧師椿真一氏から紹介されて拙著「世界の謎、日本とイスラエル」を贈呈したことから文通するようになり、氏の蘊蓄《うんちく》の一端を教えていただいたにすぎないのである。左に掲げる筆者宛の氏の書翰によつて所論の大要をうかがうことが出来ると思う。

『お言葉の如く日猶関係の過去における謎は小生の発見によつて裏づけられ、また今後もその由縁によつて切つても切られぬ結びが出来て、歴史の流れは目的に向つて展開するものと信ずる。

前便申上げた如く日本民族はエンヤラヤー（エアニ、アハレリ、ヤーの転）ほか数十のイスラエルの国歌を歌い、ドッコイショほか千数百のヘブル語を国語の中にとりいれて口走つている。この日本ヘブル詩歌、日本ヘブル語の厳存は、日本歴史をこの点観から見直す必要を強く要求するものであり、日本の国体を明徴にする。貴下が否定しているにもかかわらず、日本はイスラエルのローストせる十族に非ず、ローストせざる南朝ユダヤの正系ダビデ王統を主権者として戴いている。神武天皇は世界に行衛不明となつているダビデ王統のメサヤであることは左の木遣音頭（ヘブライ語）によつて証明せられる。

ヤフイヤサ、エ、ヤフイヤ、ヤフイヤサー、エンヤラヤーレ、コノセ、ハモセー、ハレハモセー、エンヤラサー、

右の日本訳　（エホバの光輝は支配者なり、あゝエホバの栄光は支配者の栄光なり、われら伊波礼彦（神武天皇の御名）を主権者として推戴し奉らん。これぞメサヤなる、仰ぎ見よ、メサヤを、われら支配者を頌栄し奉る）

もつとものこのメサヤは人間メサヤで、世界完成のため君臨する神人メサヤでないことは前便申上げた通りである。

なほ、貴下のいう青森や弘前の「ヨサレ、ソーラ、ヨーイ」「ヨサレ、ソーラ、ヨンギァナー」「ヨサレ、ソーラ、サンヨ」もヘブル語のうたであることは無論である。時代差研究の結果、わが皇室は予言者イザヤの時代インマヌエル系統の日本へ延長せられたものであるという結論に到着している。何れ講和が成立したら過去十七年間にまとめて謄写刷りにしたものを印

刷出版しようと待機していますから、その上で貴下の批判を乞いましよう。『太秦』の研究はユダヤ人に関連するに相違ないが、これは有史以来の出来ごとで、日本ヘブル詩歌、日本ヘブル語と関連がないであろう……というのはその時代のユダヤ人は最早やヘブル語を用いず、またアラム語さえも用いない流浪の民となつていたからである。日本ヘブル詩歌には、「イワレ」「サノ」という神武天皇の名が織り込まれているので、年代は遙かに遡つているからである。すなわち「秦」族の徒遷以前に日本は「神の国」すなわち「エホバの国」であり、ダビデ王統を戴いた「地の果」の「新天新地」であつたのです』

以上を以てこの手紙は終つている。さらに昨年（一九五二年）一月元旦の挨拶状に次の一文が書いてあつた。

◎標　　語

奉戴　人間メサヤ（天皇）

信奉　神人メサヤ（基督）

◎宣　　言

吾人は左にも右にも偏せず事実を事実として正視するものである。わが国はエホバとそのキリストを中心として樹立せられた神の国である。セオクラシー（神権）とデモクラシー（民意）が完全に和合一致した国体である。神エホバが任職の膏油をそそいだメサヤを国民全体の総意が元首として奉戴して出来上つた地上の神の国である。元首は民衆のために存し、民衆は元首を国民統合の象徴として忠誠を励んで来たのは肇国以来の不動の事実である。神人メサヤなるイエスキリストは「塩若し味を失はゞ何かあらん。後は用なし、外にすてられて踏まるゝのみ」と。アーメンなる哉。天皇制反対は赤色のみと思うていたら最近は「天皇中心は時代への逆行」と書き立てる新聞紙もありと聞いて驚ろく。天皇制を廃止したら日本の存在の意義何処にありや、自ら亡国を宣言するにも等しい。あとは用なし、赤に喰はせんのみ。無比の憲法を護れ。

◎木遣音頭に建国の精神を掬め

ヨフイヤ、ヨフイヤァサー　エホバの栄光は支配者の栄光なり、

エ、ヨフィヤ、ヨーフィアサー　あゝエホバの栄光は支配者を輝やかしむ、

エヌナハラー、イハレコノセ　我等は推戴せん伊波礼彦（神武天皇）を主権者として、

ハモシヘ、ハレルハモシヘ　これぞメサヤなる、汝ら推戴せよメサヤを、

エヌナハラーアサー　我らは推戴しまつらん支配者を、

日猶比較対照表

下記ヘブライ文字は「神がアブラハムに与えられた宣託歌」	下は左端ヘブライ文字の川守田氏の発音を英字式に現わしたもの	下は左端ヘブライ文字のユダヤ人サムエル氏の発音を片カナで現わしたもの	下は宮崎県下の「地搗歌」	下は左端ヘブライ語の日本語訳
אני יה אני יה	→Ennya Ennya	→アニア　アニア。	→エーンヤ　エーンヤ。	→我はエホバなり，我はエホバなり
אני אתננה	→Ennyatonaa	→アニヤテ　ナナ。	→エンヤト　ナアア。	→我それを与えん。
אני אתן נוה	→Ennyaton nah	→アニヤテ　ナワ。	→エンヤトナー。	→我居所を与えん。
אני יה	→Eannya	→アニヤ。	→エンヤ。	→我はエホバなり。
下記はユダヤにおける「出埃及の行進曲」で「モーセの歌」	（同上）	（同上）	下は青森県・岩手県下の一部で唄われている古歌	（同上）
נגדה נשיל הת	→Naghado nassale het	→ナグダ　ナサレ　ヘト。	→ナガード　ナツサレヘト。	→我らヘテ人を前方に逐い出さん。
נגד ידו יעל יה	→Naghad yaddo yaalyah	→ネゲデイアドーヤーアリヤ。	→ナガード　ヤツド　ヤアリヤ。	→エホバよ彼の国境に迄進み給え。
נגדה נשיל חוי	→Naghado nassale hiwya	→ナグドー　ナサレヒウヤー。	→ナガード　ナツサレ　ヒウヤ。	→我らヒビ人を前方に逐い出さん。
נגדו יעלה	→Naghadoo yaaleh	→ナガドー　ヤアレ。	→ナガードー　ヤアレー。	→エホバよ彼に向つて前進なし給え
下記はユダヤの「紅海における預言者ミリアム（モーセの姉）の歌」	（同上）	（同上）	下は古来一般に唄われている「伊勢音頭」	（同上）
שישו יה הקע שרר	→Sasayah toko see	→シーサムヤートコシエラー。	→ササヤートコセエ。	→汝ら喜べ，エホバ敵を擲ち給わん
יהוה ינח	→Yoweh yanah	→ヨーウエヤナ。	→ヨウエーヤナー。	→エホバは安息を与え給えり。
אהלל יה	→Aa lyalya	→アハレリヤ。	→アアリヤリヤ。	→我エホバをほめ讃えん。
קרא וישע	→Kore wa isse	→コレワイエシエ。	→コレワイツセ。	→彼我等を呼び出して救い給えり。
כונן נגידמשה	→Konno Nagdomosee	→コノナギドモシエ。	→コンノナグドモセエ。	→彼は指導者モーセを備え給えり。
	（上記三段共にヘブライ語歌）	（上記三段共にヘブライ語歌）	（上記三段共に現在日本各地で唄つているもの）	

（コノセの代りにコラセとも唄い、ハモシへの代りにサノセンとも唄う）

以上によつて見る通り実に頭の下るような真剣な学究的なものである。文中に「前便申上げた如く」と度々出ているが、惜しいことに「前便」を同攻者に貸し失つてしまい、ここに引例出来ないことを残念に思う。私としては従来にない新説に接したわけで、しかも非常に根拠あるもののように思われ、川守田氏の詳細な発表を心から期待している。

(ロ)　日本国内に保存されているイスラエルの国歌

前述川守田氏の書翰中に、古来わが国の各地で唄われている「木遣音頭《きやりおんど》」はヘブライ語であると断定し、その意味を説明して下さつたことは感謝にたえない。木遣音頭も地方によつて歌詞が大変違うようである。つぎに掲げるのは伊予の今治附近で唄われているものと、伊勢宇治山田市附近のものであるが、前記川守田氏のものとは全く相違している。また伊予と伊勢の木遣も歌詞が全く違つている。

伊予木遣音頭

格子造りに御神燈あげて

これがまことの木遣の稽古
音頭とるのもアリヤうちの人
エンヤラサッサノ、ヨイヤ、ヨイヤサ、エンヤラヤレコノサ、サノセ、サ・ハレワ、サエ、エン
ヤラサ、

伊勢木遣音頭

〽ヤーエー、お木は伊勢より谷々越えて……オーイ、ハーヨイ、ハーヨイ、ソラ、ハーソワ、
ハリャリャ、ヨイトコセー、ヨイトコセー、ハラヨイ、ヨイ、ヤサ、アリャセ、コリャ
セー、ヤヤートセ、ハーエンヤー、

伊勢木遣は後述の伊勢音頭とやや共通点があるが、それでも殆んど違っている。もっとも注目すべき点は「ヤーエー」と初まっていることである。これはとりも直さず「エホバ」の神を讃える称辞であると思う。

思うに木遣音頭の初まりは、神武天皇の皇居をつくる時あたりからか、あるいは伊勢神宮の御造営、または太古以来の神宮、神社の御造営等に当って高山、低山から木を切り出す時に用い初めたものであろう。筆者の考えからすれば恐らく神武以前丹波の外宮御造営また出雲大社御造営

等の当時あたりからすでにエホバを讃える歌として存在したものが、新たに神武即位、内宮の伊勢御鎮座等があつたために新たに改作されて古いものは廃れ新しいものが今日一般に伝わっているのではないかと思う。

かつて英字雑誌 Japan and Israel や「基督兄弟団新聞」等に紹介された青森県岩手県下の一部で唄われている「ナガド」の古歌や、伊勢音頭、また、宮崎県下の地搗歌なども木遣音頭と同じくヘブライ語であると川守田氏は言つている。しかるに三年前総司令部附のユダヤ教牧師ゴールドマン氏に数回お目にかかつた際に、このことを伺つたら「どうもコヂつけのように思われる」とのことで関心を持たないようでした。その後大阪在住の私たちのメンバーで懇意なユダヤ人サムエル氏に同攻の瀬戸牧師（瀬戸四郎氏）が、Japan and Israel 誌を示し、この中に出ているつぎのヘブライ文字の発音をたづねたところ全く前記「地搗歌」や「伊勢音頭」や「ナガドの古歌」と一致することを確め得たのである。

その結果川守田氏のいう如く青森県岩手県下の一部で唄つている「ナガド」の古歌は「出埃及の行進曲」で「モーセの歌」であることが判明し、また伊勢音頭はモーセの姉に当る予言者ミリアムの唄つた歌であることや、宮崎県下の地搗歌は「神がアブラハムに与えた宣託歌」であることなども明瞭になつたのである。すなわち川守田説はゴールドマン氏によつて疑問視されていたがサムエル氏によつて再確認されたことになつたのである。

ここで思い出すことは伊勢音頭とミリアムについて、さらにミリアムと倭姫命との相似的関連についてであるが、別稿にゆづることにした。前掲の日猶比較対照表によつて日本に現存する古歌と、古代イスラエル語歌と全く同一であることが分るであろう。

前記サムエル氏はイスラエル国籍を有するまだ廿六才の青年である。阪神間の芦屋川に自宅があり、大阪の大同ビルに事務所をおいてサムエルソン商会を経営していた。昨年のチョウド今日あたり招待されて古屋登世子女史、西山茂氏、藤井哲夫氏等と共に夜おそくまでよばれたことがあつた。また同四月十三日花見をかねて筆者が同氏宅まで迎えに行つて綾部市大本梅松苑に案内したこともあつた。彼氏の父は長くアラビヤのアデンに住み家族と共に大きな店を経営していたが、一九四八年イスラエル独立当時アラブの襲撃をうけて悲惨な最後を遂げ、その後彼氏は飛行機で家族一同（氏の母と弟妹）と共に一時イスラエル国に避難し、一九五〇年家族を同国に残して廿三才で単身日本にやつてきたのである。若くはあつたが信仰がかたく義理人情の厚い頭のよい男であつた。Indea and Israel 誌をはじめて日本に紹介したのは彼氏であつた。日猶親善運動に全身の情熱を湧きたたせていたが、その後消息を絶ってしまったのは実に惜しいことである。

(ハ) イスラエル人の波状的渡来と到着後の抗争

A、神武天皇と長髄彦、蘇我と物部の争い

しかし川守田説について筆者は思う、椿真一氏も言っているようにユダヤは一返に滅亡したのではなく、波状的に滅亡しているから、その渡来もまた波状的に何返にも来たのではないかと。この点については小谷部氏も言っている。先《さ》きに日本島に到着したヘブライ人と後で到着したヘブライ人とがあると。そして先に到着したのは出雲族で後で到着したのは神武天皇のひきゆる所謂天孫族であると言っている。出雲族はヤコブの兄のエサウの血統であり天孫族はヤコブの子のガドの血統だと結論をくだしている。その真偽の確定は一応後世の学者に委せるとしても、少くとも川守田説の如く単にダビデの血統のみが唯一のものだとは思われない。もちろんダビデ族の到着していることは太秦の文字や大辟神社の存在等からも立証し得ることは拙著「日本とイスラエル」にもすでに紹介したところであるが、それのみではないと思う。小谷部氏のいうガド族もマナセ族もまた酒井氏のいうエフライム族も共に到来しているのではないかというのが私の研究

のネライである。

そして彼等はイスラエル本国における南北朝（北朝イスラエル王朝と南朝ユダ王朝）の争いを出先きの日本まで持越して、到着後においても出雲族と天孫族、神武天皇と長髄彦（饒速日命を背景とする）、蘇我と物部等々と分れて争い、さらに南北朝をつくり、源平と分れてたがいに血統の争いや神宝の争奪戦をやつたのではあるまいかと思われる節がある。

長髄彦の奉じていた饒速日命と神武天皇とは共に天孫たる「天表《あまつみしるし》」を所持していたことはすでに日本書紀に記しているところであつてあの戦いは同族の権力争いであつたと見ることが出来る。モシ川守田氏のいう如く神武天皇がダビデの血統だとするならば、饒速日命もまたダビデの血統か少くともそれに極めて親近するヘブルの血統だとせねばならないだろう。この問題はさらに次項にゆづることにして、つぎに蘇我物部の争いについても同様の見解が成り立つのである。

このことについては前著「世界の謎、日本とイスラエル」にすでにあげたから今は詳しくふれないが、要約して言えば、蘇我稲目の父は蘇我高麗という帰化人であり、同じく祖父は例の蘇我韓子で共に帰化人である。この稲目の女が用明天皇の皇后で馬子の妹である。この皇后さまから生れたのが聖徳太子である。だから聖徳太子は蘇我や帰化系統の秦川勝等と一諸になつて物部や中臣と対立したのである。また当時僅か十五才の秦川勝を国務大臣の位に登せて一諸になつて国史の編纂をやつたり日本の国政を料理したり、秦民族の一大都会たる当時帰化秦人十五万の人口を有する京都太秦の中心地に自分の離宮をつくつたり川勝に命じて太秦に広隆寺をつくらせたりしたのであろう。そして彼等帰化人は同血を受けついでいる太子をメシヤになぞらえて救世観音、救世菩薩と称号し奉り、またキリストに擬して厩戸皇子などと言つたのだろうと思う。「帰化秦人のユダヤ人説」については前著にすでに詳しく論じた通りである。

一方物部氏は古事記神武天皇の条に「邇芸《にぎ》速日命、登美毘古《とみびこ》（長髄彦）が妹登美夜毘売《とみやびめ》に娶《みあ》ひて生める子、宇摩志麻遅命《うましまちのみこと》。此は物部連、穂積臣、婇臣の祖なり」とあり、また日本書記にも饒速日命は「此れ物部氏の遠祖なり」と見えているように、物部氏は饒速日命と長髄彦の妹との間に出来たウマシマヂノ命の子孫である。

さればモシ川守田説の如くあるいは酒井、小谷部説の如く神武天皇ユダヤ人説が成り立つとするならば当然同系統の饒速日命もユダヤ人だということになり、その子孫の物部氏また然りということになるであろう。そうなれば当然蘇我物部は、「先に来ませる方」と「後に来ませる方」との違いだけで結局この争いも同族の権力争いだということになる。彼等が本国を出る以前からの血統やそれに附随する権力、神宝の争奪戦を出先の日本に来て再びくり返したにすぎないという結果になるであろう。

筆者はかつて十数年前長野県出身の藤原某氏宅で「大中臣古文書」というものを見たことがある。その中に、蘇我物部の争いに物部氏と共に滅ばされた中臣勝海の子の「牟智麻呂の手記」というのがあつた。それによると、「父の中臣勝海はこの戦いで戦死し自分も戦いに敗れて傷つき妹の梓と共に信州諏訪湖のほとりの山田の山中にのがれてこの手記を書く」と「但し書き」があつて、本文の主な点は「この戦いで中臣の神祇殿が蘇我勢のために焼かれた」ということ、「神祇殿の中には万国の歴史と神代の秘史天地《あめち》言文《ことふみ》がありこれが焼失したことは何とも取返しのつかない残念なことだ」ということ、「今ではその写本は僅かに中臣家と竹内家と春日家と物部家に一部分伝わつている」ということ、「守屋（物部氏）は敗走して奥羽地方に落ちのびた」ということなどが実に悲痛な筆致を以て書き下されていた。また同じく「中臣牟智麻呂手記」の中に「のち聖徳太子はその失を補わんがために天皇紀、国紀をつくつたが真正の歴史を欠失したる後のもの故虚誕妄説である」と痛烈に攻撃している。以上は記憶のままの大要をのべたのであるが、ほとんど原文に近いと信じている。

近年茨城県磯原町から竹内文書が出たり、秋田県カラマツ神社の社家で守屋の子孫と言われる物部長照氏宅からいわゆる「物部文書」が出たり、前記信州藤原氏宅から「大中臣文書」が出たり、また出雲の春日興恩氏宅から「春日文書」が出たりして、いろいろの問題を引きおこしたがこれらの古文書の中には殆んどきまつて古代ユダヤと日本と密接な関係があつたことについて記しているがこれは一体どうしたことだろう。これら古文書の内容については次章においてふれることにするが、とに角「牟智麻呂の手記」の中に記された「守屋が奥羽地方に落ちのびた」という点や、焼失以前の「万国の歴史」と「天地言文」の写本が、竹内、大中臣、物部、春日の四家に伝わつたという点などは、前述の如く今日まさに現実に裏書され立証されているところから見てこれらの古文書もマンザラ嘘ばかりで固められたものではなく、その中には太古の真相を伝える貴重な史実も幾つかは含まれているに相違ないと筆者は確信している。

以上ユダヤ民族との関連において日本歴史中の最も大きな事件であつた　神武天皇と長髄彦の戦い、蘇我と物部の争いについてのべたのであるが、前記小谷部説（同氏著「日本及び日本国民の起源」参照）では、出雲族は一番最初に到着したユダヤ人で、神武天皇のひきいる大和民族は後に到着したユダヤの別種族だといつているが、そうなれば出雲朝と大和朝との抗争も前者と同様の見解に立つて見ることが出来よう。さらに出雲朝はスサノオノ命の系統であるから、これがユダヤ系統であるとすれば必然的にその姉神に当る天照大神も同系のものとなり、その父母神たるイザナギ、イザナミ二神はついにアダム、イヴにまで発展し、この二神に修理固成の神勅を降した天神はエホバの神であつたという結論になつてくるようである。そうなつて一向に差支えはないが、ここに大きな問題はユダヤ民族との関連における大照大神とスサノオノ命の対決、外宮と内宮の対決、天孫族と出雲族との対決、大和朝と出雲朝との対決、神武天皇と長髄彦との対決蘇我と物部の対決、南北朝の対決、源平の対決等々日本歴史を一貫する重大案件を如何に取扱うかである。

古事記、日本書記によると崇神天皇当時から大和朝廷は出雲にたびたび使いを出して「出雲の神宝」を検《しら》べさせたり、あるいは謀略をもつてしばしばこの神宝を奪い取つているが、これなども小谷部さんのいう如く「先に来ませる出雲系ヘブル族」と「後に来ませる大和系ヘブル族」との同族間の権力争い神宝争いと単に見ておくべきものかどうか。

B、長髄彦果して逆賊なりや？

今日世界中の国々は多少の例外はあるにしても文明諸国は何れも立憲法治の体制をとつてい

る。いかなる罪人でも、たとえそれは大逆罪であろうと殺人罪であろうとも、法によらずして断罪されることはない。

またその裁判に当つてはどんな大逆罪であろうとも必ず弁護士をつけて、これを弁護することになつている。敗戦の将士を裁く場合でさえも弁護士がついて無罪を主張してくれる時代である。しかるにこの盛代に会わずして可愛想にも日本が法治国となる以前、一方的に断罪されてあたら罪人の汚名を史上に残し死屍になお鞭《むち》うたれているものが幾多あるか知れない。筆者はこの歴史上の気の毒な罪人たちのためにすすんで弁護士となり、時には検事判事裁判官となつて、新たに史上犯罪捜査をやり、真犯人を検挙したり無実を釈放したり、時効無罪を宣告したり、または不敬罪の無くなつた新憲法に基づいて再審を要求したり、従来の忠臣義士の仮面を剝いで改めて起訴したり、史上裁判所を作つて新しい法廷を開きたいと思つている。

とりあえず筆者は史上犯罪者の弁護士を開業するに当つて、その手はじめに「長髄彦無罪論」を主張する。あえてパール君の向うを張るつもりは毛頭ない。裁判官は八千万国民で弁護士は私一人である。まず本件の公訴事実についてのべよう。

そもそも被告長髄彦はニニギノ尊の兄さんに当る天孫饒速日命に仕え、摂津、河内、大和地方に勢威を張り、その妹登美夜毘売《とみやびめ》を饒速日命《みこと》にたてまつり、すでにウマシマヂノ命《みこと》という子供が出来ていた。彼としては立流に大義名分をただし天孫に奉仕しているという大きな自負をもっていた。そこへ神武天皇が大伴、久米の兵《つわ》ものたちを数多引きつれ、天孫と称して押入って来たものですから、被告はたちまちカッとなり

『時に長髄彦乃《すなは》ち行人《つかい》を遣《また》して天皇に言《まう》して曰《もう》さく、嘗《むかし》、天神《あまつかみ》の子有《みこま》しまして、天磐船《あめのいはふね》に乗りて天《あめ》より降《くだ》り止《いで》ませり。号《みな》を櫛玉饒速日《くしたまにぎはやひの》命と曰《もう》す。是《こ》れ吾《あ》が妹三炊屋媛《いろとみかしぎやひめ》（亦の名《な》は長髄媛《ながすねひめ》、亦《また》の名《な》は鳥見屋媛《とみやひめ》）を娶《めと》りて、遂《つい》に児息《みこ》有《あ》れます。名《な》をば可美真手命《うましまでのみこと》と曰《もう》す。故《か》れ吾《あ》れ饒速日命《にぎはやひのみこと》を以《も》て君《きみ》と為《し》て奉《つか》へまつる。夫《そ》れ天神《あまつかみ》の子豈両種有《みこあにふたはしらま》さむや。奈何《いか》にぞ更《さら》に天神《あまつかみ》の子《みこ》と称《なの》りて、人《ひと》の地《くに》を奪《うば》はむや。吾《あ》れ心《こゝろ》に推《お》しはかりみるに、未必為信《いつわりならん》と』（日本書記）

とやつつけたのである。即ち自分はすでに饒速日命という天神の子を君として仕えている、さらにアナタが「天神の子」と称してやってきたのは、恐らくはこの土地を侵略するための口実でイツワリゴトであろう、とせまつたわけである。本弁護人はこれは被告長髄彦の従来の立場から見て当然の言い分《ぶん》であることを主張する。人の座敷に通るものが鎧《よろい》、冑《かぶと》で土足のまま案内も乞わずに入つたのでは強盗と問違えられても致し方はない筈である。そこで

『天皇《すゝらみことのたま》曰わく、天神《あまつかみ》の子亦多《みこまたさわ》に有《あ》り。汝《いまし》が君《きみ》と為《す》る所《ところ》、是《こ》れ実《まこと》に天神《あまつかみ》の子《みこ》ならば、必《かならず》表物《しるしもの》有《あ》らむ。可相示之《あいみせよ》と。長髄彦、即ち饒速日命の天羽羽矢《あめのははや》一隻《ひとつ》及歩靫《またかちゆぎ》を取《と》りて、以《もち》て天皇に奉示《みせまつ》る。天皇覧《みそな》わして、事不虚也《まことなりけり》と曰《のたま》ひて、還《かへ》りて、御《みはか》せる天羽羽矢《あめのははや》一隻《ひとつ》及歩靫《またかちゆぎ》を以《も》て長髄彦に賜《みせ》示《たま》ふ。長髄彦其《そ》の天表《あまつしるし》を見て、益《ますく》蹴《おぢかしこま》踖りを懐《いだ》く』（日本書紀）

とあり、即ち饒速日命と神武天皇は共に「天神の子」であることはたがいに所持せる「天表《あまつみしるし》」によつて立証されたのである。被告長髄彦は天皇の所持せる天表を見て「天神の子」であることをさとり「益《ますく》蹴踖《おぢかしこま》りを懐く」とあるように、天神の御子神武天皇に対して決して敬意を失してないことをうかがうことが出来る。

『然れども凶器已《つわものすで》に構《かま》えつれば、其《そ》の勢《いきほ》ひ中《なかぞら》に休《や》むることを得ず。而して猶ほ迷図《まとへるはかりこと》を守りて、復《ま》た改意《ひるがへるこころな》無し』（日本書紀）

とあつて、両者たがいに、天神の子であることが分つたけれども、すでに戦闘準備が出来あがつていたので中途でやめるわけに行かず騎虎のいきおいでついに戦争になつたという次第である。武装した軍隊が国境に迫つてきた場合に防禦体制を取ることは決して違法ではない。個人の場合の正当防衛に該当するものである。本弁護人は被告長髄彦は正当防衛をし損じたために大逆罪に問われた史上最も同情すべき人物であると認めこれを世界裁判所に控訴し地上二十億大衆の人民裁判にかけ再審されんことを要求するものである。

そもそも被告長髄彦が神武天皇の所持せる「天表」を見ておぢ恐れつつもなお一抹の疑を持ち戦争せざるを得なかつたことについては何等かの理由がなければならない。それについて本弁護人は被告長髄彦のために、かれの奉じていた天孫饒速日命に関する新たな資料をここに提出する。

「先代旧事本紀」の巻第三の「天神本紀」に曰く

『天照大神詔して曰く。豊葦原《とよあしはら》の千《ち》秋長《あきなが》五百《いほ》秋長《あきなが》の瑞穂の国は吾《わ》が御子《みこ》正哉《まさか》吾《あ》勝勝速日《かつかちはやび》天押穂《あまのおしほ》耳尊《みみのみこと》の知《し》らす可き国なりと言寄《ことよ》さし詔《のり》ごち賜《たま》いて天降《あまくだ》したまふ時。高皇産霊尊《たかみむすびのみこと》の児思兼神《みこおもいかねのかみ》の妹《いも》・万幡豊秋津師《よろづはたとよあきつし》姫栲幡千《ひめたくはたち》千姫命《ぢひめのみこと》を妃《みめ》と為《し》て天照国照彦天火明櫛玉饒速日尊《あまてるくにてるひこあまのほあかりくしたまにぎはやひのみこと》を誕生《あれ》ます時正哉《まさか》吾《あ》勝勝速日《かつかちはやひ》天押穂耳尊《あめのおしほみみのみこと》奏《もう》して曰《もう》さく。僕《あ》は将《まさ》に降《あまくだ》らんと欲《おも》ひ装束《よそほ》ふ間に所生《うめる》児《みこ》あり此を以て降《あまくだ》し玉《たま》ふ可《べ》し。詔《みことのり》して之《これ》を許《ゆる》し玉《たま》ふ。

天神《あまつかみ》の御祖《みおや》詔して天璽《あまつしるし》の瑞宝十《みつのたからと》種《くさ》を授《さづ》け玉ふ。謂《いは》ゆる瀛都鏡一《おきつかがみひとつ》。辺都鏡一《へつかがみひとつ》。八握劒一《やつかのつるぎひとつ》。生玉一《いくたまひとつ》。死反玉一《よみがへしのたまひとつ》。足玉一《たるたまひとつ》。道反玉一《ちがへしのたまひとつ》。蛇比礼一《へみのひれひとつ》。蜂比礼一《はちのひれひとつ》。品物比礼一《くさぐさのもののひれひとつ》是也《これなり》……中略……。

饒速日尊天神《あまつかみ》の御祖《みおや》の詔を禀《う》け、天《あま》の磐船《いはふね》に乗《の》りて河内《かわち》の国の河上《かわかみ》の哮峯《いかるがのたけ》に天降り坐《ま》し則ち大倭国鳥《やまとのくにと》見《み》の白庭《しらにわ》の山に遷《うつ》り坐《ま》す。所謂天《いわゆるあま》の磐船《いわふね》に乗りて大虚空《おおぞら》を翔《かけ》り行《ゆ》き是《こ》の郷《さと》を巡《めぐ》り睨《み》て天降《あまくだ》り坐《ま》す矣。所謂虚空《いわゆるそら》見日本国《みつやまとのくに》とは是《こ》れ歟《か》』

なお同書「天孫本紀」にも右同様の記事あり、また饒速日尊はニニギノ尊のお兄さんであるということについての史料としては古事記に

『爾《ここ》に其の太子正哉吾勝勝速日天忍穂耳命《ひつぎのみこまさかあかつかちはやひのあめのおしほみみのみこと》の答白《まを》したまはく、僕《あれ》は降《くだ》りなむ装束《よそほひ》せし間《ほど》に子生《みこあ》れましつ。名《みな》は天邇岐志国邇岐志天津日高日子番能邇邇芸命《あめにぎしくににぎしあまつひだかひこほのににぎのみこと》、此の子《みこ》を降《くだ》すべし、とまをしたまひき。此の御子《みこ》は、高木神《たかぎのかみ》の女《みむすめ》 万幡豊秋津師比売命《よろづはたとよあきつしひめのみこと》に御合《みあ》ひまして生《う》みませる子《みこ》、天火明命《あめのほあかりのみこと》、次に、日子番能邇邇芸命《ひこほのににぎのみこと》にます〔二柱〕云々』（天火明命とは饒速日命の別名である）

また日本書紀一書の段に曰く

『正哉吾勝勝速日天忍穂耳尊、高皇産霊尊《たかみむすびのみこと》の女、天万栲幡千幡姫《あめよろづたくはたちはたひめ》を娶《と》りて、妃《みめ》と為《な》して生《う》みませる児《みこ》を天照国照彦火明命《あまてるくにてるひこほあかりのみこと》と号《まを》す。是れ尾張連《をはりのむらじ》等の遠祖《とほつみおや》なり。次に天饒石国饒石天津彦火《あめにぎしくににぎしあまつひこほの》瓊瓊杵尊《ににぎのみこと》。云々』

同じく日本書紀一書に曰く

『天忍穂根尊《あめのおしほねのみこと》、高皇産霊尊の女子《みむすめ》栲幡千千姫《たくはたちちひめ》万幡姫命《よろづはたひめのみこと》を娶《めと》りて、児天火明命《みこあめのほあかりのみこと》を生《う》みます。

次に天津彦根火瓊瓊杵根尊《あまつひこねほのににぎねのみこと》を生《う》みます。其の天火明命の児天香山《みこあめのかぐやまの》命は、是れ尾張連等の遠祖なり』

また先代旧事本紀の巻第三「天神本紀」に曰く

『太子正哉吾勝勝速日天押穂耳尊。高皇産霊尊の女万旛豊秋津師姫命亦の名は栲旛千千姫命を妃と為して二男《ふたはしら》を誕生《あれ》ます。兄《みあに》は天照国照彦天火明櫛玉饒速日尊《あまてるくにてるひこあまのほあかりくしたまにぎはやびのみこと》。弟《みおと》は天饒石国饒石天津彦《あめにぎしくににぎしあまつひこ》彦火瓊々杵尊《ひこほのににぎのみこと》』

なお同「天孫本紀」に

「天照国照彦天火明櫛玉饒速日尊亦の名は天の火明命、亦の名は天照国照彦天明尊、亦云う饒速日命、亦の名は胆杵磯丹杵穂命《いきしにきほのみこと》。』

以上の資料によって見ると、被告長髄彦の仕えていた饒速日命こそ天孫の長兄として弟のニニギノ尊よりも先に「豊葦原瑞穂国を知らすべし」と天照大神より詔をうけ、さらにまた天つ神の御《み》祖《おや》の詔により天璽《あまつしるし》の十種《とくさ》の瑞宝《みつのみたから》を授けられて河内の国の哮峯《いかるかのたけ》に天磐船《あまのいけふね》に乗って天降られたのである。もちろんお一人でコッソリいらしつたのではない、御児天香語山命《みこあめのかごやまのみこと》以下主たるもの七十二神を随えられ威風堂々と天降られたのである。同書には一々その御神名からその子孫の事蹟に至るまで詳細に記している。「勝てば官軍、負ければ賊」のたとえの如く勝者は時の権力者として自己に不利な証拠資料はその煙滅をはかりつねに自分に有利に歴史を改作するものである。ことに長い歴史を通じ神武以来一貫してその権力を維持してきた日本において被告長髄彦に有利な資料がそう沢山残される筈はない。

日本書紀に

『天皇素《もと》より饒速日命は是れ天より降れりということを聞《きこ》しめせり』

とあり、また日向出発の「東征の詔」の中に

『東に美地あり、青山四《よも》に周《めぐ》れり。其の中に亦天磐船に乗りて飛び降れる者有りと曰《い》へり。余《あれ》謂《おも》ふに、彼《そ》の地《くに》は、必ず以て天業を恢弘し、天下に光宅するに足りぬべし。蓋《けだ》し六合の中心か。厥《そ》の飛び降れる者は、謂うに、是れ饒速日ならむ。何《いか》で就《ゆ》きて都《みやこ》つくらざらむや』(日本書紀)

とあるように、神武天皇は大和に入る七年も前から饒速日命は「天神の子」であることは百も承知の上で東征に向っているのである。同じく書紀に「天皇親《みつか》ら諸皇子《みこたち》舟師《ふないくさ》を帥《ひき》ゐて東を征《う》ちたまう」とあり、また「吉備国に徙《うつ》り入りまして、行宮《かりのみや》を起《つく》りて居《ま》します。是を高嶋宮《たかしまのみや》と曰《い》ふ。三年

積《ふ》る間に舟檝《ふね》を備《そろ》へ、兵食を蓄へて、将《まさ》に一挙に天下を平けむと欲す」とあり、さらに「戊午年夏四月、皇師兵を勒《ととの》へて、歩《かち》より竜田に趣く。而るに其の路狭く嶮《さか》しくして、人並み行くことを得ず。乃《すなは》ち還りて、更に東のかた胆《い》駒《こま》山を踰《こ》えて、中洲《うちつくに》に入らむと欲す。時に長髄彦聞きて曰く夫れ天神の子等の来《いでま》す所以《ゆゑ》は、必ず将《まさ》に我が国を奪はむとするなりといひて、則ち尽《ふつ》に属兵を起して孔《く》舎衛《さかの》坂《さか》に徼《なか》へて、与《とも》に会《あ》ひ戦ふ」とあつて、この間において神武天皇の方から被告の方へは一返の挨拶も交渉もなく吉備国（今の岡山県）まできて三年間も兵糧を蓄え舟をそろえ戦闘準備をして一挙に大和に押入ろうとしたものですから被告は「必ず将に我が国を奪はむとする」不届者と合点したわけです。あたかも二千六百年後の文明時代に、どこやらの国はまたしても無警告攻撃をやつたそうだが、この場合は相手が強かつたのでアベコベだつたらしいが、被告の場合は運悪く弱かつたばつかりに、千載なら未だしも二千六百載の今日に至るまでも「逆賊」の汚名を着せられ、まことに以て世間ていが悪く、史上に顔出しもならない仕末ですから、不敬罪のなくなつた文明の今日改めて弁護士をつけて御再審を願いたい。

　史上犯罪者には法律上の時効もなく、大赦恩赦もなく死屍にむち打たれ通しで、これでは未来永劫にわたつて成仏の方法がないと言わなければならない。

この項において筆者が特に痛感することは、天孫降臨に際しては予め出雲朝に対して高天原から何返も使者を遣わして外交接衝を遂げているに対して、神武天皇が大和に入るについては何等の予備交渉も挨拶もしていなかつたという点である。しかも大和の鳥見の白庭の山に天孫饒速日命があつて中洲を治めていたことは天皇が日向出発以前からすでに御承知でありながら何故これをしなかつたかということである。天孫降臨の際には高天原から出雲に、まづ天穂日命をつかわし、さらに天稚彦をつかわし、最後には武御雷神、経津主神をつかわして、いともネンゴロに国譲り後における大国主命の身分保障からいろいろの条件を示して交渉している。それでさへも日本書紀一書によると大国主神は「疑はし……故《か》れ許すべからず」と即ちそんな筈はない汝等は何か天神の命《めい》を間違つてきいてきてるのではないかと言われ、「是《ここ》に経津主神則ち還り昇りて報告す。時に高皇産霊尊すなわち二神を還し遣《つか》はして大己貴神（大国主命）に勅して曰く、今汝が言すことを聞くに、深く其の理《ことわり》有り。故《か》れ更に条々にして勅したまふ」とあつて、天神もまた大国主神の疑うのも無理はないと一応出雲の立場をみとめてさらに箇条がきにして条件を示されたので、はじめて大国主神も納得され「天神の勅教如此《かくも》慇懃《ねんごろ》なり。敢《あ》えて命《おほせ》に従ひまつらざらむや」というので紳士的条約が成立してから降臨されたのである。この点において神武天皇の東征には史上に見るところでは遺憾な点があり長髄彦ばかり責めるわけにゆかないと思う。徳川はかつてお上《かみ》から預つた天下を還《かえ》すのですらもあれだけの反抗を示したのである。ましてや長髄彦の場合は大いに言い分があつたと思う。徳川の政権奉還の場合でもそうであつたように、第一に下の家来どもがいうことを聞くものではない。「先に来ませる饒速日命」と「後に来ませる神武天皇」とは共に天神の子であつて、たがいに所持せる「天表《あまつみしるし》」が同一であつたとすれば、さきの商相中島さんの「尊氏論」ではないが、天孫饒速日命を奉じていた「長髄彦果して逆賊なりや」という問題を提起せざるを得ないのである。

御承知の旧事紀には「天孫本紀」と「皇孫本紀」とがあつて、「天孫本紀」には饒速日命の代々の子孫の系譜と事蹟が記され「皇孫本紀」には瓊々杵尊の子孫と事蹟について記録している。このように「天孫系」と「皇孫系」とに区別して記しているところに同書の大きな特長がある。古事記日本書紀においては饒速日命に関する記録は神武天皇の段にホンの申しわけに出ている位のものでほとんどないといつてよい。しかるに旧事紀には饒速日命が天上においてすでに天道日《あめのみちひ》女命《めのみこと》を妃として天香語山命を生み共に天降られたこと、天香語山命は後の紀州の高倉下《たかくらじ》であることからその子孫が尾張氏の祖となつたこと等十八代にわたつて詳細に記し、さらに天降つてのち長髄彦の妹御《み》炊屋《かしや》姫《ひめ》を妃として生れた宇《う》摩《ま》志《し》麻《ま》治《ち》命の子孫十七代にわたつてその出自を明細に記録している。

多田義俊氏の「旧事紀偽撰考」が出てから、一般学者は本書を偽書扱いし軽視しているが、偽撰必ずしも偽書ではない。栗田寛博士は特に第五巻の「天孫本紀」の部分について

「尾張連、物部連の世次を記したものは、いづれの書にもなく、また新たに作つた説とも思はれないので、何か拠るところあつて作つた書であろう」

とて、その考証を著わし「物部氏纂記」「尾張氏纂記」の二書とした。古来卜部神道などは旧事紀によつて立てられたようなもので、旧事紀は日本神道の重要な部分を占める貴重な文献だと筆者は信ずる。

本書によると、はじめ饒速日命は天つ神より豊葦原瑞穂国を統治せよという詔命をうけ十種の瑞宝を授けられ沢山の随神を伴つて河内の国の哮《いかる》の峯《たけ》に天降り、のち大和の鳥見の山にうつり大和、紀州、摂津、河内等を治めていた。のち瓊々杵尊もまた同様の詔命をうけ三種の神器を授けられて天降り、(とあるのは実は神武天皇が勝つたから後にその先祖ニニギノミコトラ正当化するために作為したものに非ざるか、統治者を二人降す筈はないと思う)。その子孫神武天皇が東征に

向い、大和の国に入らんとしてついに長髄彦と会戦したが容易に勝つことが出来なかつた。しかるにのち八咫烏や金鵄の奇蹟が現われ天祐天皇にあり、長髄彦大いに苦戦を喫し、時に人をつかわして「天神の子豈両種あらんや」とやつたが、その後たがいに「天表」を出し合つて見た結果共に「天神の子」であることが確認された。しかるにもかかわらず長髄彦は「猶ほ迷図を守りて復た改むる意無し」とあつて饒速日命の子ウマシマヂの命が、「乃《すなは》ち誅りて舅《しうと》を殺し衆を帥《ひき》ゐて帰《まつろひ》順《たま》う」ということになつたのである。即ち長髄彦は天人の際をしらず大義名分をわきまへざる頑迷コロウな不心得ものとして自分の妹の子に殺されここに日本建国史の一頁を飾る大きな幕がおりたことになつている。

ここにおいて「先に来ませる饒速日命」と「後に来ませる神武天皇」とが合体して建国の基礎を築き今日の日本をつくつたということになつている。

日本島に到着した年代差はあつても双方同族であつたことは明かであり、また両者ともその同族であることはたがいに「天表」を見るまでもなく予めご存じだつたろうと思う。あるいは饒速日命、長髄彦は神武天皇が天孫であるなどとはご存じなかつたかも知れないが、少くとも神武天皇は大和に天孫饒速日命ありということは日向御進発前から御存じだつたことは前記「東征の詔」

にすでに明かである。

勝敗は戦いの常で「勝てば官軍、負ければ賊」ともなるのであるが、考えて見ると長髄彦も可愛想な男ではないか。日本建国の大いなる犠牲者というべきであろう。天孫を奉じてついに天孫に殺された男である。史上で見たところではまさに天孫同志の直取引《ぢきとりひき》の犠牲になつた男である。一宇を建立して冥福を祈つても決して罰は当るまいにと思う。出雲朝帰順の際には天神の取計らいによつて、いとも懇ろに大国主命のために杵築宮（今の出雲大社）を建て、高天原から天穂日命をつかわして永代にこれを祭祀せられたのである。今日なお天穂日命の末孫たる千家氏が出雲大社の社家として連綿としてこれに奉仕している所以である。平将門を祭つた神社も各地にある。また明治維新の際朝廷に弓を引いた徳川氏も別格官幣社東照宮をはじめ各地に祀られている。大名小名の各藩祖もまた県社乃至別格官幣社に多く列せられたのである。彰義隊や白虎隊の面々もみな祭祀されている時代である。第二次大戦後においても各地で敵味方を越えた怨親平等の大供養をやつているではないか。長髄彦に対する慰霊冥福の祭祀はむしろ天皇家がこれを講ずべきであつたと思う。筆者は自称歴史家として彼氏に大いに同情する一人である。

註……日本書紀、古語拾遺等によると長髄彦は彼の妹ムコに当るいわゆる天孫饒速日命に殺されたことになつている。

さらに両者の戦いにおいて疑問に思われることは、長髄彦が有利であつた時には饒速日命はヂッとして傍観しておりながら、一たび彼が不利におち入るや彼を殺して神武天皇の軍門に降り、これに忠勤をぬきんでて寵愛をうけたという点である。すなわち長髄彦を無きものにすることによつて天孫同志の間に妥協が成立したのであつて馬鹿を見たのは長髄彦で両方から悪く言われねばならない立場におかれたことである。かれはよくよく悪い星の下に生れた男と見える。天孫同志の統治権に関する権力争いの犠牲になつた　まことに憐れむべき男というべきである。争うのは勝手だが彼氏はじめ下々《しもぐ》がこの血統論や名分論のためにどれだけ迷惑したことだろうかと思う。どちらからの渡来者か、私たちの先祖の本家かも知れないが、出先きの日本にまで争論の種を持ち込まれては堪つたものではない。なんぼダビデの血統だかユダヤ王の血統だか知らないが、日本歴史を一貫して神武以来明治から昭和に至るまでもお家騒動の争論が絶えないようなことでは川守田さんだちには相済まんけれども筆者は長髄彦弁護士として本件は速やかに返上するから「時効」にしていただきたいと思う。

そもそも被告長髄彦は本事件における最大の被害者であつて、決してその加害者ではない。むしろ彼を史上犯罪者として扱うことは恰も極東軍事裁判における如く「敗戦は犯罪である」という矛盾に追いこまれる結果になりはしないか。

C　日本人即ユダヤ人ではない

古来日本の支配階級の一部にユダヤ血統のものがいたことは分るが、これを以て「日本人即ユダヤ人」と考えることは早計である。

川守田氏の指摘する如く現在の日本語の中に多数のヘブル語が発見され、またヘブル詩歌が保存されていることも肯定出来る。しかし日本語そのものは依然として日本語であつて決してヘブル語そのものではなく、ウラルアルタイ系に親近する独特のものであることを見のがしてはならない。むしろコーカサス語、トルコ語等が一層日本語に近く、風俗習慣等もユダヤよりはこれらおよびペルシヤ等が、より以上に共通していると思うがどうだろう。といつて筆者は決して「秦族」以前のユダヤ人渡来を否定するものではない。ただ日本の基礎民族の形成に関してはの話である。

1、渡来してきた少数支配者が原住民の上に君臨し、その言葉を押しつけて今の日本人の言葉になつているのか。

2、それともその支配者たちの言葉がやがて吸収されて原住民の言葉がそのまま今の私たちの言葉になつているのか。

私には分らない。恐らくどんな学者にも分つていないであろう。

神武天皇以来日本の支配者だつた天皇家は大体渡来者だとされているが、

1、果して日本の基礎民族は天皇家と同血であつたかどうか。

2、神武天皇どころではなく、天孫降臨以前から、日本国土に大勢力をもつていた出雲民族などが果して「先に来ませるもの」と「後に来ませるもの」との差違だけで同血だつたと言い得るものかどうか。

3、今日の言葉や風俗は「先に来ませる方」のものか「後に来ませる方」のものか、さらにそれ以前のものか。

どちらであろうか。これらが決定されない限り、単に幾つかの共通した言葉があるとか、共通した風俗習慣があるというだけで日本民族そのものの出自を決定するわけにはゆかない。ましてや川守田氏のいう「エンヤ」の歌や「ナガド」の歌などは今日の日本人には唄つている人自身にも何の意味やら理解の出来ないものである。たとえそれはヘブライ語であるにしても、今日のわれわれに理解出来ないところを見ると、われわれ自身はヘブライ人そのものでないことをすでに立証しているものと言わなければならない。モシ川守田氏のいう如く神武天皇がまた日本の支配者だつた天皇家がヘブライ人でこのヘブライ語を持込んだとするならば、天皇家が長く日本の支配的置位にあつたにかかわらず、その言葉が古典、宣命、祝詞等にも余り見当らないところから見るとやがて原住民の従来使つていた言葉に吸収されたものと見なければならない。しかし言葉を失つても独特の伝統精神或いは風習というものは残されたに違いない。そういう眼を以て見た場合には明かに祝詞、宣命、古典、雅歌等にヘブライ的選民思想やメシヤ思想等の存在をうかがうことが出来る。また大嘗祭の時の太平楽の舞楽、服装、旛等にも旧約に記するところと一致するものを見出すことが出来る。また神社祭祀の方法やらその他いろいろの儀式等にも沢山の共通を見出すことが出来る。しかし単にそれだけで日本人即ヘブライ人だというわけにはゆかない。一部天皇家およびその随行者の部族に限られるものであり、大多数の基礎民族は依然としてこれとは別個のものでヘブライ語民族ではない。今日の日本語民族は果して日本島に発生した独特の民族なのか。それともこれも神武以前の渡来者なのか。そしてその民族の優劣は両者間においてどうであつたか、今日の出土品から見たところでは彌生式よりも古い縄紋式の方が優つているように言われているのはどういうわけか、武力の勇者必ずしも優秀民族とすることはできない。

D、ユダヤの南北朝と日本の南北朝との関連

古代ユダヤにおける南北朝の争い（紀元前九五三年－同七二二年）と日本における南北朝の争いとの関連について話題を提供しておきたい。

それはかつて私たちのグループに名古屋の故浅井作左ヱ門氏がいた。独力で数十万金を投じて名古屋の築港神社を建つた人で、後の奥さんは例の熊沢寛道氏（俗称熊沢天皇）の妹でした。終戦間もなく熊沢天皇が世に騒れていたころ、或日浅井氏を訪ねると

「とうとう進駐軍から来たよ」

という、

「何がですか」

ときいたところが、

「熊沢のところへ真相調査にきた」

という。

「結果はどうでした」

ときくと、進駐軍の人の質問の重点は
「あなたは今の天皇は北朝系で天皇たる資格がないと主張し、自分が南朝天皇の正系だと言っているそうだが、それについて何かシッカリした証拠があるかどうか」

ときかれたというのである。

「熊沢さん何んと答えましたか」

とたづねたところが、その時の熊沢さんの答えは次のようだつたというのである。

『今自分の手もとにそれはないが、かつて自分の先祖は、南朝の御神宝を全部保管し、福島県の或るお寺（場所も寺名も失念、但し調べれば分る）に匿《かく》まい、数百年間「不寝番」をつけて守護してきたが、明治になつてからお寺の坊さんが外部のものと結托してこれを外に持ち出してしまい、現在では茨城県磯原町の竹内家の手に渡つている。竹内家の御神宝というのは、実はうちの先祖が代々匿まつてきた南朝伝来の御神宝である』

と答えたそうである。浅井氏は十数年も前から熊沢天皇の話をよく私たち仲間に話していた。

そう言えばこれについてさらに思い出すことがある。今からやはり十五、六年も前の話だが、当時福島県の松本某という男が十六の菊の紋のついた羽織を着込んで、これが先祖以来公認されている家紋だといつて東京にのりこんできていうには「現住地の、ある寺にかくまつた南朝の神宝を先祖以来守護してきたが、祖父の代に至つて或る謀略によつて外部に持出され、現在水戸の竹内家にそれが渡つている。宮内省に申出で竹内家から自分たちの手に取返さなければならない」と、しばしば東京に出てきて同志間にこれをうつたえ、協力を求めていたという話をきいたことがある。これは浅井氏の話とは全然別個の話だが、今にして思えば何か熊沢氏のいうところを裏づけしているように思える。

モシ熊沢氏をはじめこれ等の一党がいう如く、問題の竹内家の御神宝なるものが日本の南朝伝来のものであるとするならば、あの中にはユダヤの三種の神宝の一つである「モーセの十誡石」と称するもの、またユダヤの貴重な神宝の一つに数えられている「オニックス」(縞メノウ石)と称するものもある筈である。さらに次章にのべるキリストの遺言書と称するもの以下等々がある。現にその称するものを筆者も直接この目で見せてもらつたのであるが、そうなると日本の南朝とユダヤと何等かの関連があつたことを立証することになりはしないか。何でユダヤの神宝が日本の南朝の神宝と称するものの中に入り混つているのだろう。

竹内家の記録ではまだ南北朝の出来る以前、さらに仏教も入らない以前の武烈天皇の時に、当時の大臣平群真鳥《へぐりのまとり》が乱《らん》して殺されたという口実で宮中の裏門から夜陰に乗じて葬棺を装い、真鳥につけて皇室の神宝を全部越中に移したというのである。爾来竹内家が代々その守護を命ぜられて今日に至つたというのである。いづれにしても皇室の神宝だとされているのである。なぜ日本の皇室の神宝と称するものの中に古来ユダヤの神宝とされているものが混入しているのであろう。この神宝問題で竹内家は起訴され十年以上もかかつて大審院まで持ち出して裁判したが結局当局はウヤムヤにしてしまつたようだが一体何でだろう。

　ことの真偽はもちろん未だに誰にも分つてないようである。ホンマものかニセものか、ニセものにしては余りに御念が入りすぎている。いつ誰が何の目的のために、なんに基づいてつくられたか、年数も相当経つた古いもののようであり、今日われわれの手で贋造出来そうなシロモノではない。ホンマものとすればいつ誰がどこから入手したものか。日本皇室が本来酒井、小谷部、川守田氏らのいう如くユダヤ王統なるが故にか。或いは英国の王室が、かつて戦利品としてヤコブの石枕を他国から入手した如く、神功皇后の三韓征伐やらその他度々の新羅、百済征討等において得たものか、或ば秦徐福はじめ帰化人らのもたらしたものか。或いは日本到着以前に渡来の途中で得たものか、或いは出雲の神宝を掠めとつたものか。

これらの話をどこまで信用してよいか。それさえも筆者には分らない。ただ浅井氏から直接以上の話をきいたことだけは間違いのない事実で、恐らく他にも同様の話をきいた人が何人かあるだろうと思う。御本人の熊沢氏は健在だから確かめてからと思つたが、近ごろいづれへ行幸？やらチョッと行在所？が分らぬままに取あえず、以上中間報告までにということになつた次第である。

そこで私は、日本の南北両立の問題も追及して行けば結局古代ユダヤの南北両朝問題にまで発展し、それがやがて「世界の南北朝」解決の鍵になるのではないかと考えている。私のいう世界の南北朝というのは広義の意味では太古以来の世界のあらゆる対立や争いを指し、狭義の意味では現在の米ソ二大陣営の対立を指称している。米ソの対立は裏返して見ればユダヤ南北朝の近代的対立である。

後章にのべるように近代アメリカを造つたものはユダヤ人であり、また共産主義ソ連国家を造つたものもユダヤ人であることは御承知の通りである。ユダヤ人マルクスの理論を以て同じユダヤ人のレーニン、トロッキー、リトヴィノフ等が今日のソ連をつくつたのである。

米ソの対立はいうまでもなく、アメリカ猶太主義とソ連猶太主義との対立にすぎない。世界大小の国家群はそのいづれかに味方し、また各国内においても、職場、家庭においてもこの二大対立を見ている。この対立は今日突如として始まつたものではなく、従来各国内部で対立していたものが世界的対立に発展したまでのことである。

多くの人たちは「ユダヤ問題」と言えば、ついこの数百年来のことだと思つているらしいが、筆者独特の歴史観からすれば、それはユダヤ滅亡以前、有史以前から出発している根深い問題だと考えている。だから日本の南北朝問題の解決もそれは単に日本歴史の上だけで解決されるものでなく、世界歴史との関連において求められねばならないと信じている。そのためには世界歴史および日本歴史を根底から裏返して、臭いものにフタをせず厳正に批判する必要があると思う。

E、日本の歴史上における数々の疑点

すでにのべたところのくり返しが多いから要点だけを箇条がきにしてのべる。

一、伊邪那岐命から賜つた「三神分治の詔」が何故守られなかつたかという疑点。

はじめイザナギノ命から、天照大神には日の御国を、月読尊には月の御国を、スサノオノ尊にはこの大海原即ち地球を治めよと詔せられ、そのスサノオノ尊の子孫たる大国主命がこれを受

けついで出雲地方を治めていたのは当然であつたろうと思うのに、なぜこれを天照大神の子孫に国譲りしなければならなかつたか。また国譲りとは勝者の弁であつて事実においては謀略や懐柔政策による出雲侵略ではなかつたのか。高天原からの最後の使者であつた武御雷神《たけみかつち》、経津《ふつ》主《ぬし》神は共に武神であつて、大国主命に対し十《と》握剣《つかのつるぎ》を抜き放つて大地につき立てて交渉しているあたり、どう見ても強盗か追剥ぎのセリフで脅迫しているとしか受けとれない。また大国主命の子建御名方《たけみなかた》神に「誰《たれ》ぞ、我《わ》が国《くに》に来《き》て、忍《しぬ》び忍《しぬ》び如此《かく》物言《ものい》ふ」（古事記）と一喝され、「然《しか》らば力競《ちからくら》べ為《せ》む」ということになつたが、これも長髄彦の場合と同じように運悪く相手が強かつたために、とうとう出雲から信州諏訪まで追いまくられて降参し、ついに国譲りということで天孫に地上統治権を渡したことになつている。

出雲民族はスサノオノ尊系統の民族であるから当然スサノオノ尊を祖神として祭り、またスサノオノ尊の奉じていた神を祭祀しこれを信仰したであろう。

一方天孫民族は天照大神系統の民族であるからまづ天照大神を祖神として祭り、また大神の奉じていた神があればそれをも祭祀し信仰したであろう。

そして両神は共にイザナギノ神の御子で御兄弟だということであるから、その子孫たるものまた同祖同族の間柄であることは明瞭である。

しかし世の初め、たがいにその「分治」すべき領域を父イザナギノ尊の神勅によって神定されていたにかかわらず、のちこれが破られて両朝対立するに至ったのは何故《なぜ》だろう。「天孫朝」果して正か、「出雲朝」果して不正か。筆者は歴史の上から出雲朝に大いに同情するものである。いづれこの問題も史上公判廷に持ち出し出雲の神様の弁護士をつとめさせていただく予定にしている。

この問題はさかのぼって天照大神とスサノオノ尊の対決になるのであるが、従来の歴史観からすればスサノオノ尊は暴虐な悪神の如く扱われているが、これがそもそも日本歴史の根本の誤りである。まず日本歴史の根底をなすところの天孫降臨以前における二神の係争にかかわる高天原事件の公判が先決である。これを解明することによって日本歴史を一貫する諸多の事件がはじめて解決され、やがて世界歴史を裏返して読めることにもなるのである。

筆者が前記においてしばしば「渡来先から日本島に事件を持越して来ている」といい。また「本国における争いを出先の日本に持込んで来ている」といったのは、実はこの「いわゆる天孫降臨」以前の二神に関する高天原事件を指しているのである。神機洩らすべからずと思い、本著ではこの問題に一切ふれない予定にしていたが、つぎの著述の予告の意味で片鱗だけ申し添えて見た。

勝者はつねに歴史をつくりみずからを正当化し、敗者の史実は不利に陥し入れられるものである。今素尊系の出雲朝は廃され、天孫系が代つて支配者の地位に立つたとすれば、その両者の祖神の地位もまた主客顚倒して伝えられていないと誰が保証し得よう。

以下次々に展開される地上の出来事は悉く高天原以来の持ち越しの事件ばかりである。

二、の疑点は「饒速日命とニニギノ尊」と両者いづれが正統だつたかの問題。そして「長髄彦果して逆賊かどうかの問題」である。ニニギノ尊のお兄さんで、しかも神勅を奉じてニニギノ尊よりも一足お先に天降り、大和地方をすでに治めていた饒速日命の地位を一体如何に見るか。

これも高天原から持越した天孫同志の対立で同族争いであり、前者同様いづれも「統治権」に関する問題である。いづれが正統だつたのか。

たまたま神武天皇が勝つたから自分の先祖であるニニギノ尊を正統化したのと違うのか。本来は饒速日命が正統だつたのではないのか。もしそうだつたとするならば長髄彦は楠公以上の大忠臣だつたことになるであろう。忠臣も結構だが支配者同志の権力争いでしばしばこんなことをやられてはハタの被支配者だちが迷惑するネ、今日の国内も世界も相変らずこれをくり返しているのだが、これが高天原以来の伝統ときているから始末が悪い。

三、の疑点は崇神朝における「同床共殿」制度の廃止と、これに伴う祭政分離の問題。すなわち「政権」と「祭祀権」との分立軽重に関する問題である。

景行天皇の時、日本武尊が東夷征伐に際し伊勢に参拝し、当時伊勢神宮のイツキノミヤ（斎主）であつた御オバ倭姫命にお目にかかられた時、倭姫命は天皇御即位のみしるしである三種の神器の一たる草薙劒を、天皇に何のおことわりもなく無雑作《むぞうさ》にこれを日本武尊にお授けになつたことは古事記、日本書紀共に記するところであるが、このイツキノミヤの地位権利を如何に見るべきか。

四、の疑点は前述内宮と外宮の問題、

五、は前記蘇我物部の争い。これもどうやら単に崇神崇仏の問題だけではないようである。

六、は南北朝両立の問題

七、は源平の対立

八、は明治維新における北朝擁立の問題である。歴史上の疑問は単にそれのみではないが、筆者はこれらの問題の中には従来の日本歴史の上から見ただけでは解決の出来ないものが多分に含まれていると思う。日本民族は単一のものでないと同様に文化もまた単一のものではない。鷲尾順慶博士がいつも強調されたように「複合民族」「複合文化」だという基盤の上に立つて世界歴史および世界文化との関連において日本歴史をモウ一返よく裏返して見る必要がある。

ことにイスラエル民族の如く二千六百数十年も前から世界中に離散し流浪して行衛不明になつている大集団があり、一方また大和民族の如く渡来先不明のものがあるとするならば、なおさらのことこの民族と日本歴史との関連性について考えようとすることはむしろ当然だと言わなければならない。所論の当否は別として近来川守田氏、中山氏等諸先輩がこれに関して活ぱつな御意見を発表していることを心から喜んでいる一人である。

五、キリスト日本來住記

(イ) キリストの再渡来

この記事は、筆者が朝鮮在住時代すなわち今から足かけ十五年前（昭和十四年十一月）に書き残してあつたものをそのまま紹介するのですから、その積りでよんでいただきたい。この記事のあとに、最近のこれに対する話題および見解等についてのべる。

（以下その記事）

『キリストが日本に来住し、日本で死んだと言つても誰も真実《ほんとう》にしないであろう。またキリストの子孫が現に日本人として今日存在するといつたら人は笑うであろう。

だが昨年昭和十三年五月号の「実話雑誌」および山根菊子著「光は東方より」その他竹内家、九鬼子爵家等に秘蔵される記録文献等を見れば一笑に附し去られないものがあるので、御参考までに極くかいつまんで申上げて見たい。それによれば

キリストは第十一代垂仁天皇の朝に、二十一才で日本に渡り、加賀の国橋立《はしだて》に上陸し、越中の国の国造《くにのみやつこ》武雄心尊《たけおごゝろのみこと》のお弟子となつて、日本の言葉や文字を習い「神ながらの道」を学び三十三までこの地方や秋田の大平《おおだひら》などに居住し、のち武雄心尊のお骨折で××よりユダヤ国王たるの印綬を頂いて故国パレスチナに帰つたというのである。

その後故国において天国の福音を説き布教に専念したが、従来のユダヤ教と非常な懸隔がある

ために同族から異端邪説として斥けられ迫害されるに至つた。危険が身にせまるにおよんで、弟のイスキリと、十二弟子の一人イスカリオテのユダと三人密議の結果、弟のイスキリが兄のキリストに酷似しているところから、弟はすすんで兄の身代りを主張し、キリストの衣服を乞い受けて着し、一方ユダは番所に行つて偽りの訴えをなし、マンマと替え玉の弟イスキリを捕《とら》えさせ、キリストを国外に去らしめたというのである。

キリストは難なくユダヤを去つて、再び天国日本への旅にのぼり、万国を遍歴して、ついにはシベリヤからアラスカに渡りさらに南下して南北アメリカを一巡して、四年目の二月二十六日に今の青森県八戸《はちのへ》市附近の松ケ崎貝鞍《かいくら》に上陸し、名を八戸太郎、または十来太郎と称し或は天空太郎、天狗太郎とも称して十和田湖畔の戸来岳《へらいたけ》（ヘブライの転訛かという）のふもとに日本人の妻をむかえて在住したというのである。

そして景行天皇の十一年四月五日の暮六《くれむ》ツ刻《とき》に百十八才の高齢を以て歿し、戸来《へらい》野《の》月《つき》の墓所館《はかとこたて》に葬られ、子孫は今日この墓所館の十来塚（十来は戸来《へらい》の転か）のすぐ近所に沢口家として伝わり、千八百二十年間（昭和十四年）代々この墓のお守りをしているそうである。ちなみにこの家の当主は沢口三次郎といつて今日二十一才（昭和十四年）だと言われている。

そしてこの上陸地にはキリストの上陸にちなんで今日なお数ケ所に小さい祠《ほこら》または神社を存し幾多のそれを証するに足る遺跡が残っているというのである。

該地にはクリスチャンが一人もいないにもかかわらず、子が生まれると必ず額《ひたい》に紅《べに》で十字を書き、また人が死ねば必らず棺の頭部に墨で十字を書くのが古来の風習だそうである。

発見の端緒

そしてこれが発見の端緒は一九三六年五月二十六日、万国古代文字研究会に属する考古学者の一団によつてキリストの遺言書が発見され、その遺書の解読によつて、種々調査の結果右のような事実が判明するに至つたというのである。この遺書はキリスト自身が日本に来て死の直前に書かれたもので、全文古代文字による長文のものだということである。その中の一節には、千九百三十五年にこの遺書が日本に現われて初めて世界に知れるであろうから夢疑うなかれ、というようなことが書いてあるそうであるが、まさに予言が適中したそうである。

なお遺書の中に「吾れ、身代りに立てし弟イスキリの頭髪と耳を葬り、母の墓をも合せて、この戸来の地に「十代墓」を営み、また吾が墓をその傍《そば》に造営すべきを門人に托す」とあつて、戸来野月の墓所館には現に三個の塚があるところから察すれば、キリストの墓ばかりではなく、母マリヤと弟イスキリの墓も共にここに営まれているのではないかと言われているのである。

この遺書を解読しそれに基いてキリストの上陸したと言われる青森県八戸市附近からまたその在住地といわれる十和田湖畔の戸来《へらい》村附近の神社や風俗や特有の言語等について実地調査し研究したのはクリスチャンの山根菊子女史と、今一人はコロンビヤ大学の出身でかつては北京大学や上海の滬江《ここう》大学の教授だつた楊好星《ヤンホウシン》博士の二人である。

山根女史は過去数年間にわたつて現地を調査し、楊博士も六ヶ月間現地に踏みとどまつて研究調査した結果、いよいよ確信を得たので、近く女史は英語に楊博士はエスペラント語に飜訳して世界の学界に発表すると息捲《いきま》いているそうである。しかし真偽の判明するまでには未だ相当な年月を要するであろう。

もしこれが事実とすれば十字架上のキリスト磔刑説はくつがへり、ユダの汚名は晴れ、またバイブル中のキリスト行方不明期間中の行動が判明し、エリ、エリ、ラマサバクタニの疑問も解《と》けるわけである。だがもし事実でないとすればこれ以上の大きなナンセンスはないであろう。しかし何《いず》れにしても世界の大きな話題たるを失わないであろう』

以上の記事は主として冒頭に申上げたように昭和十三年五月号の「実話雑誌」に出たものから

骨子だけを抄録したのである。当時筆者は修養団の嘱託講師として、修養団朝鮮連合会の機関誌「汗愛の朝鮮」に掲載の予定で執筆したもので批判や所感が紙数その他の理由で書けなかったのでした。

そもそも「キリスト日本来住説」の事の起りは前記「竹内文書」中にある古代文字で書かれた「キリストの遺言書」なる一巻の巻物から発しているのである。

竹内家に伝わる「キリストの自画像」と称するものの写し。

さらに竹内家にはこれに附随してキリストが最初に日本に渡来した当時故国から持たらし、帰国に際して日本に残して行かれたという古風な刀剱が一振りあり、また武雄心尊からキリストに賜わつたもので、やはり帰国に際して残しおかれたという神代文字入りの「天国《あまくに》」の銘刀が一本あつたが、昨年竹内巨麿氏にきいた話では大審院に持出し空襲で焼失してしまつたということである。

前記によるとキリストのいう天国とは日本を指称するものであり、したがつてその天国の福音とは日本の「神ながらの道」を言つたことになるであろう。川守田氏のいう如く神武天皇がダビデの血統だとするならばそういうこともあり得ると思う。自分等の奉じていたダビデの直系が東方に落ちのびたという伝説口碑をたどつて亡びかけた祖国同胞を救うために日本にやつてこないとも限らないだろう。

出口王仁三郎翁の説によると「釈迦が西方浄土といつたのは、印度から見てエルサレムが西方に当るからそう言つたので、彼のいう西方浄土とはエルサレムのことである。またキリストのいう天国とは日本のことである」と言つているが面白い対照だと思う。

かつて多年アメリカにあつて聖書研究をして帰国した故岩見次三翁が平凡社から「世界の驚き」という本を出したことがある。翁の説によると十二使徒のシモンペテロが身代りになつてキリストは難を逃れたというのである。その後私たちのグループで竹内文書のキリスト日本渡来の話をきいて驚喜し、自分はそんな古文書の存在は知らなかつたが聖書を精細によむと、どうしてもキリストはハリツケになつていないという結論になつてくると話したことがある。

すでに三十年も前から伏義、神農氏が日本に留学したという説や、モーセも日本に来て学び日本でなくなりその墓が現存するということなどが酒井勝軍等によつて叫ばれていたが、キリストの日本来住については、昭和十一年ごろ山根菊子女史が主宰する雑誌「日本と世界」に連載され間もなく「光りは東方より」という単行本（四六版約四百頁）にまとめて出されたのが最初だと思う。その後キリスト日本来住記と釈迦日本来住記とに分冊して出され、間もなく仲木貞一氏（当時日本大学講師）によつて「キリストの日本渡来記」は映画化された。国際映画八巻として国内はもちろん広く海外にまで輸出され、とくにアメリカでは津々浦々に至るまでこの映画を上映し各新聞とも盛んに書き立てたのである。一時は日本に調査団を派遣するという噂まであつたが、間もなく太平洋戦争に突入し沙汰やみとなつた。

昨年十一月十六日銀座二丁目のレストラン「彌真茂登《やまもと》」で日猶懇談会があり山本英輔、高嶋辰彦、犬塚惟重、三浦関造、仲木貞一、筆者等日本人約三十名とユダヤ人四、五名あつまつた会合の席上で、ニッポンタイムスの村田記者に求められて、この話をしたところが、氏は早速すでに雪の降つている青森県十和田湖附近の戸来村を探訪し、キリストの墓と称するものや、その子孫と言われる沢口家をおとづれて調査し、その後この問題を英字新聞「ニッポンタイムス」の「クリスマス特集号」として大きく扱つた。

また画伯鳥谷幡山翁は「追憶三紀行」の中に「聖者キリストの跡を尋ねて」と題して、熱心な調査研究の記録を残している。

(ロ) 戸来村附近に残るヘブライ語の唄

今から約二十年近くも前に前記神学博士川守田英二氏がこのキリスト来住の伝説地をおとづれ当時の戸来村々長故佐々木伝次郎氏宅に泊り、この附近で古来唄われている「ナニャド」の民謡をきかれ、以外にもこの唄は日本語ではなくヘブライ語であることを証明した。佐々木氏をはじめ村人に唄の意味をたづねたが一人も知るものはなく、古来ワケわからぬままに村人たちが唄い伝えているにすぎないものだつた。ヘブライ語で解釈してこそはじめて唄の意味も分るが、日本語では唄つている附近の住民たちでさえ分らないところから見て、山根女史のいう如く「すでに大昔において、このヘブライ語の唄が附近一帯の民謡になつたほど、この土地一帯はユダヤ人と深い過去の関係を持つていたことを知ることが出来、キリスト戸来村住居の推断が、いよいよここに真実性を発揮して又と得難き世界の謎を解く鍵であることを決定し得るものである」(山根氏著「光は東方より」)ということになるかも知れないのである。

その唄とヘブライ語で解釈した唄の意味は次のようである。

ナーニャード　ヤラヨー　御前《おんまへ》に聖名《せいめい》をほめ讃《たた》えん

ナーニャードナア　サアレダーデサイ　御前《おんまへ》に毛人《もうじん》を掃蕩《そうとう》して

ナーニャード　ヤラヨー　御前《おんまへ》に聖名《せいめい》をほめ讃《たた》えん

右唄のヘブライ語的解釈はもちろん川守田氏によるものである。この唄は前記第四章の(ロ)「日本国内に保存されているイスラエルの国歌」の中に収めた青森、岩手にある「ナガド」の古歌と大分おもむきを異にしているようである。

前記川守田博士の筆者あて書翰中にもあるように青森や弘前附近で唄う

ヨサレ　ソーラ　ヨーヤド

ヨサレ　ソーラ　ヨンギァナー

ヨサレ　ソーラ　サンヨ

ヨサレ　ソーラ　ヨーイ

等もヘブライ語であると博士は断定している。信州あたりでは今でもお祭りの時や重いものを引く場合に

トコ　インニャ　ヤラヨー

という唄のかけ声をするそうだが、どうやらこれなどもヘブライ語臭いと思う。川守田説によると「ドッコイショ」「エンヤラヤー」なども立派なヘブライ語だそうである。

青森県津軽地方で七夕の「ネブタ」祭りに若者だちが向う鉢巻で大勢山車《だし》を引き、笛、太鼓でハヤシながら最後に「ヤレ　ヤレ　ヤレヨー」と気勢を添える。また古い唄のハヤシに「イヤサカ　サッサー」とか「ドッコイ　ドッ・コイ」というのがあるが、これなども恐らくそれじやないかと思う。あるいは一般に「コリャコリャ」とか「ソーリャ」などと気勢をそえる言葉はみなこれに属するようである。

昨年十一月東京でユダヤ牧師のフランケル氏に会つた時、彼氏の話では日本人の第二人称貴方(アナタ)という言葉はそのままヘブライ語だということでした。ヘブライ語の第二人称は anata と綴つて「アンタ」と発音するそうで全く日本人の場合と変らないという話でした。また同氏はお寿司（スシ)、餅（モチ）という言葉もヘブライ語からきたものに相違ないと語つた。

(八)　モーセも日本に来ている

このほか竹内文献の別巻にはキリスト以前千数百年前即ち今から三千四百年位前にユダヤ教の開祖と言われたモーセが日本に渡来し能登の宝達山に居住し今もそこにモーセの三ツ塚が残っている等のことが記されている。旧約聖書によるとモーセが一族をつれてエヂプトを脱出し四十年の後、祖国カナンの故地に帰還し、間もなくモアブの平野からネボ山に登つて、神の言葉の如くこの山で多難な百二十年の生涯を終つたことになつている。しかし旧約申命記の末文に「今日までその墓を知る人なし」とあり遺骸を残さなかつたという記録からすれば何うとも知れないことである。これについて酒井勝軍氏は「神代秘史百話」の中に

『彼れモーセは聖書にも記されある如く、シナイ山に参籠して例の十誡石を神授されたのであるが、これを民衆に授けた時に失敗し、第二回に成功したのであるが、元来シナイ山は一本の草木もない岩山であり、生きて居る人間が幾年はおろか幾日さえも参籠し得るわけはない。然るにモーセは長年月下山しなかつたのである。そこで彼は果して山上に居つたか否やの疑問が起る。然るに秘史によると、彼はシナイ山から反対の方面に下り、アカバ湾に出で、船にて日本に渡来し、越中の棟梁皇祖太神宮に四十一日間参籠して、葺不合第六十九代足別豊耡天皇から十誡を賜つて本国に急行し、第二回の十誡を民衆に授けたと書いてある。それにこの天皇は

万国に律法を施された方で、猶太人は神授の律法をトーラと呼んで居るが、足別はタラワケと読むのであるから、タラワケは律法配布ということになるのである。加之、猶太人のことをジウというが、ジウは何語であるか猶太人も知らないのである。ところが猶太人の国章✡は日本神代数字の十で、ジウと読む。ジウは日本語で神民の意で、猶太人がこれを使用したのは当然である。すでに猶太教の発祥は右の通りとすれば、猶太教から変体した基督教も回教も皆日本から発祥したことになるではないか』

また同書に

「この猶太教はどこで発祥したかというに、今日まではアラビヤのシナイ山とのみ信じられて居つたが、豈に図《はか》らんや我が日本の能登半島の宝達山であつたのである云々」

と書いている。酒井氏が文中に秘史といつているのは竹内文献のことである。また同竹内文献によると、モーセは西歴紀元前一四二五年能登の国宝達水門に着し、宝達山の神社に参拝して日本の神様即ち天父母《エホバ》の神に礼拝し、神宮に四十一日間参籠して十戒法を開くために神託を乞願し、のち宝達山の下に住居し、大室姫と結婚してシナイ山に赴いた。さらに十数年後に再び第二回目の十戒法石を神の前に来て作つたことは旧約聖書の出埃及記にしるされているが、その時もやはり日本の神様の前に来て作つたもので、出来ると直ちに六日目に宝達山から天浮舟にのつてイタリーのボロニヤに天降り、それからシナイ山に登つて十戒法の政治を開いたことになつている。また同書によるとローマ建国の祖神ロミユラスはモーセの別名だと記している。すなわちモーセが宝達をたつてから、大室姫は三王子を伴つて二ケ年間神宮に参籠してモーセの十戒法の開けるを祈願し、神託によつて、六年目に大室姫はローマ姫と改名し、なお三王子をつれてモーセを慕いシナイ山に赴かれた。

それからモアブの地でヨシュアにユダヤ人をゆだね、自分は死んだことにして行衛をくらましローマ建国に着手し、長子ニウマオンヒリウスを国王として残した。また第二王子ヒホシンヒリウスと、第三王子ヒホユラヒリウスとを、ギリシヤ、アフリカの王として残し、長子の子タルラスイホスチヒリウスをつれて日本天国に帰り、宝達の原屋敷に住んで西歴紀元前一一二三年の九月八日、五百八十二才で神去《なくな》つたという。また翌年タルラスイホスチヒリウス逝去、百八十七才、そのまた翌年二月七日ローマ姫神去り四百六十一才であつた。のち神宮に勧請されてその分骨を宝達神社の中に納祭されたということになつている。今日この地方を羽咋《はくい》郡とよぶのは同書によると大室姫の妹に羽咋姫というのがあるからそこから出ているのではなかろうかといわれている。

旧約聖書申命記三十四章一節―十二節に

「(五節)モアブの地に死ねり(六節)エホバのモアブの地の谷にこれを葬り給へり。今日までその墓を知る人なし。モーセはその死にたる時百二十才なりしが、その目は矇《かす》まず、その気力は衰えざりき」

とあり、死んだモーセの墓もなく、百二十才にして気力旺盛で目もかすまずピンピンしていたとすれば或いは考え直して見る必要もあるかと思う。いづれにしても大きな話題で聞いて損にはならないと思う。真偽のほどは保証の限りではないが、また九鬼(元子爵)家の古文書によれば印度の釈氏は月読命から出たことになつており、ユダヤのイエス(キリスト)は素盞鳴尊から出たことになつている。同書神代系図には素尊から数代を経て野安別命《のあすわけ》(ノア)―母世《もうせ》―伊恵斯《いゑす》等と記され、イエス、釈氏共に日本に渡来したことが書いている。

(二) 「いわゆる九鬼古文書」発行の顚末

九鬼古文書について世に誤解が多いようだから、この機会に、これを世に紹介した責任者として一応その顚末を釈明しておきたい。

先日も福井市孝顕寺（松平春嶽、慶民等の菩提寺）の今成覚禅和尚がきて、氏一流の「新神道論」を聞かして下さつたが、その時の話に、新進気鋭の新神道イズムの研究者伊勢の藤井（岐）氏、出雲の阿郷（哲）氏ほか多数有為の人たちが九鬼古文書を取りあげていることを承り、このほかにもボツボツ同書を引例している人があるらしいので御参考までに申上げておきたい。

今釈明するに当つてまず九鬼氏と筆者とのそもそもの交渉から話をすすめて見たい。

筆者がまだ学生時代（昭六、七）、東京市ケ谷鷹匠町の元公爵一条実孝氏別邸で毎月一回古事記研究会があり、名古屋から水野満年氏が見えて大石凝真素美翁の学説を講じていた。当時九鬼さん（元子爵九鬼隆治氏）はまだ四ツ谷の左門町にいたころでしたが、時々この会合で一緒になり、以来懇ろになつて筆者はしばしば同家に出入していた。間もなく氏は明石に新築し移転した。その後筆者は昭和十五、六年ごろ明石の九鬼邸に満一ケ年滞泊していわゆる「九鬼古文書」の研究に没頭したのである。現在紀州熊野神社の宮司になつている氏の御令息九鬼宗隆氏は当時まだ国学院大学に在学中でした。

そして当家に保存されていた「九鬼神宝」をはじめ神代文字入りの二十数巻の文献はもちろんその他一切の書画骨董から古来出入の往復文書から九鬼氏自身にもご存じないことまで残るくま

なく調べあげ、同十六年末か十七年初めごろ菊版二百頁として約二十巻発行の予定を立て、大阪の親友重政瑞穂氏（長沢雄楯、水谷清氏の愛弟子）に相談し、同氏経営の第一印刷所からまず第一巻を発行したのである。

しかるに当時は竹内文書が裁判中であり、民間古文書研究家の受難時代で、山根菊子、村井二郎、故吉田兼吉、鳥谷幡山氏等も当局の弾圧を受けていた。表面的な活動としては沼津の富士製作所の社長田中清一氏を資金のバックとして親友小寺小次郎氏（今泉定助翁の道場で筆者と同門）が神代文化研究所をおこし、田多井四郎治氏の「ウエツフミ」研究に名を藉りてこの一党を吸収し、さらに同じバックを以て上西真澄氏が大阪に太子会をつくり「旧事本紀大成経」を中心に民間伝承の古代文書の研究会をやっていたにすぎなかった。しかもその何れもまた当局の鋭い監視と大きな抑圧のもとにおかれていたのである。

こんな情勢下にあつて当局はすでに「九鬼古文書」発行の計画をかぎ出し、弾圧を用意していると同志の特高刑事からひそかに注意されていた。

なぜこれが知れたかというと、これより先、先輩藤沢親雄氏に九鬼古文書の資料を提供したところ、氏は当時名著として売り出した「世紀の預言」中に九鬼家に伝わる「大中臣古文書」として数十頁にわたりこれを紹介したことと、今一つは当時筆者が懇意にしていた元男爵毛利元教氏の取りなしで華族会館の一室を借り同攻者だけに内密でこれを発表しようということになり、九鬼さんと一緒に出かけ近くの「山王ホテル」に陣取つていたが、急に華族会館が都合悪くなつてスグ近くの赤坂「三会堂」の一室を借りて、著名な同攻者約五十人に絶対口外しないことを申合せて発表したのである。しかるにその後同夜出席の同攻者故宮崎小八郎氏の著書「神代の文字」および同じく故中沢慎氏の「理想なき民族は亡ぶ」等々の著書の中に部分的に発表されてしまつたのである。

こんなことから「九鬼古文書」の発行を当局は事前に知つて弾圧待機の姿勢にあつたことを筆者はよく知つていた。

そこで、当時野心に燃えていた九鬼さんではあつたが金のない九鬼さんであつたから損をかけては申しわけないと思い、本印刷に附する前にまずゲラ刷りを持つて東京に出て、同攻者で当時政界の元老だつた故小森雄介氏を引つぱり出し、情報局総裁に会つて検閲課長を呼んでもらい、例のゲラ刷りを示して出版計画を説明し諒解を求めた。課長は係りと相談の結果「何にしても問題の古文書だから、こちらで三日乃至一週間検討の上で返事をするから、それまで印刷したり配布したりしないように」ということで別れた。

その後ひたすら返事を待っていたが、一ケ月しても音沙汰がない。そこで返事がないのをよい口実として印刷し、製本だけ暫く見合せることにして、取りあえず当局へ届出の分として数冊だけを製本し、その中の二冊を出版届書と共に情報局に送り、さらに文書で正式挨拶をして「さてその後どうなつたのか」と返事を要求したが、待てど暮せど何の返事もない。そこでこちらは、これはテッキリ「黙認してやろう」という好意の無言の返答であろうと諒解し、小森氏の口添え大いに効ありと感謝したのである。なお一抹の不安はあつたが、これ以上当局に「ノー」か「イエス」かを求めることは却つてやぶ蛇の恐れもありあえて返事を要求しなかつた。こんな次第でしたから配布には慎重を期した。筆者の手からはわづかに、尊敬すべき同攻者の一人だつた故小磯国昭氏、簡牛凡夫氏等十数名に手渡したにすぎなかつた。

印刷後間もなく筆者の思想に大飛躍があると共に、九鬼古文書伝来の経路に疑わしいものあるを発見したので、印刷した同古文書をそのまま配布することを筆者はむしろ好まなくなつたのである。

私のいう九鬼古文書の疑点というのは、その内容をいうのではない。内容についてはなお今後の批判に待つべきだと思うが参考にすべき貴重なものも含まれていると信ずる。筆者の言いたいのは「九鬼古文書」と称すべきものかどうかの問題である。一般がそう称するようになつたから筆者も読者への便宜上本書中にこの言葉を使用しているが、伝来の経路から言つてこれは「九鬼古文書」と称すべき性質のものではなく「大中臣古文書」と称すべきものであることを一言念のために申添えておきたい。

「九鬼古文書」という言葉を使用しこれを流布するに至つたそもそもの責任者は筆者自身で、拙著「九鬼古文書の研究」がその原因をなしているので、その点今さら訂正を申出ることは全く申しわけないと思つている。

これ以上書くことは多少御迷惑の及ぶところもあろうかと思い、筆をおいて見たが、考えて見ると同書の正体、またその背後の真相を知つた人は今日筆者以外にないので、学徒としての責任上今少し明白にしておきたいと思う。

はじめ九鬼さんの依頼で、同家の先祖天児屋命以来の伝来と称する秘蔵文書を研究し発表することになつたが、拝見すると「九鬼神宝」という一巻だけは書体、紙質共に古風なもので、神代文字なども達筆で成るほどと思われた。しかるに他の三十巻近くの多数のものは極く新しいものばかりである。そこで九鬼さんに「こんな新しいものを基礎にして書くわけにゆかんから、これの原文がないか」とたづねたところ「あんまりボロボロになつたから、新しくこの通り写本して原本は焼き捨ててしまつた」という。「そんな気のきかない九鬼さんでない」ことは、筆者はよく承知していた。が何かこれには訳があるに違いない。竹内家の当主もそうであるように、日本の公の歴史と余りにも違つた、このような文献は古来いろいろ受難に会うているから、原本は内密にしてあるのだろう、と善意に解し、いづれは自分を信頼して原本を見せてくれるに違いない、と気ながに考え、ボツボツ他の方面から研究しはじめ、機会ある毎に「写本では権威がないから……」と原本の有無について次第次第に理づめの戦法で追及した。その結果「実は原本を写本するとて、播州の道場（印南群高御位山麓）にうちの書生藤原（俊秀）が持つて行つて、その後写本を道場に残して原本は彼が持つて行つてしまつた」ということになつた。そこで「それは九鬼さんにも似合わないことだ。なぜモッと早く手を廻して原本を探さなかつたか」ということで、筆者は「草の根を分けても彼を探し出し原本を見てから……」ということだつたが、「なんでも藤原は大阪近辺におるらしい」ということだけで一向にその後の消息は分らない。そこで一応九鬼氏の言葉を信用し写本と称するものその他により「九鬼古文書の研究」という原稿三百枚位を書きあげ、前記の如く印刷してしまつたのである。しかるにその直後、皮肉にも藤原氏の居所がフトしたことから分つたのである。さつそく大阪府下大軌沿線の河内松原の彼の私宅を訪問し「九鬼古文書の原本を……」と迫つたのである……中略……そこで同攻の親友故松本寅彦氏と相はかり、大阪「中央ホテルに」に九鬼、藤原両氏を昼食にと別々に御案内し、やがて遇然の如く装い両者を会見させ、松本氏立会いのもとに両者の言い分《ぶん》をきくことにした……中略……その結果「原本」の所在はまさに明かになつた。しかも原本は現在九鬼家が保存するものよりも遙かに尨大《ぼうだい》な詳細なものであることも分つたのである。また藤原氏は同書に基いて各地の古墳を掘り、古い刀劔や鏡、曲玉などを多数発見し、その一部を国学院大学にかつて寄贈したことがあると九鬼氏からあとで承つた。前記「九鬼神宝」の巻は中臣氏の神事に関するものの極く一部を取扱つたもので、神代史に関するものなどは全くない。がこの巻だけは「九鬼古文書」と言える。他の史実に関する記録は「大中臣古文書」と呼ぶのが正しいと思う。なぜかということについては奥歯にものがハサマッて今しばらく……

原本の行方が戦後不明になつた今日にあつては或は貴重なものとして九鬼家が保存するのも意義があるかと思う。

筆者はこのころから「民間古文書」に関する関心が薄らぎ、宗教科出身の筆者本来の立場にかえることになつたのである。

このようにしてモハヤ「九鬼文書」などに対し何らの魅力もなく、その名をきくさえ恥とし一種の嫌悪さえ感ずるようになつたころに、例の雑誌「公論」社の座談会に藤沢親雄氏と共に引張り出され「九鬼文書」のことで国大教授の島田春雄氏ほか十数名の一党から「昭和の尊氏だ、腹を切れ」とやられ、、「公論」誌上で散々にたたかれ吊しあげをされるという事件が起つたのである。「文芸春秋」では植木博士がこれを扱つたほか、「文化維新」、「読書新聞」その他いろいろな雑誌新聞にサラシモノにされたのである。

このことがあつて間もなく赤尾敏氏と綾川武治氏の発起で筆者の歓迎座談会を上野の韻松亭《いんしょうてい》で開いてくれた。集まつた顔ぶれは赤尾敏、綾川武治、千家尊建、沢田五郎、福田素顕、長岡理泉前橋庄三郎、、野尻祐通、大森一声、田尻隼人、巣合元順、宮崎小八郎、杉本政七、山根菊子、横山雪堂、中里義美等々約五十数名で以外の盛会だつたが、警視庁特高課ではこの集まりを以て何か筆者が「公論」問題に関連して島田氏等に報復手段を講ずるためのものではないかとの疑いを持つたらしく、臨席していた顔なじみの特高刑事が『戦時下国民が一体にならなければならぬ時に、同じ右翼同志で闘かつたり対立しては影響するところが大きいから「公論」問題で反駁書や声明書はなるべく出さないように……』とのことであつたが、モトよりこの催しはそんなこととは全然無関係なもので、長い間朝鮮に居を移していた筆者がたまたま上京した機会に、ゆかりのある頭松亭に昔の同志が寄り集つて大いに気焰を吐いたというにすぎないものでした。

その後さらに年月を経て古代文書など全く念頭から忘れ去つたころ（昭和十九年）に突如兵庫県警察部から御苦労さまにも二人の警部補が、わざわざ東京まで出向いて筆者を検挙してくれた。時はあたかも小磯内閣が成立して二、三日後だつたと思うが、附添えの上野勇という警部補が曰く「君は小磯さんから信頼を受けていたという人格者だから、途中捕縄を打たないから逃げちやいかんぞ」と如何にも大捕物でもしたような風である。当時はパンも酒も容易に口に入らぬ時だつたが車中ウヰスキーとパンを与え窓際では逃亡の恐れありというので別席を命ぜられ、二人の護衛監視のもと神戸市林田警察署に連行留置され「九鬼文書」のことについて六十日間前記上野という特高主任から、くだらん質問やら取調べをうけた。これよりさき二年位前に当時大阪府警察部のアッセンで兵庫県警察部刑事部長中村良三氏（のち南方司政官）と知り同氏ならびに保護観察所の松尾巍氏等と計つて、同警察部で特高を集め二回ほど講演座談会をやつたことがあるので、特高の中にすでに知己があり、看取なども筆者を「先生」の敬称をもって待遇し、タバコなども自由に吸わしてもらえたことは感謝にたえなかった。この際千部発行の九鬼文書のうち九百部以上は没収焼却された。発行数年にしてわづかに数十部配布したにすぎなかったのである。如何に良心的に扱ったかを知ることが出来ると思う。このうち筆者の手から出たものは前記の如く十数冊であり他はその後九鬼氏から配布されたものと思う。これで同文書に対する私の関係は全く手をはなれたのである。

六、ソロモンの秘宝と謎の劔山

(イ) 山本英輔、仲木貞一氏ら劔山発掘

昨年八月のはじめ、四国の屋根劔山にユダヤ王ソロモンの秘宝および時価八千億円の金塊が埋蔵されているというので都下各新聞はもちろん「サンデー毎日」や地方新聞に至るまで一齊に書き立て大きな話題を提供した。

話の発端は昨年五月中旬徳島県教育庁の文化財保護委員会あてに横浜市程ヶ谷の高根正教氏（元小学校長）から「埋蔵文化財発掘許可申請書」が提出され、同県三好郡東祖谷村にある劔山（海抜一九九五米）山頂五百坪にわたつて石器建造物を発掘したいと願い出たのがこの話のはじまりである。ところが翌六月下旬になつて今度は、元海軍大将山本英輔氏と元早大英文科講師で現在、関東大学教授仲木貞一氏が知人の代議士床次徳二氏や東郷徳島県総務部長を介し、連名で同様の申請書を提出してきた。

同じ場所を同じ目的を以て同じ時期に発掘したいという「申請書」ですから同委員会でも面くらつたらしい。同委員会では急いで文部省および全国文化財保護委員会へ事情を報告して指示を仰いだ。がまだ返事も来ない間に八月三日になり、突然、前記山本、仲木氏ら一行が宙光道の中村資山、川島寛山、桃井康光氏らを伴い、徳島県庁に姿を現わし、まず申請手続を早く処理してくれと頼みこんで現場の山に登り、県文化財保護委員会の許可などは無視し、さつそく地主の大劔神社神官馬岡晃氏に交渉して採掘権を獲得し、ついでに社務所を借り受けて発掘に着手してしまつたのである。

その後現地で人夫を雇い約四ヶ月間にわたつて発掘したが、目指すところのものはついに得られず、冬季に入り作業困難のために一時中止した。その後筆者は山本氏、仲木氏等にしばしばお目にかかり発掘の経過ならびにその後の計画についてもきいているが、本年の春を待つて再発掘に着手すると自信満々としていることだけは事実である。

現地の徳島新聞などはあとで悪口を書いていたようだが、御両人のお話しでは、目的物はまだ発見するに至つていないが、これを裏づける出土品は相当数発掘され目下文部省文化財保護委に持込まれて精密な調査研究を遂げているということである。さる一月仲木氏にその一部写真を見せてもらつたが、写真だけでは筆者は今のところ何とも言えない。

さる三月三日の「新関西」新聞に七段ぬきのトップ記事でこの問題を詳細に報道していたが、その中に、

「昨年夏から四ケ月にわたつて発掘を行つた結果、ついに百余りの人体ミイラと古代食器、タブレット（泥土板に古代文字を書いたもの）、さらに発掘者が水ガラスあるいはカガミ石と呼んでいる堅いガラス状の不思議な加工物を張りめぐらした住居跡を発見した……今春六月から六十万円の資金を用意して探険に向う云々」

と書いている。

一体何を根拠にこうした大きな話題がまき起つたのであろうか。各新聞や雑誌に出たところを綜合して見ると、いづれも高根正教氏が新約聖書の「ヨハネ黙示録」を日本の言霊学によつて解明した結果、四国剣山に約三千年来行方不明になつていたユダヤの神宝すなわちアロンの杖やモーセの十誡石が埋蔵されているという結論になりこの度の発掘になつたというのである。また或る新聞には内田文吉翁もこの高根氏の研究に基づいて発掘したと書いている。しかし筆者は額面通りには受取れない。

(ロ) 昭和十一年から内田翁すでに発掘に着手

これより先き東京築地の長島法律事務所に勤めていた内田文吉翁は、同様の目的を以てすでに昭和十一年夏から数年にわたつて剣山頂上を発掘し、同廿四年逝くなられるまで望みを捨てなかつたのである。当時の金で廿五万円位をこの事業につぎこんでいた。

昨年七月剣山神社の宮司馬岡晃氏に会つてきいた時にも、同氏は「はじめ高根さんは現場督監で来ており、のち内田さんがすべて東京から電報で指図していた」と話していた。また東祖谷村の旅館の主人で落合中学校教諭である喜田徳氏は「うちのスグ隣りの人も当時内田さんに雇われて劒山発掘の人夫で行つていたが、その話では東京から一々電報で、こんどは西に何十尺掘れ、或いは南へ五十尺掘れ、と指示してきたが、それがおどろくほど正確で、全く内田という人は神さまかと思つたという話でした」と語つた。

一昨年山本英輔氏から贈つていただいた同氏著「真理の光」(菊版四百頁)の中に「横浜に近き保土ケ谷に、小学校の先生高根正教という人がある。多年、日本語や言霊の研究をしておつたが、かねてバイブルにあるヨハネ黙示録は難解で中々真相を掴むことが出来ないと聞き伝え、ことによると日本語の言霊で解釈が出来ないものかと思いつき、三十有余年に近き、孜々として倦むことなき研究の結果、ついにこれを解明し得たのである。

明石海峡から鳴門海峡に始まり、四国全体の地勢地形、郡の数とか、地名の表裏ら合せとかありとあらゆる角度から検討して劒山という一点に帰着し、ここにユダヤ人の求めてやまぬ契約の櫃の中にあるアロンの杖とモーセの十誡が埋蔵してあるとの結論に達したのである。

一方東京築地の長島法律事務所に勤めている内田文吉という人が、伊勢の大神宮にほど近き朝熊山周辺に広大な鉱区を出願して獲得したが、その地域内の地名を調べた結果、これらに対応する地名が何処かにある筈だと心ひそかに期待していた。

かかる際偶然の機会に、高根、内田の会見となり、内田の期待している地名が、四国の劒山を中心として、その麓附近一帯にありとの話から、内田は確信を得て、劒山の実地踏査となり鉱区開発の名義で発掘を決心し、意気投合せる両人は、相提携し高根が指導者となり、いよいよ発掘を開始することになつた。発掘開始は昭和十一年（一九三六）であつた（中略）

昭和十一年度	三八尺五〇	計　四八五尺八〇
〃　十二年度	一七九尺二〇	
〃　十三年度	二一八尺一〇	

を開サクし（中略）……第二の玉石の先きに踏台の如き石あり（玉石に接する面は磨きあり）踏台を取除き、下を掘ると、三重の馬蹄形アーチあり、その中には五色の粘土が一杯充塡してあつた。そのアーチの入口の天井に三ケ月形の磨いた岩があつた。アーチの中の五色粘土を掘り取つて前進すると十一尺余にして昭和十八年十二月廿五日作業を中止した。昭和二十年八九月ごろ再び準備にかかり、発見せる小ピラミッドを指標としてその方向に発掘を続行し第三の黒玉石を探しあて……今一息で宝の蔵に達せんとする予感を抱きながら、冬期に近づき作業を中止せしが、爾後資金の調達意の如くならず甚しき進展を見ることなく、内田が堅き信念のもと

に始めたる発掘も、天寿を借さず、昭和廿四年畢生の目的を達せずして壮図半ばに長逝せるは洵《まこと》に惜みてもなお余りある次第である(中略)……しかし尚高根氏の健在するあり、他日天運循環世界一新の機に当り、この神秘を開いて天下の耳目を驚かすと同時に、内田の霊を慰むるの時機あるべきを信じて疑わぬ」

その「時機」が昨年八月ついに至つて、山本氏等一行の劍山登山となり再発掘となつてまさに世界的話題となり天下の耳目を驚かしている次第である。

この中にも「意気投合せる両人は、相提携し高根が指導者となり、いよいよ発掘を開始することになつた」とあるが、この点筆者が内田氏からきいているところと相違するのである。もちろん一方的にきいていた話であるから確かなことをいう資格は筆者にはないわけである。だが劍山に対する両者の説をきいて見ると内田氏必ずしも高根説を踏襲したり彼の説に基づいていたと思われず、氏はむしろ独特の見解と説を持して山に臨んでおり、却つて内田説の方が根拠ありしもの如く筆者は信じている。

はじめは内田、高根両氏協力してやつたらしいが、のち仲違いになり内田氏独力でやつていたように承つている。筆者は昨年七月山本氏等に先立つて劍山に登山し、さらに東祖谷から反対側の木屋平《こやだひら》等にかけ周辺一帯を調査研究し、また徳島大学の祖谷《いや》村調査班で行つた同大学の福井教授や徳島図書館員等についてもいろいろたづね資料を集めて見たが、高根説よりはむしろ内田説の方が根拠があり信頼出来ると感じた。

高根氏著「四国剣山千古の謎」も読み、また直接高根氏にお目にかかつて長時間お話を承つたこともあつたが筆者にはピンとこなかつた。或いは秘中の秘で核心は発表されなかつたものかも知れないが。

(八) 内田翁と共に検挙された筆者

終戦の前年剣山問題を中心とする親ユダヤ運動の関係から筆者は東京神田錦町署に検挙された。そのトバッちりを食つて内田氏も数日後に同署に留置されることになり約四ケ月間、毎日代る代る引出されては取調べをうけた。途中筆者の隣房にいた知己茂呂清輝氏（右翼運動で留置されていた）が発疹チブスを煩らい、数日のうちに十一人に感染し、とうとう同署留置者全員本所区の伝染病隔離舎に収容されることになりおかげで余分に一ケ月間長くおかれることになつた。この隔離舎生活一ケ月の間は毎日内田氏と剣山問題について語る機会に恵まれた。奥さんの届ける差入弁当をよく分けて一緒に食べたこともあつた。また筆者の差入れは当時国学の先輩森清人氏が時々して下さり、その度に内田氏に分けてあげたこともあつた。

忘れもしない同年八月八日錦町署の門を一緒に釈放されたのであるが、それつきり内田氏と一返もシャバで出会わず永遠のお別れとなつたのである。その後しきりと会いたい旨の手紙がきたがつい再会の機会を得なかつた。

こんな関係で筆者は内田説を一方的に聞かされていたので、それが先入主となり或は高根説を過小評価しているかも知れないから固執はしない。ただ感じたままを御参考に記しておくということにとめる。

筆者が初めて劒山の話をきいたのは昭和十七、八年ごろ山本英輔氏の自宅であつた。当時氏の宅は品川の八ツ山下辺で、紫雲荘の橋本徹馬氏の筋向いあたりだつたと記憶する。内田氏との交渉もそのころからである。

しかるにこの検挙の際山本氏は劒山問題について逃げを張り、不利な証言をしたと係官からきかされ、少し向つ腹を立て事後疎遠になつていたが、一昨年あたりから平和克復の状態になつた。といつて氏等の劒山説を鵜呑みにするほど筆者は正直ものではない。だが否定するものでないことを附言する。

(二) 劒山周辺の伝説や史実

劒山はむかし太郎山、または石立山と称し、四国アルプスの盟主で海抜一九九五米の峻峰である。源平盛衰の伝説にまた近くは吉川英治の「鳴門秘帖」によつて広く世に紹介されている名山である。

この山は役《えん》の行者（役の小角）の開基で大篠大剣大権現を祀る霊山として古くから日本十三山の一に数えられ、また源平の戦いに平氏が長門檀の浦に敗れ、平宗盛が安徳天皇を奉じて当山に遁れその尊い生涯を終られたと伝えている。

頂上には古来「宝蔵石」と称する巨巌が屹立している。頂上の一帯は「平家の馬場」と呼ばれむかし平宗盛卿が安徳帝を奉じて当山にのがれ、この馬場で再挙のため調練した所と伝えている。その際安徳天皇はこの宝蔵石のあたりに神劒を埋蔵したという伝説があり、またこれに附随する種々の伝説もあつて、幕末から明治にかけてもヒソカに頂上のココ、カシコを掘り返した人が沢山あるそうである。豈内田、山本氏のみならんや白昼宝の山を夢む人と言いたい。

内田氏山本氏等の発掘した場所は徳島県三好郡東祖谷《いや》村に属するのであるが、この祖谷村（東祖谷、西祖谷、両村役場あり）は耶馬溪にも勝る景勝吉野川上流の溪谷で平家の落武者の隠れた所謂「平家部落」として有名である。

また一方麻殖《おえ》郡木屋平《こやだひら》の方には「古語拾遺」神武天皇の段にいう「材《き》を採《と》れる忌部《いむべ》の居る所を御木《みき》と謂ひ……天日鷲《あめのひわし》命の孫《すえ》は、木綿《ゆふ》及《また》麻《あさ》幷《また》織布《あらたえ》を造る。仍《か》れ天富《あめのとみ》命をして、日鷲命の孫を率て肥饒地《よきところ》を求《ま》ぎて、阿波《あわの》国《に》に遣《つかわ》して、穀《かじ》、麻の種《たね》を植ゑしめき。其の裔今彼の国に在り。大嘗の当《と》年《し》には、木綿、麻布、及種々の物を貢《たてまつ》る。郡の名を麻殖《おえ》と為《す》る所以《ゆえ》の縁《もと》なり。天富命、更に沃《しき》壌《ところ》を求ぎて、阿波の忌部《いむべ》を分ちて云々」とある所謂安房《あわ》忌部《いんべ》の子孫「三木氏」一族がいる。前記引例の中には「御木」とあるが、後世同音の三木姓を名乗り、今日なお天皇即位の大嘗祭には「荒妙《あらたえ》」の織物を献上する例となつている。天岩戸開きに大功を立て、さらに天孫降臨の際、お伴をして天降つた天太玉命の末孫である。それが神武天皇当時からこの劍山麓麻殖郡に居住を命ぜられ麻を植え、織物を伝えていたということは劍山をめぐる大きな史実である。「肥饒の地」とあるがこれも祖谷村と同様徳島大学からわざわざ一週間にわたり調査班をくり出し古来文化から隔離されていた部落の特色を研究する対象になるほどの山また山の「岳村」である。決して肥饒というべきではない。何ゆえに二千数百年来この由緒ある子孫を劍山麓にとどめたか疑問である。麻殖郡ではあるが決して麻の栽培などに好適地とは思われない。

西祖谷村に伝わる「神代神楽」の舞は、かつて今上陛下が四国に巡幸の折天覧に供せられたそうだ。徳大の福井教授から昨年わざわざその歌詞を送つていただいたが紛失して御紹介出来ないのが遺憾である。代りに阿波の名東郡あたりで唄つている「祖谷《いや》」のウタを御紹介する。

御宝俚謡

一、イヤ（祖谷）上《うえ》から御《ご》竜車《りうしや》が三《み》つ下《くだ》る　先《さき》の車《くるま》に何積《なにつ》んだ
蛭子《えびす》大黒　積みや下ろした　積みや下ろした。

二、イヤ　中の車に何積《なにつ》んだ
お伊勢の宝を　積みや下ろした　積みや下ろした。

三、イヤ　後《あと》なる車に何《な》に積んだ
諸国の宝を積みや下ろした　積みや下ろした。

四、イヤ　三つの宝をおし合せ
こなたの庭へ積みや納めた　積みや納めた。

彌世成《やよな》　神躍《おどり》歌詞

一、これのお庭は目出度お庭
鶴と亀とが舞いあそぶ
二、うれし目出度や　若松さまよ
枝も栄えりや　葉も茂る
三、天下泰平治まるみ代《よ》は
末は鶴亀五葉の松

前者の歌は説明しません。後者については劔山頂上近くに古来「鶴の舞」と名づける高さ二〇〇尺位の巨巖があり、その状あたかも鶴の舞い飛ぶが如く、巖頭に立てば身の毛もよだつばかりである。また内田、山本氏等の発掘した頂上にも鶴岩、亀石が相対して存在している。恐らくこの相対する二つの鶴亀岩を大きな手がかりとして、開鑿の起点を定めたものと思う。ツルギヤマとは実はこの「鶴亀《つるぎ》山《やま》」から来たのであると内田氏は言つていた。また四国を忌部氏の麻にちなみ「アサイトの島」であるといい、アワ、サヌキ、イヨ、トサの頭の音を取つてア、サ、イ、トの四音島即シオン島であるとも説明した。これについて思い出すことは、出口王仁三郎翁の「二《ふた》名《な》日記」に、四国は「言霊の島」であると書いていることである。それはコウチ、トクシマ、タカマツ、マツヤマの四音《シオン》を取つているのである。言霊の島なら言霊で説くも結構だと思う。

結論として申上げることは何もない。ただ山本氏、仲木氏等の健在を祈り、全人類に代つてよろしくお願しますと頼んであげたいと思うだけである。筆者はこの問題については否定も肯定もない、ただ不可解なだけである。

(ホ) 剱山を開いた役の小角の正体

一つだけ追加しておきたいことは「役《えん》の小角」が剱山を開いたということである。いわゆる役の行者は初め甲賀忍道の総本山近江の飯道山を開き、次いで大和の大峰山、それから四国に飛んで剱山を開いたことになつているが、この御仁《ごじん》なかなかの曲者《くせもの》である。大いにユダヤ臭いことは確かである。日本修験道の元祖であり、山岳信仰や山伏の開祖で、あたかもユダヤ旧約時代の預言者の風姿を偲ばせるものがある。山伏の風俗は現在のユダヤ教法師の祭典の時の姿とソックリなものがある。前掲「イエスの自画像」はそのまま今日のユダヤ教法師の姿と見ても差支えないのである。さる一月の東京の会合で、ユダヤ教法師のフランケル氏にこのことを話したところが非常にビックリされて、実は頭上のトキンにはアルミニウム製の十誡を刻したものが入っているとの話でした。詳細は後章の「虎の巻の語源とユダヤのトーラについて」においてのべるが、これと関連して、天孫降臨の道先案内をした猿田彦神と山伏とを連想していただきたい。今日でも各地氏神の祭典の際、オミコシの先導して天狗の面をかぶり山伏姿でホラ貝を吹き立てて通るのを見かけるが、これは全く、ユダヤのレビ族の一党が契約のハコを守護して通ったのと好一対である。また南北朝の争いの当時、吉野山附近に数万の山伏がたむろし、南朝に味方してつねに後醍醐天皇、その他南朝の天子たちを奉じ夜陰ひそかに峰づたいに御案内されたのもしのばれる。

かつて幕末に日本に渡来したマック・レオドというユダヤ人が、当時日本の支配階級たる殿上人の顔を見て、その大半はユダヤ人の顔とソックリだというので、これはテッキリ二千六百数十年来行方不明を伝えられていたユダヤ十支族の一部が日本に渡来したものに違いないというので「古代日本史大観」という本を著わした。その中に、彼れの想像画がある。それは当時の大名がおカゴに乗って前後左右を家来たちが警護してゆく図とソックリのものであるが、レオド氏はこれはユダヤ人が首長を奉じ、または契約のハコを警護して日本に移動した時の図を現わしたものだと言つている。今日も「ユダヤ大百科事典」の中にこの絵が出ている。筆者はレオド氏に告げたい。また同大百科事典の編者に訂正を申込みたい。それは行列の先導者に山伏姿のものを入れることである。レオドの思想を表わすためにはむしろオミコシを警護しお伴をする人全員を山伏姿にすることが必要である。

天孫降臨の図はまさに鼻高の猿田彦神が先導し理想に近いまでによくこれを表現しているのに驚くであろう。といつても或いは何のことやら気づかない読者もあるかも知れないが、これ以上の説明はしないことにする。

とにかく役の小角は霊山霊地の秘密守護を神界から仰せつかつていた男のようであるから、そのあたりをよく心得て劒山を掘つて見るのもまた一興だろうと思う。筆者はミロクの世とやらがくるまで目隠しされているので何にも分らん。余計なことだが目あきによろしく頼みます。

七、淡路にユダヤ遺跡発見？

昨年十月ごろ、産業経済新聞、神戸新聞、淡路情報等に何れも数回づつにわたつて、淡路島洲本市郊外菰江海岸の旅館四州園内にイスラエルの塚？が発見されたといつて大きく報道された。

発見者は淡路古代文化解放協会長白山義高氏で、これを理論的に裏づけたのが伊勢古事記研究会長武智時三郎氏で、ついには日本イスラエル協会長小林孝一氏、同理事長鶴見憲氏、同常務理事医学博士横尾守仲氏等が現地調査に行つたとのことでした。白山、武智氏共筆者は数回お目にかかつており、小林さん以下の方々もお目にかかつており、いずれも知らん方々ではないが、サテどうしたことだろうと眉にさわりながら大きな期待をもつていたことでした。

昨年十月十三日、十五日、二十日附「神戸新聞」によると、とうとう元米第八軍専属ユダヤ教牧師ローゼン氏、東大教授文学博士内藤智秀氏、前記小林、鶴見、横尾氏らのスタッフで大がかりな調査団を組織し「イスラエル民族の聖地？洲本市四周園」に乗りこみ、十月十四日から数日にわたつて該遺跡と称するものを掘り返したということである。

二十日附同新聞では「結論は当分お預け」ということで打切りになつたと報じている。

発見者白山氏は熱心な三五教信者で本来は鉱山技師である。戦時中は淡路で岡山の故牧進平氏や近江の広瀬貞吉氏らと共に亜炭を掘つていたが、この方は余りモノにならず、その後該地で「瑞穂科学研究所」という名目でコールターのようなものを作つていたが、今度は一躍して淡路古代文化解放協会々長となつてイスラエル塚を掘りあてることになつたものらしい。またイスラエル塚を理論づけたという武智氏は彼の奥さんの父に当る方で七十余才の言霊、数霊の大家？である。内藤博士は東大の近東史の先生だそうであるが、一方また三五教の講師として各地講演に廻つておられる方で、言はば白山氏とは中野教主のもと同信同門の間柄である。ローゼン氏は初め従軍牧師として仙台の方におられ昨年から横浜のユダヤ教会堂にきている頑固もののユダヤ教法師である。最近帰米した。

先般上京して同攻の川口選治郎氏に会つた時の話に「ローゼン氏は淡路でヘブライ文字を刻んだ石が発掘され、目下研究を依頼中だ」と言われたということでした。それはまことにお目出度いことで両民族のため慶祝に堪えない。また彼等の労を大いに多としたい。だが筆者はこの問題に関する限りこのローゼンの言を信用しないものである。恐らくこれは人のよいローゼン氏のハッタリだと判断しているからである。

八、戦時下日本のユダヤ国策

戦争中における日本政府の対ユダヤ政策は昭和十三年十二月六日の五相会議（陸、海、外、蔵内）においてすでに左の如く決定されていたのである。ここには同日決定された猶太人対策要綱のうち、前文を省略し、その中の基本方針だけを原文のまま掲げる。

◎五相会議で決定した日本政府の対猶基本方針

一、現在日、満、支ニ居住スル猶太人ニ対シテハ他国人ト同様公正ニ取扱ヒ之ヲ特別ニ排斥スルカ如キ処置ニ出ツルコトナシ

二、新ニ日、満、支ニ渡来スル猶太人ニ対シテハ一般ニ外国人入国取締規則ノ範囲内ニ於テ公正ニ処置ス

三、猶太人ヲ積極的ニ日、満、支ニ招致スルカ如キハ之ヲ避ク、但シ資本家、技術家ノ如キ特ニ利用価値アルモノハ此ノ限リニ非ス

右五相会議で決定した日本の対猶基本方針は、当時五相会議の幹事であつた板垣陸相によつて提案され、何等字句の訂正もなく原案通り決定されたものである。もちろん事前に陸、海、外三省の関係当局および、回教猶太問題研究調査委員会に回覧されたものである。

註……回教猶太問題研究調査委員会は陸、海、外三省間に設置されていたもので、外務次官を委

員長とし陸海軍務局長、参謀本部第二部長、軍令部第三部長、外務省欧亜、東亜、調査各部長等を委員とし、右各委員の下にある局課員を幹事とせる三十数名より成れるものであるが、問題によつては内務、大蔵の関係主務者を随時参会せしめ研究討議する三省間の回教猶太問題に関する「ブレーントラスト」と見なすべきものである。さらにその起因は海軍では昭和九年末以来ユダヤ問題の重要性をみとめ、軍令部第三部にその提唱者犬塚惟重氏をおき研究調査を行わしめていたし、陸軍でも安江仙弘氏（当時少佐）を参謀本部において大正末期からすでにユダヤ問題の研究調査にのり出していた。しかし該委員会設置の提唱はこれと参謀本部の影佐課長等の間に起り結成を見るに至つたのである。

要するに、東亜共栄圏内に在住しているユダヤ人に対し政府はどこまでも八紘一宇の肇国精神と、人種平等の宣言を基準とし、外国人取締りに関する諸法規を以て一般外人並みに取扱うという根本方針を堅持し、右五省会議の決定は、戦時下一貫して変らなかつたのである。しかるにかかる政府の方針、対ユダヤ国策は少しも末端に滲透せず、日、独、伊三国軍事同盟の締結以来ヒットラーの尻馬にのつてユダヤ排斥の運動が国内に汪溢したのは遺憾であつた。

特に日独伊同盟締結に際しては（昭一五、九、二七）

「皇祖皇宗の大訓を体し、八紘一宇の国体精神を基礎となし、世界平和確立の為協心戮力せよ」

と仰せられ、さらに

「兆民をして悉く其の堵に安んぜしむる」

と宣い、特殊民族排斥の如きは決して天皇の御心ではなかつた筈でした。

昭和十五年度の地方長官会議において松岡外相は日本の外交方針として左のように訓示している。

「由来我カ国肇国以来ノ伝統タル大精神ハ八紘一宇即チ道義ヲ世界ニ敷キ万民ヲシテ各々其ノ所ヲ得セシメルト言フコトテアツテ皇国ノ外交史ハ其ノ根本方針ニ於テ世界隅々マテ此ノ大精神ヲ透徹セシメ此ノ大理ヲ地上ニ実現セントスル聖業ノ遂行ニ向ツテ重大ナル役割ヲ演スヘキコトハ勿論テアル（中略）大東亜圏内ニ在ル諸民族自身ノ繁栄ト安定ト各自ノ運命ノ開拓ト設計ニ関スル自由ヲ前提トスル相互包容福祀ノ道ヲ進ム様ニナル事ヲ目標トシテ居ルノテアル。要スルニ日本ハコノ圏内ニ於テ欧米カ行テ来タ様ニ国土ヲ併呑シタリ、其ノ人民ヲ征服シタリ搾取ショウトスルモノテハナク、反対ニ現住民ヲ帝国主義ノ圧迫カラ解放シ彼等ヲ奴隷トシテ扱フ代リニ兄弟トシテ可愛カリ、共存共栄ノ関係ヲ結ンテ行カウト言フノテアル」

右の「大東亜圏内にある諸民族」中には当然極東ユダヤ民族を含んでいるわけで、彼らも共に共栄圏建設に協力せしめるという根本方針を示しているのである。また例外はあるとしても実際において関東軍の指導方針もこの国策に基いて極東ユダヤ人会議を指導していた実績があるし、海軍の方でも上海において犬塚元大佐がこの対猶基本方針に基いてユダヤ工作に当り相当な成績を示したのである。しかるにも関わらず、一方国内においては国策に真反対の逆コースをたどり反ユダヤ運動に狂奔していたことは周知の事実である。

このように国策は末端において分裂症状を露呈し、思想戦の基本がすでに詔勅に反し国体精神に背反していたことを反省すべきである。

昭和十六年興亜院経済一局より大上海建設の主要問題たる土地建物会社設立に関してユダヤ資本の導入を計画した際にも、上海における数万ユダヤ人の最高指導者でブナイ・ブリス結社総裁として隠然たる大勢力を持っていた富豪「ルビー・アブラハム氏」、また上海におけるユダヤ二大財閥といわれた「サー・ヴィクター・サッスーン氏」、「サー・エレー・カドーリ氏」、さらに上海取引所屈指の仲買人でサッスーン財閥代表重役であるエリス・ハイム氏（アブラハム夫人の兄）等ソウソウたるユダヤ人らが欣然として協力し、日外支合弁の大会社設立資本の半分（五、六百万弗）を引受けたのである。

註…「ブナイ・ブリス結社」とはユダヤ人のみの加盟しているフリー・メーソン的な特殊の秘密結社である。

また日本海軍の上海におけるユダヤ避難民処理その他人種的偏見のない公明正大な対ユダヤ方針に感激して、仏印から陸海軍に「タングステン」を大量に供給したユダヤ人もあり、その他棉花の輸入計画に対する協力、工作機械の輸入、さらに具体的な協力は枚挙に暇もないほどである。この点に関し上海ユダヤ工作に最も貢献された当の大塚元大佐は「これらの実例は日本の猶太処遇方針の妥当性を端的に例示したものと云える。此の端緒は猶太要人に対する平素の思想工作が実を結んだのである」と或る公文書の中で言っている。また同書「思想戦に対する猶太側協力の実蹟」の章に『また親日、中立の純猶太系独、露、英字紙は勿論敵性新聞紙「イーブニングポスト」に至るまで猶太人記者は日本の猶太避難民処遇方針を通して、日本を知り日本と共栄の途を歩まんとする努力を明かに表現して来た』とも言っているように、当時すでにナチスのユダヤ大弾圧があり世界的に大衝撃を与えている際でしたから、日本のユダヤ好遇政策は単に在上海ユダヤ人のみならず世界各地のユダヤ人にも好感を以て迎えられていたに相違ないのである。しかるにその後日独伊三国軍事同盟が結ばれて以来、にわかに国内にはヒットラーのナチ思想が流行しユダヤ排撃運動が盛んになつた。一方ユダヤ人に取つては不倶戴天の仇ともいうべき憎むべきナチ、ヒットラー、第二次大戦において六百万の同胞ダユヤ人を虐殺したドイツ、その憎むべき宿敵ドイツと日本が軍事同盟を結んだというのであるから、坊主憎けれアの例に洩れず、日本の誠意を疑う米英ユダヤ人も中にはあつたかも知れない。

昭和十五年九月、日独伊同盟が結ばれる以前においては在米ユダヤ人を通して米政府の対日政策を好転させ得る可能性が充分あつたらしい。犬塚氏の文書の中においてもこのことを左のように指摘している。

『同氏(田村氏)ノ十一月再渡米ノ際即チ最後ノ仕上ゲ時機ニハ其ノ直前日独伊三国同盟発表ノ為、米国政府ノ反日気勢ハ米国猶太首脳ヲシテ交渉ヲ断念スルノ巳ムヲ得サル迄ニ悪化シタ。其際先方ノ云ヒ分ハ「日本当局カ上海其他ニ於テ猶太避難民ニ対シ、何等人種的偏見ヲ有セス公平ニ取扱ハレ居ル事ニ対シ我等ハ其ノ好意ヲ深ク感謝シ居ルモ、今日米国政府首脳及ヒ一般国民ノ反日的感情ニ鑑ミ、我等ハコノ大勢ニ逆行スル工作ヲ為ス力ナキヲ遺憾トス」ト云フニアツタ。以テ日独伊三国同盟カ吾人ノ予想以上ニ米国政府首脳及ヒ輿論ヲ反日ニ走ラシメ、両国間ニ超ユヘカラサル障壁トナッタ一例証ヲ此ノ時既ニ提供シタノテアル。爾後ノ日米諸交渉モ、今日其ノ経過ヲ見レハ又此ノ感ヲ深クスルノテアル。今回ノ野村、来栖―「ルーズベルト」「ハル」交渉ニ於テモ先方ノ第一条件ハ日本ノ枢軸脱退ヲ前提トスルモノト伝ヘラレルノモ亦之レヲ傍証セルモノテアル』

と、この頃から米国の反日感情がトミに悪化し、米国はついに、日本向け主要軍需資材輸出許可政策を取るに至った。この情勢を憂慮した在上海猶太有力者は相協議し、各有力団体の決議を指導的米国猶太有力団体に次のように打電した。

電文訳

「上海ニ於テ日本当局ハ戦争ニヨル困難ナル事情ヲ排シ、欧洲避難民ノ多数ヲ収容シ、且ツ最モ同情アル取扱ヒヲ為シツツアルハ我等ノ感激スル処ナリ。我等ハ米政府ノ対日輸出、特ニ二三ノ日本ノ必需品ニ対シ執リツツアル手段ノ為、日本ノ保護下ニアリテ大ナル自由ヲ享有シツツアル極東数万ノ猶太人ノ生活ニ好マシカラサル変化ヲ及ホサンコトヲ恐レ、在米同胞ノ高配ヲ切望スルモノナリ。貴答ヲ期待ス」

右電文の発信団体は

上海「アシユケナジ」協会々長B・Aトパース、
上海「シオニスト」協会々長B・コベリオヴィッチ、
H・Z・O（ニユウ、シオニスト、オーガニゼーション）R・B・ビトカー
同じく同電文の米国における受信団体は
J・D・C（アメリカン、ジユウィッシユ、ジョイント、デストリビユウション、コミッテー）
米国猶太代表会議（アメリカン、ジユイッシユ、コングレッス）
米国猶太委員会（アメリカン、ジユイッシユ、コミッテー）
Z・O・A（オールド、シオニスト、オーガニゼーション）
R・Z・O（ニユウ、シオニスト、オーガニゼーション）
猶太労働委員会

以上はわずかに戦時下における日猶交渉の一事例にすぎないが、最少限の人員と費用でよくこれだけのユダヤ工作が出来たものと思う。日本が今少し本格的な予算と人とをもって対猶機関を設け積極的にこの活動を進めていたならば予期以上の成果を挙げ得たものと思う。それは決して一民族一国家擁護のための謀略的なものであってはならない。あくまでも神の御心を体し道に即

して堂々と邁進するものでなければならない。筆者は本来謀略とか工作とか戦術、戦略、政策等の言葉そのものがすでに大嫌いである。殊に外国人相手の外交接衝などはモッと正面切つて露堂々と真理を振りかざして進むべきものだと思う。闇取引きや待合政治の時代はすでに封建時代と共に過ぎ去り今や最も公明な自由民主々義の時代を新たに築こうとしている秋である。

戦時下の所謂対猶工作には何かしら暗い影が残つているように思われ遺憾な点がないでもないが割愛することにした。

九、ユダヤの金欄簿《ゴールデンブック》と銀欄簿《シルバーブック》

ユダヤには古くから、ゴールデンブック（金欄簿と訳す）と、シルバアブック（銀欄簿と訳す）の二種があつて、前者のブックには同族（ユダヤ人）の出身で世界的に傑出した人物の名を代々登録し、後者のブックにはユダヤのために貢献した第三国人（ユダヤ人以外の人々）の名をそれぞれ登録して、その功績を永遠に顕彰するというのである。この登録によつて全ユダヤ人から永遠に感謝と敬慕を受けることになり非常な名誉とされている。それは単にノーベル賞などの如く現界的栄誉にとどまらず、神聖な「神の記録《よみ》」の如く扱われているところに大きな特長が見られる。日本人でこのブックに登録されたものが三人あると言われている。その一人は次章にのべる元陸軍大佐安江仙弘氏である。氏は格別な貢献があつて前者ゴールデンブックに登録された唯一人者である。つぎは元陸軍中将樋口季一郎氏である。これは後章にのべる如く元英国外務大臣バルフォア卿のつぎにシルバアブックに記載された人である。あと一人は民間人だと聞いているが遺憾ながらまだその氏名が知られていない。さらに元海軍大佐犬塚惟重氏もゴールデンブックに記録される予告を受けたそうだが当人は辞退したと語つている。その代りに米国ユダヤ教会から氏のユダヤに対する功労を讃えて彫刻した銀製煙草入ケースを贈られ、今日なお犬塚氏の手もとに大切に保存されている。

前記ゴールデンブックに記録された安江仙弘氏に対するユダヤ人の敬慕信頼は絶大なものである。三、四年前筆者が総司令部附ユダヤ教牧師ゴールドマン氏に数回お目にかかつたが、その際一番最初に聞かれたことは「安江さんの遺族がどうしていられるか。困つておられるのではないか。モシ見つかつたら何とかしてあげたい」ということで頻りに遺族の居所を求めている風だつた。その後間もなく長男弘夫氏（本年廿八才）に出会い、このことを告げたが「物質的援助は辞退するが、父が一日も早くソ連抑留から帰還出来るようにして頂ければ」との話でした。その後ほどなくして弘夫氏は横浜に転任したゴールドマン氏をその教会堂に訪問した。刺を通じると居合わした他のユダヤ牧師ともどもビックリして一緒に立ち上つて握手され、非常に叮重に取扱われたとの事でした。弘夫氏は英語会話も堪能であり、日猶親善には早くから青年学徒のグループを作つて活躍してきたものである。

金欄簿、銀欄簿についての詳しい由来は知らないけれども、そもそもこれを作製した動機は決して功利的な意味からではなく、子々孫々に至るまでも民族の恩人としてまた民族の誇りとして忘れないようにとの報恩感謝の至誠より出ているものに違いないと思う。

(イ) ユダヤの金欄簿に当録表彰された安江大佐

日猶親善運動の大きな貢献者として元陸軍大佐安江仙弘氏を挙げることが出来る。一九二七年少佐当時に、ユダヤ問題の実地研究のため、軍から酒井勝軍氏を随員として欧洲に派遣され、パレスチナを主として各国ユダヤ機関を歴訪し、各地ユダヤ人と親交を結んで翌年帰国した。当時の調査研究の結果については同氏著「革命を暴くもの」(四六版四百頁位)や「猶太の人々」の中に詳細に記している。

一九三五年二月ハルピンにおいて極東ユダヤ民族会議々長カウフマン博士及び該会議の幹部連と協議の結果、日本民族とユダヤ民族間の親善実行団体として「世界民族文化協会」を創立し、故医学博士磯部検三氏を顧問とし自ら会長となつて日猶親善運動のために活躍した。

満洲事変から日華事変、太平洋戦争へと次第に侵害されつつあつた大陸におけるユダヤ人の権益擁護につとめ、また資金の移動を禁止されて苦難に陥つたユダヤ系商社に対して金融をアッ旋したり、あるいは避難ユダヤ民の救済等、当時極東におけるユダヤ人の諸問題に関して実際的の援助をしてきたため、ユダヤ人間に非常な信頼と感謝をうけていた。

一九三八年極東ユダヤ人会議長カウフマン博士を東京に案内し、親猶主義キリスト教団「きよめ教会」監督中田重治氏と固き誓盟を結ばしめた。

また絶えず軍および政府の対猶方針に献策をなし当局のユダヤ理解を深めてきた。

一九四〇年十月、当時の軍中央部の方針と意見合わず予備役に編入されたが、翌一九四一年多年にわたるユダヤ民族に対する功労により、ユダヤ民族の最高の栄誉たるゴールデンブック（金欄簿）にその名を永遠に記載されたのである。当時の「世界ユダヤ民族会議」の代表はM・ウスイシキン博士で、同博士がこれに署名し、その授与式が同年十一月一日ハルピンのモデル・ハウスにおいて数百名のユダヤ人列席のもとに挙行されたと伝えられている。

つぎに安江氏の略歴と近況ならびに御家族の動静について御紹介する。特に略歴と御家族の動静については、正確を期するために氏の御長男、安江弘夫君を煩わしたことを附記し感謝の意を表する。

安江仙弘氏の略歴

一、明治廿一年一月十二日秋田県秋田市の平田篤胤の生家にて誕生す(但し本籍は長野県松本市)

二、十二才にして上京、赤城小学校から京華中学校を経て陸軍幼年学校に入学、さらに陸軍中央幼年学校（後の陸士）に進み、第廿一期生（同期に石原莞爾氏あり）として同校卒業、新潟県新発田十六連隊に配属、少尉に任官す。

三、間もなく東京外国語学校に陸軍委託学生制度創設されるやその第一回生として選抜され入学ロシヤ語を習得す。

四、大正七年シベリヤ出兵に際し第三師団司令部臨時配属となりシベリヤに赴き出兵軍司令部附連絡将校として活躍、大正九年まで。
五、昭和二年少佐当時、ユダヤ問題実地研究のため軍より欧洲に派遣され、パレスタインを主として各国ユダヤ機関を歴訪、翌三年帰国す。随員中に酒井勝軍氏あり。
六、昭和十二年八月日華事変勃発直後大佐に進級、名古屋第三師団司令部附となる。それまでは参謀本部員或は東京歯科医専門学校配属将校として勤務、余暇専らユダヤ研究に従事す。
七、昭和十三年三月大連に陸軍特務機関創設さるるや初代機関長として赴任、専ら白系露人、ユダヤ人、回教徒の保護に努めたるも、当時の軍中央部の方針と合わず、昭和十五年十月予備役に編入さる。
八、以後力を専らユダヤ問題、神代文化研究にそそぎ、恵まれざる篤志研究家を援助された。
九、昭和二十年八月終戦直後、大連にてソ連軍に連行され、旅順、奉天、ハルピンを経て入蘇、タシ、ケント収容所等数カ所を転々、昭和廿五年四月十五日現在ハバロフスク第廿一分所に健在なること、最後の引揚船信濃丸の引揚者により確認す。

お留守宅の現況（昭和廿八年五月現在）

昭和廿二年大連より引揚後夫人を初め息子長男弘夫氏廿八才を頭に男子四人兄弟共現在東京杉並区松ノ木町一一二五織内方（御親戚）に寄寓中なり。長男弘夫氏は大連にて南満工専を卒業、帰国後勤務の傍ら中央大学経済学部を昨年卒業、現在日猶懇和会常務理事として対猶太運動に専心しあり、二男は農林省に勤務の傍ら明治大学を卒業す。三男は全国農業購買協同組合連合会本部につとめ傍ら早稲田大学政経学部を卒業、四男は中央大学経済学部四年在学中なり（昭和廿八年五月記）

編者註…長男弘夫君はさすがに父の血を受けつぎ、四、五年前より川口選治郎、富岡宰一郎（両氏共、国大出身）等と結び毎月一回以上の会合を持ち、青年学徒の間に日猶親善運動を活ぱつに展開しまた知名ユダヤ人を訪問したり、三笠宮さまをはじめ各界知名士を歴訪してこの運動の理解を深めるなど多角的な動きをしている。現在、日猶懇和会常務幹事として、香川治義（北京大出身）、西山茂（神戸経済大学出身）、後藤光男（東大文学部出身）、前記川口、富岡等と共に毎週一回（土曜）例会を開き何れも二十代の若き血潮をこの運動のために捧げようと誓い合っている。

(ロ) 数万ユダヤ人の恩人—銀欄簿に輝く樋口中将を訪う—

以下はユダヤのシルバアブック(銀欄簿)に登録顕彰された元陸軍中将樋口季一郎氏を筆者が一昨年八月お訪ねした時の訪問記である(シオン通信第二号参照)

八月廿八日といえば夏も終りに近いころである。旧盆の精霊流しもすんで、記者の住居丹波の朝夕はようやく涼風を感ずるころであつた。九州への旅のついでがあつて、今は宮崎県下に悠々天地を相手に百姓をしておられる元陸軍中将樋口氏をその閑居に訪ねた。玄関に刺を通じて座敷に上つて見ると、今なお任地から引揚げたままの大きなトランクが幾つも積み重ねてあり、偉丈夫の玄関子が跛行しているのは旧部下の傷痍軍人ででもあつたのか。間もなく和服姿の樋口氏が現われ

『送つてくれた「日本とイスラエル」という本をあらまし読んだ。しかし私は親猶でも反猶でもない』

と前提して、記者の問いに対し大体次のように語つた。

「日華事変後間もなくのことでした。ナチスに追われた約三、四万のユダヤ人が、アメリカを目ざして逃げる途中、シベリヤ線でソ満国境に差しかかつた時です。彼等は着のみ着のままで命からがらドイツを脱出してきたもので満洲国通過の査証も入国許可証も所持していない。満洲は当時日本政府の保護のもとにあり、ことに日華事変たけなわの時で出先関東軍が満洲を左右していたのです。私は当時、ハルピンの特務機関長でしたが、日本の朝野にはナチス崇拝の熱が盛んで、ユダヤ排斥運動が高まつていたときでした。満洲国政府がその入国を許可する筈がありません」

南国の晩夏は殊のほか暑く愛想のよい御夫人に冷い夏の飲みものやお菓子をすすめられながら昔の軍人気質をそのまま、何のかざりも屈托もない樋口氏の話をあたかも友人に対するような親しさをもつてきくのでした。

◎受難のユダヤ人

「ヒットラーに追われたこれらユダヤ人が、ソ満国境のマンジュリヤに着いたが、満洲領内に入ること罷りならぬということになつたのです。今さら引返すわけにもゆかない、空腹をかかえた数万の人たちがマンジュリヤの彼方にたむろして数日を過していた。これは政治問題でも国際問題でもなく、明かに人道上の問題である。私は早速満洲国政府の某氏等に計り速やかに入国を許可するようにといろいろ斡旋したというだけのことです。別に私の思想がそうせしめたというのではない。私は由来親猶主義でも反猶主義でもありません」

樋口さんは最後の一句を特に力強くのべられたが確かに大事な点だと思う。樋口さんはみずからの主観的な思想に基いてこのことを処理したのでなく、あくまでも客観的人道上の事実として取扱つたところに彼氏の面目が現われている。また彼は職責上これをなしたというのでもなく、人としてなすべき当然のことをなしたという風で、別にこのことが手柄だとも何とも思つていならしい。

しかしこれがために多数ユダヤ人は事実上において救われたのである。或は満洲国を無事通過してアメリカにわたつたものもあり、或は満洲国に落着いて居住するようになつたものもあつてこの問題は解決したのである。

しかるにのちこのことがヒットラーの耳に入り日本の外務省に抗議がきた。外務省では直ちにこれを陸軍省に、陸軍省ではさらにこれを関東軍に伝達した。当時関東軍参謀長だつた東条英機氏の前に樋口氏は直ちに呼びつけられた。

今は昔、十数年前の当時を思い浮べて樋口氏は感慨深げに語をついだ。

「私は東条さんに言いましたよ。日本はドイツの属国かどうか、それから先に承ろうと、私はどこまでも人道上の問題として処理したのであつて、何等政治的な意図はなかつた……」

と結局この喧嘩は樋口さんの勝で何のこともなかつたらしい。

◎バルフォア卿に次ぐユダヤ貢献者

その後世界ユダヤ人会議の機関を通じて樋口氏あてに「バルフォア卿のつぎにシルバアブック(銀欄簿)に登載した」旨の通告があつたそうである。バルフォア卿は元イギリスの外務大臣であつて第一次世界戦のあと有名な「バルフォア宣言」によつて、ユダヤ人のパレスチナ復帰を公認し世界歴史の上に大きな足跡を残した人である。この人のつぎにユダヤの貢献者として樋口氏の名が登録されたのである。

ちなみに樋口氏は安江仙弘氏、石原莞爾氏、三谷清氏らと陸士が同期だつたそうである。ハルピンにおける極東ユダヤ人会長ツツケルマン氏の話なども出ていたが割愛することにした。かくて夕やみ迫るころからビールと芋ブランにメートルをあげ約七時間にわたる対談を終り午後九時すぎ辞去した。

㈧　金欄簿登録を辞退した犬塚大佐

元海軍大佐犬塚惟重氏は、陸軍の安江大佐と共に親ユダヤ主義者として併び称せられた人で、広く世界ユダヤ人間にも知られた人である。終戦当時一時戦犯に問われたが間もなく出所され、その後もカクシャクとして日猶親善運動に尽瘁している。

殊に前記昭和十三年の「五相会議」当時は軍令部にあつて、該会議に列席し、政府のユダヤ対策に有利な方向を与え、また上海に在任当時は、同地在住の数万ユダヤ人によく日本を理解せしめ国策に協力せしめた功績は大きい。上海におけるユダヤ二大財閥といわれたサッスーン、カドーリの両氏をはじめ、ブナイブリス結社総裁のルビー・アブラハム翁一家とも親交があり、「五相会議」の対猶基本方針と、一視同仁の日本精神を指導原理として、よく在上海の数万ユダヤ人を保護し、またナチに追われてきたユダヤ避難民の救済に努めるなど、いたく彼等を感動せしめるに至り、やがてユダヤのゴールデンブック（金欄簿）に記載する旨の予告を受けたが、氏は「自分は陛下の軍人として、当然為すべきを為したまでのことで、決して私的行為ではない。陛下の大御稜威の然らしむるところである」

といつて、私に賞を受けることをイサギヨシとせず「もし功あらばそれは陛下の大御稜威のたまものである」

「むしろ陛下の大御稜威をこそ永遠にゴールデンブックに記載すべきである」

旨を告げ固辞して受けなかつたという。その後もいろいろの形で犬塚氏の功績を顕彰する計画がユダヤ人間に行われたが当人がこれをうけなかつたので、のち米国ユダヤ協会から感謝と功績をたたえる文字を刻んだ銀製の煙草入（ケース）を記念として贈られ今日も同氏がこれを大切に保存している。奇しくも終戦後、戦犯者として罪に問われた時、このケースが役立ち、身の潔白を証明してくれる大きな材料となり、つぎつぎに陛下の軍人として恥かしからぬ立派な行為が判明し無事釈放され難を免れたのである。

犬塚氏は初め宇都宮希洋の筆名を以て盛んにユダヤ排斥をやつたことは人の知るところである。そのために今なお一部には氏を批難し中傷するものもあるが、それは余りに酷だと思う。過ちは誰にでもある。彼れは過ちを覚つて途中から改めた人である。決して戦後派の人ではない。

昭和十三、四、五、六年当時の彼の親ユダヤ的活躍は実に目覚しいものがある。彼はたまたま軍籍にあつたために在上海当時、同地のユダヤ人たちから多少「恐持《こわも》てがした」かも知れない。

また軍人としての使命から言ってそれはどこまでも日本国家のためという立場を離れることは出来なかったであろうから、ユダヤ人を利用するという建前に立たされたに違いない。そのためにユダヤ人側から見れば彼の親猶主義なるものは批判され疑惑を持たれたであろう。にもかかわらず犬塚氏の当時の心境は一貫して純乎たる親ユダヤ観に立って政府および軍首脳部に対猶政策を献策していたことは当時の公文書の上に明かである。

また彼は上海においても南方においてもその後の著書や言動において戦前すでに親猶主義の大きな実績を持っている。国家の責任ある地位にあって戦前にあれだけの親猶態度を示すことは容易ならぬ勇気を要することである。反猶時代の過去はあるとしても彼はのちに親猶転向の実を立派に示していることを筆者は承認する。

横浜ユダヤ教会のチャプレン、ローゼン氏が、日猶懇和会の若い人らに、犬塚氏の反猶主義者時代に書いた「宇都宮希洋」の筆名による著書を出して

「アナタ、この人を知っているか、もし知っていたら会いたいんだが」

と言ったそうだが、これは彼れ一流の皮肉である。犬塚氏は現在日猶懇和会の会長であり、筆者は副会長の名を汚しているのだが、頑固で正直一途のローゼン氏は戦後派の一部日猶親善論者

の中傷に誤られ犬塚氏の過去を今日なお厳しく批判しようとしていることは、この運動の将来のために惜しいことである。

十、日猶親善運動の大彈圧史

日猶親善運動が如何に日本で弾圧されたか。それよりも日本に日猶親善運動なるものがあつたのかと疑う人が多いだろうと思う。それほど左様に日本の上下は長い間反ユダヤ的思想に覆われていたのである。シエークスピアの「ヴェニスの商人」などが先入主となり、ユダヤ人と言えばどれもこれもみな高利貸のような悪どい奴ばかりだと決めていたようである。

この誤れる日本のユダヤ人観を切りかえるために最も健闘され努力されたのは酒井勝軍氏であろう。酒井氏は御承知のように「ユダヤ禍」を強調された最初の人であつたが、竹内文献に接して以来急激に親猶運動に転向した人である。

戦時下の日本は反猶一色に塗りつぶされた如く見られたが、それは表面だけのことで、実際においては親猶色も可なり濃厚で、日猶親善運動も相当な勢力を持つていた。しかしそれはまだ組織化され運動化する段階までは進んでいなかつたと言える。民間でもつとも真剣に大きく動いたのは小谷部全一郎博士、酒井勝軍氏、日高みほ女史、中田重治氏、中山忠直氏ほか山根菊子、鳥谷幡山等古代文書研究の一連であろう。ここで一応断つておきたいことはこの運動は決してフリーメーソン結社などとは初めから何の関連もないものだということである。

日猶親善運動の発端は「中日友好」「日米親善」といつたような単なる国際上、社交上の儀礼的なものとして起つたのではない。またこの運動の戦後派の連中が考えているようなユダヤ資本の導入のためと言つたような功利的なものではもちろんなかつた。それは世界太古史、民族文化史の研究から歴史的必然としてこの運動が起つたものであり、また地上天国の実現、永遠の平和世界の建設は両民族に課せられた神聖使命であり、そのために日猶両族は特に太古以来神から用意されていた民族であるという自覚と使命観に基いて運動を展開してきたのである。すなわち日本古典ならびにユダヤ経典（旧約聖書）に示されている両民族の使命観の一致と、歴史的民族文化の共通がこの運動の機運を醸成したのである。世界平和、地上天国建設の最短コースは両民族の使命、自覚に基づく協力提携にあり、というのがこの運動の眼目である。単なる日猶両族の親善社交といつたようなものではない。太古以来神から与えられた両民族のこの世紀における世界史的役割の自覚発見に根ざした協力提携である。この点において戦前派と戦後派親猶論者とは劃然と一線を画しているのである。戦後派は多く単なるユダヤ利用論者であり本来の運動精神を冒瀆し、誤解せしめ、この運動の前途をはばむところの大きな障碍となつているのである。

今ここにかいつまんで戦前における親ユダヤ陣営の人々を列挙すれば、軍関係ではまず小磯国昭、石原莞爾、秦真次、山本英輔、安江仙弘、小松潤三、犬塚惟重、渡辺渡、小西干比古、板垣征四郎、大久保弘一、西村茂、深町元海軍大佐等を挙げることが出来る。また学界においてこの運動を支持していたものには元東京文理大学々長文学博士佐伯好郎氏、また現関東大学教授小辻節三博士、同教授仲木貞一氏、元九州帝大教授藤沢親雄、青山学院の左近義弼博士、同酒井温理氏等があり、政界では元公爵一条実孝氏、小森雄介氏、箇牛凡夫氏等があつた。法曹界では鵜沢聰明博士をはじめ多田井四郎治、中里義美、内田正已氏等があり、宗教界では元日本ホーリネス教会、きよめ教会等の創設者であつた中田重治氏の一党をはじめ、神学博士牧師川守田英二氏、同小谷部全一郎博士、現今治教会牧師椿真一氏、伊勢猿田彦神社々家宇治土公貞幹氏、同神職鏡沼保世氏、京都白峰宮々司石井鹿之助氏、太子会の上西真澄氏等があり、民間人で有力な日猶親善運動者としては、皇漢医学の中山忠直氏、立山道場の大道重次氏、神代文字論の著者宮崎小八郎氏、画伯鳥谷幡山氏、スペイン語辞典最初の著者村井二郎氏、元北京の新民報社長武田南陽氏、東京秋葉原会館常務寺村銓太郎氏、日本神智学会の三浦関造氏、剣山の開発者内田文吉氏、角田清彦、浅井作左衛門、三重県蚕糸技術指導所長真野勝利氏、富士製作所々長田中清一氏等々枚挙に遑《いとま》がないほどである。なお女流方面では日高みほ、山根菊子、岡本安子、児玉光枝、のちには古屋登世子女史等々何れも相当なツワモノ揃いであつた。

この胎動期にあつた日猶親善運動が戦時下反ユダヤ運動の嵐の中において如何に当局から迫害弾圧されたか。或いは暗殺を伝えられた小辻博士あり、毒殺を計られた中山忠直氏、獄死した原真平氏、同じく獄死した矢野海軍大佐あり、山根女史は群馬県の刑務所に、筆者および内田文吉氏は警察庁管内でしばしば挙げられ、また加世田元海軍少佐ほか一名は伊勢で検挙された。佐伯博士は教壇から追われ、きよめ教会は一齊検挙と共に結社禁止開散を命ぜられた。日高女史もしばしば国内でまた大陸方面で或は憲兵隊に或は警察に留置された。このほか前記民間人で一返も検挙や召喚を受けない人、尾行監視のつかない人はなかつたろうと思う。筆者三村なども昭和五年ごろから終戦に至るまで二十余年間特高警察や憲兵隊の監視尾行を離れたことはなかつた。特に東京時代と京城時代（昭和五年―同十八年）の約十三年間は特高刑事と憲兵の来ない日は稀であつた。国内にあつても外地にあつても召喚留置は日常のことのように当時は心得ていたものである。右翼陣営に身をおきながら、この事のために右翼から迫害され一時は天が下に隠れ家もないほどであつた。雄大な肇国の精神に基いてやつていたことが却つ狭義の国家論者のために誤解されたのである。

本著に出てくる筆者の歴史観を以てすれば、或いは気の小さい国粋論者はあたかも日本の国体が根底から覆えされる如く感ずるであろう。が決してそうではない。むしろモッと偉大な世界的日本の真姿を開顕するためにこそ本著を思い切つて書いているのである。こんなことで覆えるようなチョロコイ日本だつたら、一そうのこと覆えして新しい日本を創造した方が増しである。

天地初まつて以来のこの世紀の一大転換期に当つて（神武建国の初めに還れ」などといつたような生優《なまやさ》しい看板で行ける筈のものでないことは最初から解り切つていたことだ。今泉翁あたりは当時「天孫降臨の段に還れ」と叫ばれ、さらに心ある人たちは「イザナギ、ナザナミの命の修理固成の段に還れ」と言われたが、実はその程度では未だ途中の論であつて、筆者は最初から「天地初発の天之御中主神の段に立ち還れ」と絶叫したのであるが、今も筆者の心境は変らない。筆者の歴史観は常に古事記の「天地初発の段」に立ち、「天之御中主神の段」に立つて、事後の錯綜せる人類歴史および世界文化を大観し、また日本の国体原理をここから導き出して、現実の世界を処理し、永遠の平和世界建設に邁進しようと努力してきたのである。

神のもとに人類は同胞であり兄弟である、人種、国籍が違い、宗教宗派が異っておっても天之御中主神のもとに人類は平等で兄弟だという根本原理に立たなければ、今後の世界の処理は出来ない。「日本人よ、まず天之御中主神に還れ」「天地初発の段に立ち還れ」、しかる後に改めて八百万神を見ようではないか。またこの観点に立つて改めて日本歴史を眺め、さらに現実の日本と世界を見直そうではないか。そうでなければこの運動を理解し雄大な日本の真姿を見極める事は困難だと思う。明治維新の志士たちがなぜ脱藩してまで徳川に敵対したのか。それは藩籍などが邪魔になるほどの高い国体観に立つたからである。私たちは今狭義の日本観から脱藩しなければならないほど高次の世界観に立たされているのである。世界維新（昭和維新）は必然的に国籍人種宗教党籍等の桎梏《しっこく》から人類を解放することを要求しているのである。われわれは今や過去の民族原理を世界原理にまで飛躍発展させなければならない時運に遭遇している。それにはわが古典の「天地初発の天之御中主神」の世界観に立つて出直さなければ日本も世界も救われないのである。日本の旧約時代は原爆と共にすでに去つた。新たなる聖書を以て日本が起ち上らなければならん時である。

以下主題の弾圧史とやらをその一人々々について御紹介することにしよう。

(イ)　暗殺を伝えられた小辻博士

ヘブライ語学者として有名な元青山学院教授小辻節三博士は、戦時中ナチスに追われて横浜、神戸に上陸した多数ユダヤ人を身を以てかばい、救助したことが原因で、憲兵隊や特高につけまわされ、一時海外にまで、「小辻博士暗殺」の報が伝えられ、カナダ、ニューヨークあたりのユダヤ人間で追悼祭が行われた。

昨年一月筆者が東京駿河台ホテルに滞泊中突然博士がお訪ね下され、四時間にわたつて懇談する機会を得た。現在鎌倉市に居住し、関東大学教授として教鞭をとるかたわらヘブライ文化研究所を設けて、後進の指導ならびに斯道の研究に精進している。また駐留軍の方にも関係しているらしい。著書としては「ヘブル語原典入門」が有名である。

戦時中カナダで出版されたユダヤ教法師ピネハス・ヒルシュブルグ著「ナチスの涙の谷間《たにま》より」(ヘブライ語)の中に「日本の学者アブラム小辻」として紹介された一節がある。幸いにその日本訳を中山忠直氏から贈られたのでその一節をつぎに掲げることにした。

A、小辻博士を讃えるユダヤ避難民の手記

前記ヒシユブルグ著「ナチスの涙の谷間より」の巻末において日本に言及し「著者はいま日本人教授アブラム小辻博士について、若干の頁を割愛したいと思う」と前提し、つぎのようにのべている。

× × × × × ×

われら（ユダヤ避難民）が日本という奇妙な言語と生活様式と奇妙な習慣をもつた国にきた時われわれユダヤ人の友であり、ユダヤ教の友である温情あふるる真実の友に遭遇した。

彼はわれらに対して大きな愛情を示し、また我等の長所をよく知つて賞讃の辞を惜まず、全力を尽して、孤独な我等避難民を助けてくれたので、かねてから想像してやつてきた異邦日本が気味悪い国（ナチスの別体のような国）でなくなつて来たことは有難いことであつた。東京で神学教授をしたアブラム小辻博士は官憲に運動して臨時のタルムード学校を開設してもよい許可を得てくれたのである。これは日本の歴史あつて以来始めてのことであつた。著者の友人、ラビ、アブラハム・モルデカイ・ヘルシユベルグ師は特にこの卓抜碩学のコツジと親交を重ねるに至り、わ

れらが日本を去るに当り、彼は小辻教授の著である立派なヘブライ語文典『ヒブル語原典入門』を贈られたのであつた。この書物は日本語とヘブライ語とで記された書物で、日本では無比無類な出版で、同博士の創設にかかる聖書原典研究所の出版によるものである。小辻教授のヘブライ語に対する愛は、ついに日本人にヘブライ語を学ばしめる機関として、前掲の研究所を独力創立するに至つたものである。この目的を推進するために教授はまた鎌倉にヘブライ文化研究所を設けて、ヘブライ語原典の研究に猛進している。

『いま避難の途上にある教法師《ラビ》諸君よ、失望し給うな、諸君は大きな使命を荷はされている人々です、諸君はモーセ伝来のトーラーをば焚火《ふんか》から救い、到るところに携行せねばならない。アジアの遠い島々に行こうと、アフリカにゆこうと、あるいは南米の奥深い植民地に行こうと、そしてそこで如何なる運命が諸君を待つていようと、それが何であろうぞ！トーラーの在るところそこにユダヤ人の生活があるのです』。これはわれわれラビ神学生が小辻教授に敬意を表して、先輩ラビ達と合同で（神戸で）バンケットを設けた時の教授の激励の言葉であつた。

　小辻教授が日本の官憲に接近して、日本通過査証に対する外務省当局の峻厳な態度を緩和し、より長期の滞在を可能ならしめた、その努力は目醒ましいものであつた。

神戸では同地所在のユダヤ人民会によつて組織された避難民救済委員会の厄介になつたのであるが、小辻教授の声咳に始めて接したのは、その民会の食堂においてであつた。教授はヘルシュベルグ教法師《ラビ》と非常に親しくなり、鎌倉の自宅に招いて、長い海岸を長く語つて歩き、共に記念の撮影を為したのであつて、本書掲載の写真はその際のものである。

　神戸のユダヤ民会にきて知つたことは、われらが未だ日本に到著せない先に、教授はわれらの立場を心配して、査証が寛大に扱われるようにと、官憲筋に運動していて下さつたことである。この通過査証というのは、わずか十日の滞在しか許さないという厳しいものであつた。こんな短期間に一体どこの国への査証が得られるというのか。避難民は一日千秋の思いで他国への査証を待つうちに、時日は遠慮なく経過して、十日間位は瞬《またゝ》く間にすぎ、外務省の峻厳な出国示達とわれらの現実との間に挟まれて苦しみ抜いた小辻教授は、それでも遂に滞在延期許可に成功したのであつた。われらの乗つた船には、キュラソウ国や蘭印行きの査証なしの七十二人の避難民が交つていたが、その科《とが》を以て日本官憲は彼等を敦賀からウラジオストックえ送還した。しかし故国でも何でもないウラジオストックでどうせよというのであろう。神戸ユダヤ民会は思案に暮れて小辻教授の援助を仰いだのであつたが、教授の寝食を忘れた奔走により、上陸が許された。

当時、ドイツでは何といつてラジオ放送していたか。ロシアも日本もドイツ国から投げ出されたユダヤの連中を受けつけるものでないのだから、見ているがよい。これであつた。しかるに右のような結果であつたのだから、小辻教授は云はば悪むべきドイツ人に平手打ちを喰はしたというべきである。

神戸に暫設されていた猶太教神学校は小辻教授の来駕を懇請したので、一度訪問を受けたのであるが、教授は学生達の勉強振りを見て動かされ、また前後に体を揺つて経典を読誦している様（ユダヤ人の特徴）を見ては、こんなにしてどうして思想を統一することが出来るかなど、質問を発するのであつた。

ヘルシュベルグ教法師《ラビ》が小辻教授と次のような会話を交したことを話してくれた。「日本人はユダヤ十支族《ジュウシゾク》の後裔であるとの想像をめぐらしている人々があるが、教授はどう考えられますか」とのラビの質問に対し、教授は答えて「それは学界の定説にはなつていません。しかし或る遼遠な過去にペルシヤ、印度その他の地方からユダヤ人が日本に流浪し来つて、日本人に同化した者もあろうということは考えられないことでもありません」。小辻教授はさらに言葉をついで「日本の神道の観念には猶太教のそれに一脈通ずるものがある」ともいつた。

小辻教授がヘルシュベルグ教法師《ラビ》に贈つたヘブライ語文典の書物に「アブラム小辻」と署名したので、「教授は何故に「アブラハム」とせずに「アブラム」を採用されるのですか」と尋ねたところ「いや、アブラム（高父、大人）が元来のセム的名称であつて、アブラハム（多くの者の父）という呼び名は、後代のユダヤ歴史家が変えた名です」といつて、教授はわれら以上の学殖を示すのであつた。ラビ、ヘルシユベルグはさらに突つ込んで、教授はなぜユダヤ人にならないのですかと質問したところ、教授は答えて、自分がユダヤ人に仲間入りをするよりも、日本人で居つた方が、より多くユダヤ人のために尽せるでしようというのであつた。


このカナダに来てから（戦争末期）土地の新聞により、小辻教授が暗殺されたことを知つた。察するに、ナチスか日本軍部が奸計を回らしたものか、噫。

（註、此の噂が南洋から復員した深町海軍大佐によつて齎《もた》らされ、またニユーヨークでも噂され、ラビ達が集つて「故小辻教授」の追悼会を催したという）

B、中山忠直氏の小辻氏紹介

以下は中山忠直氏から「義憤に燃えつつ」と題して小辻博士を紹介するために贈ってくれた一節である。

× × × × × ×

ボクは新しい科学宗教「人類一体主義」THE DOCTRINE OF THE ONENESS OF HUMANITY Being a new science-religion を唱える「世界同胞主義の会」WORLD BROTHER HOOD ASSOCIATION の同志、義人コツジ・セツゾオ（小辻節三）君のコトを思うと、義憤に血が逆さに流れるコトを感ずる。

カレはミヅカラのコトについては宣伝せぬが、カレの人道にたいする、かくれた徳は、ついに上のようなヒルシュブルング氏のコトバとして永久にキロクされるに至つた。

コレ以上のコトバは或は蛇足かも知れぬがボクは同志としてボクの知つている「人間コツジ」について、さらにつけ加えずにおれぬ。ソレはわが学界や、いわゆるユダヤとの親善論者とミヅカラ唱えている人々が小辻教授に加えた迫害の数々についてだ。コレラのコトを公にするコトは、あるいはやさしい教授の望まぬトコロであり、またボクを小さく見せるべき、ほめるべきコトでないかも知れぬ。しかしコレラの事実を明らかにしておかぬと、ユダヤ親善ブローカーがはびこり、本当のユダヤとの親善運動ができぬため、いたしカタがないのだ。

キヨオト（京都）のハタ（秦）氏の社《やしろ》のヒトツに、シモカモとゆう名だかい社がある。小辻家はその神主の家柄で、教授の家はその分家で、したがつて教授はりつぱなユイショ正しいユダヤ人だ。教授は一八九九年（明治三二）に京都でキサブロオ氏の三男として生れ、京都第二商業学校に入れられ、すばらしい成績で卒業したが、子供の頃から理想家だつた教授は実業家になるコトを望まず、牧師になるべく明治学院に入り、父にかくして商業学部から神学部にうつり、一九二三年（大正十二）にソコを卒業して二—三年、牧師をやつていたが、理想をみたす何物もなかつた。

そこで決心して一九二七年（昭和二）に夫人と娘をつれてアメリカに留学するコトにした。教授がサンフランシスコについた時は、ポケットにワヅカ四十七ドルしかなかつたという。カレははたらきながらオーバン神科大学院、カリフォルニヤ大学院、太平洋宗教大学院においてヘブライ文化史を専攻し、ことに最後の大学院においては、ヘブライ語のオーソリテイのウイリアム、バデー博士に見出され、一九三一年に Doctor of theology（神学博士）をさづけられ "Magna《マグナ》 cun《クム》 laude《ラウヂ》" の讃辞を受けた。

D.D. を「神学博士」とホンヤクするのは、明治時代の誤訳で「僧学博士」が正しい訳だ。正しく神学博士とホンヤクすべきは TH.D. だけで、バデー博士は生涯に、TH.D. を二人しか作らなかつたが、その一人が日本人コッジ、セツゾオだ。コッジ教授はアメリカで苦学したがいわゆる「皿洗い」でなくて、アメリカ人にギリシャ語やヘブライ語を教えての、学者的智能労働で、教授が駆使しうる古典語学は古代アラビヤ語、ヘブライ語、ギリシャ語、ラテン語、スメル語、アラマ語、シリヤ語、アッシリヤ語、エチオピア語、ネバチァ語、およびシプリオトの十一ケ国語だ。カレは語学の上でも天才だ。

教授は一九三一年（昭和六）にわが国にかえつて、青山学院につとめるコトになつたが、その講義は原典を土台とした、あたらしいモノだつたので、ヘブライ語のよめぬ古い教授達のねたむトコロとなつて、コッジ教授が病気でねていた時に、教授会議の決定として、追い出してしまつた。そのインボオの中心がＸＹＺ僧学博士だ。

教授が青山学院にいた時に、おもしろい話がある。ソレは帝国大学（今の東京大学）でコッジ教授を教授に迎えるコトを排斥しながら腹心を青山学院に入れて、コッジ教授の講義を聞かせ、ソレを帝国大学で請売りしていたコトだ。

青山学院を追われて、教授は満鉄の総裁室付になつた。この時代にヒットラーがユダヤ人を追い出した、その避難民をコツジ教授が救つたのだ。教授が青山学院を追い出されたのは、天の「見えざる手」がユダヤ人を救うためにつかわされたのだ。教授のこのすばらしいハタラキは△△△△△△△△△のねたむトコロとなり、△△の命令として、またしても満鉄を追い出されて、教授は日本にかえつた。

一九五〇年（昭和二五）に日猶関係研究会から出たミムラ、ミツロオ（三村光郎）氏の「世界のナゾ日本とイスラエル」という本の中にユダヤとの親善主義の人々の名をつらねてあるが、ソレラの中には、このすばらしいコツジ教授とボクの名がなく、その中にユダヤとの親善主義者として書いてある×××はモト猛烈なユダヤ排斥論者で、戦に敗けてから、にわかに昔からユダヤとの親善論者だつたと唱え出したウソツキで、また△△△はコツジ教授を満鉄から追い出し教授がシャンハイのユダヤの金持のカドーリ氏とサツスーン氏に相談に行こうとして、ダイレンで船にのつたのを、憲兵隊にとらえ〇〇、教授を□□□に監禁し、シャンハイに行くコトを許さなかつた〇だ。そして教授が仕方なしに日本にかえるコトにしたトコロが、その□□□□□は教授に厳重にコォベのユダヤ人と行き来をしてはならぬと申しわたした！○ヒルシュブルングの本の中にかいてあるコッジ教授がコォベに行つたコトは、全く憲兵隊の目をぬすんでの、命がけの仕事だつたのだ！○この事実は明らかにしておく必要がある。しかもこの△△△が○○○○○○○○○○○○○○、○○○の□□□□・□□□○○○れているコトは、マコトに悲しいことだ。

× × × ×

コッジ教授は憲兵の訪問をうけ、ただならぬ危険を身に感じたので、教授は妻と子供をつれてハルビンに亡命した。このコロ教授が身をかくす所はハルピンの外にはなかつたのだ。教授はハルピンに行つたモノの、生活費の入る目安があつたワケでなく、ハルピンのユダヤ民会の会長カフマン博士に相談すると、博士は心よく引きうけて、とりあえず教授と家族をともにホテル、モーダンに一年間お客サンとしておいてくれるコトになつた。そしてその年の八月十五日に日本は戦をやめ、カフマン博士はロシアにつれて行かれた。この間わづか二カ月であつた。このため教授はたちまち困り、ビルガー氏をたづね、教授がただヒトツしか持たぬ銀のシガレット、ケースを見せて

「どうかコレを買つてください」

とたのむと、カレはケースに手もふれずに
「今日は銀行が休みだから、一日だけまつてくれ」

というて、月曜に有志からだと云つて札束をくれた。ソレから二回、三回とレーメンシュテイン、メーリヒなどのユダヤ人の有志が金をみついでくれた。この金で教授と家族はブジに日本にかえるコトができた。ユダヤ人が助けてくれたのは、金銭ばかりではなかつた。ソビエットの重要な地位にいたユダヤ人までが、敵国人の教授を救いにきた。いかに教授がユダヤ人に感謝されているかは、コレデよくわかるだろう。もし教授がハルピンに逃げて行かなかつたならば、そのコロの事情として、おそらく教授は内地で、同胞の憲兵隊に暗殺されていただろう。カナダのユダヤ新聞にコツジ教授の暗殺がつたえられたのは、教授がハルピンにいて、日本にかえれなかつた時のコトが暗殺として、つたえられたのだ。

ボクがこの原稿を書いたワケは次のようなコトからだ。
A、今年（昭和廿六年）の五月十四日にイスラエル建国三周年の祝が東京で開かれた時、その発起人が、コツジ教授をのけものにして、会がもよおされたコト。すなわち

B、コツジ教授を満鉄から追いだし、○○○○の□□□□に監○し、シャンハイにやらず、苦しめた△△△△の仲○が、この神聖な日本ユダヤ親善運動をうばい取ろうとしているコトから、ホントオの日本ユダヤナカヨシ運動を、コツジ教授を中心にしておこしたいためだ。

C、コツジ教授が、この「ナチスのナミダの谷間より」を東京の或る大きな新聞の記者にみせたトコロ

「コレハ特ダネになる。しばらく貸してくれ」

というて、その本を借りて行つて、日本で知られているヘブライ学者の所にホンヤクしてもらいに持ち廻つたが、一人としてホンヤクできるモノがなく、二カ月ばかりたつて返してきたという。コレは計らずも日本のヘブライ学者の学力のよいテストになつたワケだ。ボクはコレを聞いて、ボクのためにゼヒともホンヤクして見せてくれとたのんだ。そのホンヤクができると、シンセツな教授はわざわざ汽車にのつて持つてきてくれた。教授がかえつた次の朝、ボクはコレをみて、感激のアマリ、声をあげて泣いた。ボクのツマはフシギに思つてとたづねた。

「ナニをそんなにお泣きになるのですか?」

ボクはこたえた。

「コレをみて泣かずにおれようか」

と。そして人類一体主義の同志で、直接に教接のセワをした渡辺渡陸軍少将や蓮見喜一郎医学博士や、またボクラのナカマでなくても、アメリカで教授のセワをしたカガワ・トヨヒコ君（D.D.）、その外の人々にも、ボクの感激を分ちたく、教授にだまつて印刷して、教授をビックリさせようとのイタヅラ心もまぢつているのだ！

コツジ教授について、もうヒトツおもしろいエピソートがある。ソレは教授が京都帝国大学に、文学博士の学位請求論文を出したが、にぎりつぶされ、文学部長のオチアイ、タロオ（落合太郎）文学博士がキノドクがつていたが、コレは[redacted]の反対のためだつた。しかるに戦がすんで一九四七（昭和二二）に思いがけなく、八年ぶりに文学博士を送つて来た。コレは戦にまけたので、アメリカと関係のふかいコツジ教授をイツまでもテキとしていては損だとでも考えた[redacted]のさもしいソロバン根性からだろう。コツジ教授は、そのようなコトをウラミに思うような心のせまい人ではない。

ボクは叫びたい――

戦の前または最中に「日本ユダヤナカヨシ運動」で迫害されなかつたモノは、本物ではないと！。

(ロ)　毒殺を計られた？中山忠直氏

一九五一年九月八日のサンフランシスコにおける日米講和条約を記念し、筆者は同年九月八日附を以て「シオン通信」第一号を藤井哲夫氏と共に発行した。この運動の先輩ならびに同攻の各位八百人に同通信を寄贈したところ、中山忠直氏から「毒殺を計られたコト」という題でつぎのような寄稿を受け早速「シオン通信」第四号に掲載した。以下はその抄録である。

×　×　×　×

「シオン通信」の創刊マコトにうれしく思います。私にも何か書けというコトで光栄です。日本とユダヤの関係をしらべた文献は、一九〇八（明治四一）に佐伯先生が「歴史地理」にかかれた「ウヅマサの研究」と、同じ年の「福音新報」にのつた尾島羊舟（真治）氏の「日本民族人種論」が、私の知る限りにおいて最も古い（更に古い文献お教えを乞う）。

そのコロ私はこの二大先輩の研究を知らなかつたが、一九一一年（明治四四）に叔父から「神功皇后は帰化ユダヤ人の孫だという説がある」と聞き、これが動機となつて私は、日本建国の秘密を解くコトを終生の目的とするに至つた。

日本の古代史を研究するには、ぜひともシナの古代史を研究せねばならず、シナの古代史を調べているうちに、いつしか漢方医学に通ずるに至り、一九二六（大正十五）に「日本及日本人」で大論文「漢方医学復興論」を公にし、翌年それを補訂して「漢方医学の新研究」として出したが、ソレは幸運にもシナの総領事だつたスリエ・ド・モラン氏によつてフランス語にホンヤクされるに及び、私は漢方医学の研究家として、世界的に知られ、数種の本に私の研究が紹介さるるに至つた。しかし私の本当の研究は日本の建国史の研鑽にあつた。歴史の研究、特に異端的な「日本とユダヤの研究」などで飯が食えるハズがないので、神は私の使命を果さしむべく「中山胃腸薬」をさづけられた。このため私は十分に研究に没頭することができ、民族の本体と建国のナゾを究めることができた。

小谷部氏の「日本及日本国民の起源」は、わが国体に関する劃時代的な研究としてマコトに敬服にたえぬ。天孫民族をヘブライ民族と断定した点は同感だが、まだまだ少からぬマチガイがある。その主たるものは次の諸点である。

1、スサノオノ尊と神武天皇とをヘブライ民族としていること。コレは私の研究では、皇室に直接に関係のないスメル民族である。

2、天皇家はガド族でなく、天皇家の本当の先祖は「御肇国天皇」と記録されている十代目の崇神天皇で、コレはイエス（キリストと偽称された義人）が殺されてから生れたイェスの息子で天皇家は純粋のユダ族である（ルカ伝の研究によって推定さる）

3、内宮の御神体につき、全く見当チガイを書いている。コレは鏡にチガイないことは森有礼の暗殺の真相を究めるとわかり、その真相から天照大神を聖母マリヤだと推定する手がかりの一ツが得られる。

4、小谷部氏は外宮の祭神と、その御神体について一言もふれておらぬが、保食神とは天之御中主神即ちヤハエ（エホバ）であり、その御神体はモーセの遺言で作った、マンナを入れた黄金のツボである。

5、大国主命とはエリヤの子孫で、古事記の「御国ゆづり」とは、外宮の御神体の争奪戦である。

この4と5はシナの古代史から文献的に証明できる。

戦前にこのような説を公にすると、不敬罪でやられ、愛国団体から暗殺される危険があったので、私はひそかに軍の首脳部や重臣に対して、私の研究を公にさせて、日本はユダヤと合体し、アメリカと兄弟になるべきで、戦ってはならぬというた。

しかし不幸にして戦になり、苦戦になつたので、私は私の研究を採用して即時終戦すべき建白論文を書き、同志の渡辺渡少将から大本営に回してよませ、その写《うつ》しを重臣に回してよませたところ、その建白が憲兵隊に回され、私は「反戦、反国体論者」として出頭命令をうけた。しかし私は脳溢血から半身ソズイになつていたもので、代理のものが出頭すると「あんなものを書いて出すようでは如何なる重病人と雖も容赦する能わず」というエライ権幕だつたが、私は戦前に私がユダヤ問題をひつさげて救国に立つと、必ず憲兵隊に捕えられることを予想しその場合に助けてもらうために、愛国団体の中に親友を作つておいたので、その人々の運動によつて、やつと許されたが、憲兵隊ではボクを毒殺するつもりだつたこと、ボクを訴えたのが□□□□だとわかつた。それでボクはボクの同志で□□を知つているモノに、□□をたづねさせて探偵させたトコロ、ボクの建白は思いもよらず、ムカシからボクの直言をにくんでいた重臣○○○から、ボクをしばるようにと、検事にわたされたが、ボクをしばるコトは、裁判所のシゴトの外なので、検事はソレを持ちかえり、□□を呼んで憲兵隊に訴えさせたのだとわかつた。

ボクはこのようにして毒殺をまぬがれたが云々……下略……

(八) 獄死した原真平氏と矢野大佐

一九四四年十月筆者が約半歳ぶりで当局の手から釈放され京都大宮釈迦谷の友人宅で静養していた時でした。原真平氏が突然お見舞にきてくれた。「今日の日程は」ときいたら、「今晩夜行で東京に出る」という。筆者は「警視庁でしきりにアナタの行衛を追及していたから、今出たら危険だ。上京を見合せたらどうか」とすすめたが、彼はその夜出発し、東京に着かないうちに甲府で検挙され、八カ月後にとうとう獄死したのである。

原氏は戦時中東京千駄ケ谷に居住し「東洋政治経済研究所」の看板をかけて実はユダヤ問題を専門に研究していた。一九四一年ごろ同所に住む元台湾民政長官加来佐賀太郎氏を訪問のついでに立寄つたところ丁度日高みほ女史等も見えて終日ユダヤ問題の話に実が入り一泊したこともあつた。終戦の二年位前から住居を転々とくらまし、検挙の前年あたりから京都の高尾山のある寺に隠棲していた。筆者は当時警視庁での取調べに原氏の住所をしばしば追及されたが、知らぬ存ぜぬで通していたのに、自分から飛びこんで行つてとうとう生命をささげてしまつた。翌年即ち終戦の年の六、七月ごろ大阪宝塚線の石橋の同氏遺族宅で葬儀が営まれ筆者と故松本寅彦氏と一緒に参列したが、うたた感慨無量だつた。

竹内文書の研究家としてまた親猶主義者として特異の存在だつた元海軍大佐矢野祐太郎氏も戦前数年間獄につながれ、□□検事から峻厳な取調べをうけ、獄中で太古史を書かされ、書き終つた翌日に獄中で怪死したことが当時喧伝された。茨城県磯原町「磯原館」の主人で熱心な同志だつた故吉田兼吉氏が矢野氏の獄中怪死事件について当時その顚末をパンフレットにして同志間に配布した。矢野氏の継承者元海軍中佐加世田哲彦氏は戦時中伊勢で検挙されたと、筆者を取調べていた警視庁特高の某警部補は語つていた。

矢野、加世田氏等は「神政龍神会を組織」しソウソウたるメンバーを有していた。かつて問題になつた宮中の女官長島津治子もその一人で、新聞紙上では島津女官長は発狂して退任したことになつているが、その真相は未だに発表されていない。筆者の取調べに当つていた某特高は「うちの課長は司法あがりで特高畑でないからアナタを誤解しているのだ。何か神政龍神会とアナタと関係があるのでないかと考えているらしい。例の島津のあとに松平俊子が女官長に擬せられているのだが、この背後に神政龍神会があるとにらんでいる云々」、だが筆者は直接的には何等この問題に関係がなかつたのである。小笠原孝次氏、宮腰明将氏等にきけば当時の真相が分る筈だと思い、いつも機会をうかがつていたが、最近小笠原氏にチョイチョイ東京で出会いながら未だにききもらしている。

(二) 親猶主義基督教団「きよめ教会」開散検挙の真相

ユダヤの復興とメシヤの降臨を昼夜を通じて一分の間断もなく昭和五年から同十八年まで十数年間祈りつづけ毎月ユダヤ献金をつづけ遂に当局の忌諱にふれて結社禁止解散命令をうけるに至つたホーリネス教会の一派「きよめ教会」と、これを指導した中田重治先生とは如何なる人か。先生は筆者と同郷青森県弘前市の出身、東京青山学院を出て後米国ムーデーの神学校に学び、日本刀を以て世界中を遊説し歩きバイブルを日本人的眼識を以て解釈した最初の人である。名著「聖書より見たる日本」の中に日本とユダヤとの特殊使命について論じている。

A、親ユダヤ主義者　中田重治先生とその一党

極東ユダヤ会議長カウフマン博士を東京に迎え日猶親善の固き握手を交し誠の誓盟を結ばれた中田重治氏の関与したホーリネス教会はホーリネス（聖潔）英語をそのまま教会の名称に表はし聖書全部神言説を信条とし四重の福音、新生、聖化、神癒、再臨を本領とし、イスラエルの復興

とメシヤに対する祈禱を重んずる純粋に日本に生れた新しい教会であつた。

明治三十四年（一九〇一）米人イ・シ・カウマン夫妻と中田重治氏は東京神田に中央福音伝道館を開設した。これが後に聖書学院と称する伝道者養成機関の起源であり、数年後東洋宣教会と名づけ東京に本部を置き、朝鮮、中国に伝道した日本に生れた伝道会社であつた。

明治三十七年十月（一九〇四）東京淀橋柏木に新築移転、東洋宣教会聖書学院と称し、各地に伝道館を設けて伝道した。ホーリネス教会の創立は中央伝道館開設から十六年目の大正六年十月三十一日（一九一七）であつて、一般キリスト教とは信仰に於て行動に於て特異性を発揮せる団体であつた。ホーリネス教会は当初から政治的には独立したものであつたが経済的には東洋宣教会の援助を受けていたので、昭和三年春経済的にも自給宣言を発して自給体制を採ることになつた。

昭和五年（一九三〇）からイスラエルの復興、メシアに対する決死禱告が始められ、昭和十八年（一九四三）教会の結社禁止解散命令を受くるまで、一分の間断もなく決心者一時間交替にて禱告は熱烈に続行された。

昭和六年（一九三一）に教会数三七五あつた。

昭和七年（一九三三）中田重治著『聖書より見たる日本』が出版された。これは中田重治氏の伝道説（話集）であつて大胆正直にイスラエルの復興とメシヤに対する熱烈なる信念が公表され外国語にも訳され世界的に反響を呼び昭和十三年までに七版を重ねて発行された。

昭和十一年（一九三六）ホーリネス教会内に於て中田監督の熱烈なる親ユダヤ的態度を非議するものもあり、中田氏はわが信条に異議をはさむものは退《さが》れと宣言し、中田氏の素志を堅持する者は「きよめ教会」を組織し、他は分離して聖潔教会と称し、ホーリネス教会の名称は解散する事に協定された。

昭和十二年（一九三七）軍籍にあつた安江仙弘氏「きよめ教会」の禱告会にのぞみ、先きにパレスチナに於て目撃せる「嘆げきの石壁」に対するユダヤ人の熱禱そのままの光景に感激して中田氏と固き誓盟を結んだ。

昭和十三年（一九三八）極東ユダヤ人会議長カウフマン博士を「きよめ教会」に迎え、中田氏と固き握手を交し日猶親善の熱誠なる誓盟を結んだ。

昭和十四年（一九三九）中田重治氏逝去。

昭和十七年十一月十三日（一九四二）親猶主義教団の故を以て日本官憲の「きよめ教会」家宅

捜査宗教信仰に関する文書物件等押収、幹部数名検挙さる。

昭和十八年四月八日（一九四三）ついに「きよめ教会」は結社禁止、解散命令を受け、余儀なく解散することになつた。聖書学院は興南錬成所に徴用された。

昭和十九年（一九四四年）「きよめ教会」清算人伊藤源次郎等中田氏の遺志をつぎ興民義塾を興した。

昭和二十年（一九四五）聖書学院爆焼。

昭和二十一年（一九四六）聖書学院を追はれたる元きよめ教会同志等附近の土地をトし宗教法人興民義塾（リバイバルチャーチ）を再建して工場を開設、自給体制をとり、伊藤源次郎塾長として同志と共に中田重治氏の遺志をつぎ日夜熱誠なるイスラエルの復興とメシヤ降臨の禱告を続けている。

編者註…以上は同攻者元きよめ教会清算人伊藤源次郎氏等の結成した興民義塾の提供した資料に基いて書いたのであるが、さらに中田先生の指導下にあつて「きよめ教会」の牧師だつた谷中広美氏、森五郎氏等も同じく東京駿河台に基督教兄弟団を建て熱心に今日も運動をつづけており、またすでに淀橋区柏木町の旧聖書学院跡に東洋宣教会きよめ教会本部ができて尾崎喬一氏、宮原忠氏等若き人たちの手によつて着々と復興されつつあることは祝福に堪えない。なお前記二章にあげた如く茨城県平磯町に同門の生田目俊造氏が「きよめ教会」を開き日猶親善連動に協力している。願わくは同門の士一堂に会し協力一致の実を挙げる機会を得られんことを心から祈るものである。シオン通信に前記興民義塾提供の記事を掲載したところ、同門の荒原氏から多少事実と相違する点もあるから、昭和廿四年度版「基督教年鑑」に基かれたし、と御注告を受けたから念のために申添えておく。

B、中田重治著「聖書より見たる日本」の一節

「最後に日本にあるホーリネス教会の猶太人に対する奉仕について一言させていただきたい。ホーリネス教会は諸教会中最も歴史の若い小さい教会であるが、其信仰に於てもその行動に於ても特色を有する教会である。然し私はホーリネス教会を礼讃せんとするものではない。批評する者の見る処に任せておく。唯私が誰にも憚らずいうのはわがホーリネス教会は創立以来今日に至る迄猶太人の為に幾分なりと奉仕をしてきたということである。即ち猶太人の為に祈り又多少なりとも毎月献金をしたのである。これは物ずきにやつていることではない。聖霊がかく導き給うたのである。猶太人の為に献金している者は個人としてはあらうが教会全体として献金している者

は多くの教会中ホーリネス教会以外にはない。我等は今も猶太人に関する知識は乏しいが当初まだ知識の更に浅薄な幼稚なる時代に於て此事をなし始めたのは全く聖霊の導きによったとしか思われぬ。主がイスラエル人をいかに愛して居給うたかは、かのサイロヒニケの婦に対して子供に与うるパンを犬に投与うるは宜しからずと仰せられた事によりても知られる。又使徒パウロは「我心に願う所と神に祈る処はイスラエルの救われん事なり」といったが、これはただ血を同うしている同族だからとか、同郷人だからとかいう世間一般の考えからかく願ったのではない。そんな人情的な考えからではなく、彼は主はこの猶太人を中心として千年王国を建設し給うということを知っていたから、イスラエルが救われ故国に帰る事は主イエスの再臨を早める事であると思い、神の世々の経綸より割出してかく祈ったのである。聖霊はこの同じ思いを日本のホーリネス人に移し給うた。神が我等を恵み給うた原因は多くあろうが、その一は微力ながらも猶太人の為に祈り猶太人の為に全力を捧げている事が神の御目に止ったからであろう。「エルサレムの為に平安を祈れエルサレムを愛するものは栄ゆべし」との約束は真実である。然し更に注意すべき事はただ現に祝福を受けているというのみならず我等が彼等選民の為に日夜禱告しているという事である。これは我群は僅か二万人足らずの少数ではあるが七千万同胞を代表して彼等選民の為に代願代禱している事である事を思う時に実に厳かに感ぜざるを得ない（中略）。而して世始まつて以来かつてないという大患難時代がくるのであるが、今我等が熱血をそそいでイスラエルの為に祈つている祈禱は現在に於ては或程度迄しか報いられて居らぬがその祈禱の故に神は怒る時にも憐憫を忘れ給はずに、その患難の日にわが国民の上に特別の憐憫を注ぎ給う事を信ずる。誰かいうわれ等猶太人と関係なしと。未信者はいざ知らず、われ等信者は聖き動機よりまた我国と同胞を愛しその将来を思はばこの残された幾ばくもなき時に力を尽して選民のために祈るべきではないか云々』

(ホ)　その他の検挙迫害された人々

基督兄弟団の尼ケ崎教会牧師瀬戸四郎氏なども相当やられた方である。戦時中ナチスに追われたユダヤ人が神戸に多数上陸した際に、終始献身的にお世話され、そのために捕えられて一年八ケ月の長い間刑務所に入れられ、あらゆる屈辱をうけながら信念をまげず、神の御心を信じてイスラエルの復活を祈り続けられた人である。

私たちの大阪の事務所にしばしば立寄られ当時を述懐して「ユダヤ人のお世話を一切自費でま

かなつたのでしたが、彼等の困窮したさまを見ては、生涯を通じてあの時ほど金が欲しいと思つたことはない」と語られた。

一般キリスト教徒はユダヤ人を排斥するのが普通で、この点日本も外国も変らないが、ただ中田重治氏の指導下にあつたクリスチャン、牧師だけは全く例外である。むしろ信仰的な信念からユダヤの復活を祈りこれを支持している。

これはバイブルの解釈の相違からきている。中田氏の説によれば、従来のクリスチャンは何れもアングロサクソン的バイブル解釈に指導されている。しかるにイエスはアングロサクソンではない。イエスはユダヤ人でありアジヤ人である。だからアジヤ人的感覚をもつて見なければバイブルの真精神は分るものでない。アジヤ人の中でも日本人とユダヤ人は最もその感情と感覚が共通している。だからアジヤ的日本的感覚をもつて読めば一番イエスの精神、バイブルの真意が分る、アングロサクソン的従来のバイブル解釈に拘泥することは間違いである。といつて中田氏は「バイブルの日本的解釈」を強調し、一銭も外国の援助をうけず独自の境地に立つて日本的キリスト教会を創始した人である。

瀬戸氏はこうした中田氏の指導下にあつた人々によつて作られた基督兄弟団に属している。同団の本部は東京駿河台にあり、現在森五郎氏が主管者である。同団の谷中広美氏、森氏共に中田監督の熱心なクントウを受けた方で中田氏の道統を受けついでいられる。私たちの東京の会合に森氏、尾崎氏、宮原氏ら中田氏門下の牧師たちが出席している。昨年八月同団の本部では日本駐留軍の最高のラビ（ユダヤ教牧師）、ゴールドマン氏を招いて「ユダヤ教におけるメシヤ思想」という題で講演会を開催したり、また昨年秋頃にユダヤ人アキバ・ホフマン博士の講演会を開いたが、恐らく日本教会史上ではおろか世界キリスト教界でも稀有の出来ごとだつたと思う。日本人は一般に認識不足でユダヤ教とキリスト教は親戚で仲間同志だろう位に考えているが、どうしてどうしてただならぬ仇敵であることは世界歴史を繙いて見たら分る。仏教徒や神道や儒教がユダヤ人を迫害したことはきかないが、キリスト教国家やクリスチャンまたは回教徒から絶えず迫害されているのである。キリスト教会でユダヤ教牧師を招いて講演会をしたなどと言つたら恐らく気の小さい欧米のクリスチャンたちは虫を起して卒倒するだろうと思うほどの、革命的な出来ごとなのである。外国の援助をうけているアングロサクソン的バイブル解釈の指導下にある教会などでは到底出来ないことで、中田氏の門下にして初めて出来る芸当なのである。換言すればこれこそは日本的クリスチャンの真骨頂を発揮したものと言い得るのである。この故に彼等一党は今日なお日本キリスト教界においてさえ異端視されているのである。

筆者が戦時中神戸市林田警察署に三ケ月間留置されていたとき、明石市のある医者の奥さんで中田氏の「きよめ教会」に属する信者が、同じように留置されていた。乳児を抱えて母が長く留置されているので、家庭でも困っていたらしく、毎日毎日女中さんが赤ン坊を負うてはこの留置場にある奥さんのもとに乳をのませるために通つていた。メシヤの降臨とユダヤ復興に関する祈りは留置中と雖も廃したことがなく、なんとかして係り官は乳児のためにも早く家庭に帰そうと形式だけでよいから「ウン」と言え、と試みても頑として応じないという風だつた。姓名を失念したが、教養の高い落ついた奥さんのように見うけられた。戦時下は全く同志の受難時代だつた。

筆者が神田錦町署に検《あ》げられていた時、係り官から「同類の山根菊子は栃木で検《あ》がつたゾ」ときかされたが、昨年東京で同人会の席上で女史にうかがつたら「群馬県だつた」と言つていた。女史は終戦後、衆議院議員に立候補したり、都会議員に立候補したり、新宿区会議員になつたり、もつぱら政治畑の人になつて、この運動に遠ざかつていたが、一昨年ごろからようやくヨリが戻つて会合に顔を出すようになつた。

戦前から戦時下を通じて最も大胆にこの運動に活躍し、憲兵隊や特高に始終検げられていたのは日高みほ女史であろう。彼女の活動舞台は大陸各地から仏印あたりまで足跡がのびていただけに検挙の度数も一番多く、全く憑《つ》かれたるものの如く憲兵や特高や参謀本部などを尻目に命がけで動いていた。とうとう満洲で終戦になり、ソ連に抑留され、未だに帰還していない。二女の正子さんは終戦後二度筆者宅に訪問したが、その後密航し大陸に渡つて活動しているときいている。さすがに女史の血をうけついでいると感心させられる。女史のひきゆる一団のグループを私たちは「篁《たかむら》の一団」と名づけ、女史をその道名「白光《バイコウ》」を以て呼んでいた。或は川上初枝ともいい篁《たかむら》白光ともいい、のち日高みほといつた。このグループにはこの度参議院議員候補に立つて落選した日高一輝氏、元参謀本部の陸軍少佐西村茂氏、旅順工科大学出身の舟田六郎氏、東大出身の篁白陽氏、竹内重郎氏等の強剛がいた。二・二六事件当時参謀本部にあつて「今からでも遅くはない」という名文を草した大久保弘一大佐なども女史の息のかかつていた一人であつた。

小谷部博士、酒井氏等も勿論当局の弾圧に会つた。戦時中酒井氏の著書は全部発売禁止になり同氏主宰の国教宣明団、日猶協会等も開散するに至つた。小谷部氏の名著「日本及日本国民の起源」も一部禁止となり、改訂させられるに至つた。

内田文吉氏も数回検挙留置された。戦時中に出した中山忠直氏の「わが日本学」に天孫民族はユダヤ人であると書いたために当局の忌諱にふれたことは勿論だが、それ以上に右翼陣営から非常な攻撃をうけた。藤沢親雄氏も同様な理由から右翼の憤激を買い、脅迫され、そのために翼賛会本部の地位を追われ大陸に渡って終戦を迎えた。このほか吉田兼吉、鳥谷幡山、高畠康之、村井二郎、中里義美、山本英輔、仲木貞一等みな弾圧下に微妙な動きを続けていたのである。

前記八章にのべた「五相会議」における板垣陸相の思想的背後に日高女史のあったことが想像されるし、また、ソ連が満洲に侵入した時、石原莞爾将軍が「満洲をユダヤ人に与えだし」と世界に放送したのも、石原氏自身が言っているように、かねて中山忠直氏が軍に対し「満洲をユダヤ人に解放し云々」の進言をそのまま代弁したものであったことを忘れてはならない。

弾圧、迫害の下をくぐりつつこれらの多くの親猶論者が今後の世界政策のために働いていたことを、国民にもまた世界各地のユダヤ人たちにもよく認識していただきたいと思う。戦後派親猶論者のいうが如きユダヤ資本導入のためといったようなケチな考えでやっていたものでは断じてない。

ユダヤ復興のため、神都エルサレム復活のため、神業奉仕のつもりでやっていたもので、ユダヤ献金をしたり、ユダヤ避難民を救済したものこそあれ、ビタ一文と雖もユダヤ人などから金をもらったり、指導をうけてやっていたものではない。

今日金を目あてにユダヤ人にヤニ下ってヒゲの塵をはらっているような戦後派親猶論者の媚態は実に醜態というべきである。中山氏のいう「戦時下日猶親善運動で迫害されなかったものは、本物ではない」と実に至言である。

ユダヤ人と雖も民族本来の使命自覚なく利潤の追及と物質的享楽にのみ没頭しているようなものは、それはユダヤ人にしてユダヤ人ではないのである。いわゆる選民を冒瀆する背神者にすぎない。この点日本人にあっても同様である。日本民族本来の使命自覚なく単なる利己一辺倒のヤカラは日本人にして日本人ではないのである。この意味において、日猶親善は単なる「両民族の利益のため」といったような功利主義の結合親善ではなく、ユダヤ経典（旧約）ならびに日本古典に示された「世の終り」（岩戸隠れ）「メシヤ降臨」（天孫降臨）の時に演ずべき両民族共通の使命に立脚し、今世紀における両族の歴史的役割の発見自覚に基づくものでなければならない。人類興亡の巖頭に立って、われら今日何をなすべきか。この使命の追及、自覚こそは日猶両族を結合協力せしむる紐帯となっているのである。世界広しと雖も厳密な意味における建国神話を有する民族はどこにもない。ただ日本とユダヤだけである。他は神話と民族とのつながりを欠き、神話はあつてもその民族と血のつながりはない。

「地上天国建設」を立国の精神とし、「世の終末」における民族の使命役割を神から示されているものはただ日本とユダヤ民族だけである。わが国は古来ひとすじに「天が下平けく安らけく」と祈りつづけてきた民族であり、世界の修理固成と生国《いくくに》（長生）、足国《たるくに》（物質的充足）、浦安国（心楽しく平安）の建設を理想とし、世の結末において目出度く天の岩戸を開き、天孫降臨して「地上高天原」の理想世界を実現するという、民族の使命役割を伝統的に神示されているのである。この民族使命の共通からくる日猶の親善提携である。換言すれば生死巖頭に立たされた今日の人類を滅亡の淵から救いあげ、これを永遠の平和世界に導くのは日猶両族の天から与えられた共同の使命であり、この使命を果すために両民族はたがいに協力提携しなければならないということなのである。

ソ連の共産主義、アメリカの民主々義といつたように、途中から人為的に民族国家の理想をデッチあげたり、人間的作為によつて建国したものはあるが、神の意志によつて国をつくり、神の意志を地上に実現することを以て民族の使命としているものは日猶両族のほかにこれを求めることは出来ない。「一つの世界実現」「地上天国建設」を、神から与えられた至上命令として受けとり、これを民族の伝統精神とし、至上使命とし、これに従うことを神業奉仕として利益の外に活躍することの出来る民族が他にあるだろうか。また世の終末（物質万能弱肉強食の悪の世がおシマイになること）における民族の特殊役割を神から規定され、神意実現に奉仕すべく民族的使命を自覚して起つているものはユダヤと日本以外にないと思う。この光栄ある民族的使命を自覚せず金と享楽に奉仕している日本人、ユダヤ人は私たちの仲間から除外される。私たちはその血統をいうのではない。いかに血統、国籍が日本人、ユダヤ人であつても神から与えられた本来の民族使命を自覚しないものは以てわれらの同胞と称することはできない。国籍人種宗教の如何にかかわらず前記日本古典及びユダヤ経典に示された共通の世界観、使命観に立脚し「地上天国建設」「一つの世界実現」に向つて邁進するものは悉くわれらの同胞であり同志である。

日本を愛し得ないもの、民族を愛し得ないものがどうして世界を愛し人類を愛し得るか。民族の古典、文化を理解する真の愛国者、日本主義者にして初めてこの運動につながることができるのである。

かつてわが軍において最も日本的で神代史研究に造詣の深かつた小磯国昭、秦真次、山本英輔林銑十郎、石原莞爾等が進んでこの運動を支持したのも、決して非国民だからではない。彼らは何れも日本的で、民族使命の理解が深かつたから、日本の世界政策を高所から把握することができたのである。

親猶運動は売国運動や非国民運動ではなく最も偉大な愛国運動である。日本民族本来の使命に生きる愛国者でなければ出来ない運動である。ユダヤ人においても同じことである。ユダヤ民族本来の使命を自覚し、神意実現のために神業に奉仕するという烈々たる熱意のあるものでなければこの運動の仲間にはなれない。何等民族使命の共通の自覚を持たない日本人ユダヤ人同志が野合して最近「日猶親善」だなどと盛んに悦に入つている戦後派連中があるが、余り眉毛《まゆげ》を読まれたり尻の毛を抜かれてナメられないようにして欲しいものだ。

二、親猶主義関係の人々（順序不同）

日猶親善に貢献し、この運動を支持したものは、むしろ上層部に多い。ここに掲げるものは、もとよりその一部にすぎない。筆者は永く外地にいたので、接触の範囲も限られており、したがつて掲載洩れも沢山あろうと思う。読者において気づいた人があつたら御知らせ願いたい。第二版においで補足したい。

小谷部全一郎氏

この運動に対する小谷部氏の功績は特筆大書すべきものがある。氏はまたアイヌ研究家として知られ、「成吉思汗は源義経也」の著者として有名である。昭和四年「日本及日本国民の起源」（菊版四百頁）を発行、日本とユダヤ民族の共通性について詳論し、出雲族も天孫族も共にヘブライ民族であると断じ、日猶親善を説き、これを天覧及び台覧に供した。これより先《さき》すでにユダヤ人の故国パレスチナを訪問しまた各国ユダヤ人と交わり、つぶさにユダヤ人ならびにユダヤ文化を研究し、日猶同祖論を唱え、共通の使命を果すために両族の提携を劃策し、この運動の開拓者として大きな業績を残した。同書末文に曰く「余はまたわが日本国民に一言す。今は正に日本人の一大覚醒を要するの秋にあり。世界はついに万民同胞、四海一家の真理に到達すべき時期あるべきも、事には順序あり、その第一着手として吾人アジャ人種は大同団結し、天に代りて幾億の蒼生に平和を与えこれが保安の道を講ぜざるべからず。欧米人がアジャ人を排斥するは誤れる見解なり、しかるに、われらはその口吻を真似て、われらと人種及び文化を同じうするユダヤ民族を嫌悪排斥するは、大アジャ主義を放擲しアジャを死地に導くものに異ならず。無辜《むこ》の日本に対し排日を行う頑迷不霊の国民等は、悉く天意に反するものにして、その応報は彼ら自らうけ、後日噬臍の悔あるべきや必せり。堂々たる神洲の民は須く胸襟を開き、われらと同じく罪なくして排斥せらるるユダヤ民族に同情を寄せ、彼らを光明に導き、ヘブライの理想にしてまた日本の使命たる神国樹立、四海同胞、乾坤一家の天業に共力するところあらしめよ。これ即ち皇祖の所謂八紘を掩うて宇となさんとせる聖旨に合し、あわせて父祖に孝に神に忠なる所以なり」と、以てその眼識のいかに高邁なるかを見るべきである。

小谷部全一郎略年譜（未完成）

明治元年　羽前白鳥及び谷地城主白鳥十郎長久の裔、歴代羽前山羽に住せるも母方の郷里羽後秋田に生る、幼にして母を喪う。

同六年四月、秋田県立寺町小学校に入る。

同七年、父善之輔家事を後見人に委ねて上京し、のち大審院の前身なる大阪上等裁判所の判事となる。

同十二年、小学校を卒業す。

同十四年、家は郷士格にて有数の資産家なりしが後見人のために蕩尽せられて一家離散す。当時鉄道の便なく百五十里の道程を徒歩にて上京し苦学辛酸を嘗む。本郷原町要義塾において漢学英学、数学を修行す。

同十六年、父は当時有名な河野広中事件の検察官として福島裁判所に在るを新聞紙にて知り、福島に赴き父の教を受く。

同十七年、福島事件は延いて会津において暴動を起し、父のその根拠地なる会津若松裁判所に赴任し、時局重大なりしより家族を東京に去らしむ。ここにおいて氏は大陸へ渡航の志を起し、この年七月着のみ着のままにて家を辞し、漂浪の旅に上る。爾来千辛万苦を嘗めたる状況は載せて英文の自序伝に詳かなり（一八九八年米国ボストン出版ジャパニース・ロビンソン・クルーソー）

同十九年——廿一年、横浜英語学校において英学修了。

同廿一年六月十五日未明、神戸港出帆の米国帆船ペルリー号船長の好意により同船に便乗して米国に直航、途中幾度か難破せんとする危厄に遭い、半ケ年の海上生活を送りこの年十二月廿五日ニューヨークに上陸す。

同廿二年、長途の航海に病を得てニューヨーク市立慈善病院に入院療養中新聞記者の往訪をうけ渡米目的を語つた事が新聞に掲載されて一般に知られ、全快後ヴァルジニャ師範学校長アームストロング将軍に迎えられて同校に学ぶ。

同廿三年九月、同校師範科を卒業す。

同廿四年、首府ワシントンのハーバード大学総長ランケン博士の知遇を得て、この年一月ワシントンに赴き、博士家の子として養われ、生来始めて家庭の情味と養父母の慈愛に浴し、同大学に学ぶこと四年にして哲学及び神学科を卒業し、マスター・オブアーツの学位を受く。

在学中毎年暑中休暇に、講演のため米国各州及び欧洲を歴遊し、その足跡は全世界に及ぶ。

同廿七年、世界五大学の一に列するコネチカットニューウヘヴン市エール大学に入り、奨学資金を授けられて神学科に学ぶ。毎日曜に各地講演に出張す。

同廿八年六月、エール大学卒業、神学士の学位を受く。同月ハーバード大学よりマギストル・アルチャム学位を授けらる。八月ワシントン第一コングレゲショナル教会において按手礼を受く。

同月ハワイ伝道会社より招聘せられて赴任し、教育（日本人のための学校建設）及び宗教事務（教会）を担任す。

同廿九年十一月、父死去の報に接す。

同三十年十一月ハワイを辞し、再びエール大学大学院に学び、哲学ならびに神学を専攻、この年英文自序伝 Japanese Robinson Grusoe をボストン市ピルグレム出版会社より発行す。バーバード大学より哲学博士の学位をうく。

同卅一年十二月廿五日帰朝、横浜組合教会の牧師に就任す。

東京に社団法人北海道土人救護会を主唱創立し、其会の専務理事となる。会長に二条基弘公、評議員近衛篤麿公、徳川家達公を始め朝野の名士を網羅し、事務所を華族会館におき其事業に鞅掌せり。

同卅二年、北海道胆振国虻田のアイヌ部落に移住して、わが国最初の土人乙種実業学校を創立し文部大臣の認可を受けてその校長となり、その教育に従事すること連続十年に及び、しかも私的生活は自給自営なりしため非常な艱難を嘗めたが、その事績は吉田東伍博士著「大日本地名辞書」北海道の部に録載さる。

日本上代史と蝦夷との関係につき移住して研究した記録は、当時北条侍従を経て明治天皇の乙夜の覧に奉供し皇室へ献納せり。

同四十二年、これより先貴衆両院に請願せる「土人保護の議」通過して国営となりたるを機とし辞して帰京す。

時の北海道局長白仁武氏を経て土人教育と保護につき内閣に建議す（四十二年二月二日附）日本神道振興の議を宗教局長斯波淳六郎氏を経て内務大臣に建策す。

一月北海道教育会より教育上の功績により表彰せらる。

二月北海道長官より褒状並びに木盃を授与せらる。

同年一月より四十五年五月まで呑象高嶋嘉右衛門翁につき易学を研究す。同年一月より大正十三年まで宮内省掌典従五位宮地厳夫翁につき日本神典を、また杉浦重剛先生につき国学を研究す。

八月東京皇典講究所及び国学院大学の講師となり、併せて神道本局及び神宮奉斎会等の講師及び評議員を兼ねたり。

六月内務省宗教局長の命を含み宗教視察のため朝鮮に赴き復命す。

神道の海外宣教の必要を認めたるも、これに伴うべき宇宙唯一の造化神を祀る神宮乃至官幣社のわが国に存せざるため志望の遂行を期し難く、依つて暫く身を退け国史の研究に従事す。

大正八年、シベリヤ出兵に際し、陸軍省の募集せる英語英文試験に応じ、百数十名の受験者中より選抜せられたる三名の中の首席にて及第し、陸軍通訳官としてシベリヤに従軍出征す。出征第五師団司令部附奏任官として、ザバイカルのチタ及び蒙古満洲等に転勤一ケ年余にして帰朝す。

大正十一年二月、奏任待遇として軍事調査委員事務嘱託として陸軍省に勤務す。十一月勲六等旭日単光章を賜わる。

大正十三年三月十七日、陸軍省人事局補任課より陸軍大学校教授に補任の命を受けたるも固辞して野に下り、筆硯に従事し著書「成吉思汗は源義経也」を刊行す。発行部数一万五千に達し出版界稀有と称せらる。

大正十四年、次いで史家及び博士学士等連名の反対論出版せられたるに対し、これを反駁せる「著述の動機と再論」を刊行して反対論者を沈黙せしむ。前後の二著共天覧台覧の栄を賜う。

昭和元年、戦役従軍記章を下賜せらる。

爾来講演及び著述に従事し、東京大阪を始め福島、山形、岩手、青森等の各県主要の町市公会堂において講演し、特に東京では時の侍従長徳川達孝伯の主催で華族会館に、大阪では大阪毎日新聞社の主催で同社の大講堂にて講演、いづれも満堂立錐の余地なき盛会、かくて昭和二年も講演旅行に費せり。

昭和三年十一月十六日、今上御即位の大饗賜饌に参列の光栄に浴す。次いで昭和大礼記念章を下賜せらる。

昭和四年一月、著書「日本及日本国民の起源」を刊行し、天覧台覧の栄を賜わる。同書に対する読者の礼状机上に山積し、連続して版を重ね昭和七年に至るも絶えず、同書は目下第十版を重ねるに至れり。

昭和五年、著書「静御前の生涯」を刊行。

「成吉思汗は源義経也」の増補改版を刊行。

昭和六年、武州栗橋駅前に孤立する静御前の墓側に義経招魂碑を建立して供養す。

栗橋駅の近在なる静終焉の霊蹟光了寺の境内へ自己の墳墓を造営す。大阪の愛読者安藤善行氏遙かにこれを聞き伝え墓前に巨大な手洗石を奉納せり。

十一月大和に旅行し神武天皇の御遺蹟を調査し、二郡に存する鳥見山の霊時の一方に真蹟の断案を下し、当時恰も大和の大神神社へ新嘗祭の勅使参向したれば宮司其他の要人を立合わせ研究の結果を委細同勅使に報告せり。

昭和七年二月十四日、日支の時局に鑑みユダヤ人問題に関し陸軍大臣へ意見を具申す。上海のユダヤ人機関雑誌に寄稿して日本を理解せしむるに努む。

昭和十六年五月十二日東京大井元芝町の自宅で没す。

以上の年譜は同攻川口選治郎氏から提供していただいたもので、未完成のままその一端を掲げた。その後昭和八年六月「満洲と源九郎義経」を厚生閣から発行し、さらに同十三年四月「純日本婦人の悌」を自版し配布している。

この年譜を通じて見ても分るように、彼は一見国籍を超越した世界市民的国際人のように見えるが、反面また純乎たる典型的神道人であり日本主義者である。基礎的な学問を欧米に学び、青年時代を海外で過し、キリスト神学を専攻し、牧師でありながらしかも彼の生涯を一貫する思想的根底は飽までも日本の神典、国学であつた。これは恐らく彼は若くして郷土の先輩平田篤胤、佐藤信淵等の国学的思想影響を受けていた結果だろうと思う。のち杉浦、宮地翁等について国学神典を学んだというが、杉浦重剛などは儒者の範囲を出るものでないが、宮地厳夫翁から受けた神道の感化は必ずや大きかつたに違いない。宮地翁は国学者であり神道家であると同時に一個の神仙的存在で明治時代における最も尊敬すべき斯界の権威者であつた。

明治四十二年八月、即ち小谷部氏四十二才の時、皇典講究所及び国学院大学講師併せて神道本局及び神宮奉斎会の講師になり全く神道人として活躍しているなど注目すべきことである。

明治四十三、四年頃小谷部氏は朝鮮京城の侍天教会堂において、みずから斎主となり純神道的に李《り》容九《ようきう》氏の葬祭を行つている。恐らく朝鮮人の葬儀を神道式に行つたのはこれを以て嚆矢とするであろう。李容九氏は曹《そう》秉《へい》駿《しゅん》と共に東学党（当時一進会と称す）百万会員を率いて日露戦争当時韓国政府の弾圧を蹴つて日本軍に協力し京義線の敷設工事、兵糧の輸送運搬、間諜的役割等約二ケ年にわたり手弁当で日本軍に奉仕した人である。またのちには百万会員を動員して日韓合邦の大義を主唱し、内田良平、武田範之和尚等と結び、ついにこれを成就するに至らしめた当代半島の産んだ英雄児である。一進会々長李容九の名は天祐俠、玄洋社の日本浪人道の仲間には雷の如く高名だつた。畏くも明治天皇から授爵の御沙汰があり伯爵を賜つたのであるが固辞して受けず「これは百万会員全部の協力によつたものであつて、自分一人その功に預ることは出来ない。会員全部に授爵されるならば喜んでお受けするが……」と、李氏は日韓併合間もなく須磨の客舎で逝去し（或は半島人に毒殺されたともいう）たが、当時内田良平氏ら日本の浪人同志たちはムシロ旗に「浪人李容九を吊う」を大書して押しかけたことは有名な話である。当時の日本の大陸浪人たちは、幕末の藩籍を脱した所謂脱藩浪人と一脈通じるものがあり、国籍を超越して朝鮮、満洲、中国、南方の志士たちと深い交わりを結んでいた。昭和維新世界維新を断行し「一つの世界」を実現するためには、われらは国籍人種宗教等を超越し世界浪人になつて各国人と膝を接して交わるようにしなければ大きな仕事は出来ない。鉛の天神様のように肩を怒らし肱を張り貧乏髭の妄想を蓄えて独りで力んでいるようなことでは世界的な仕事は出来ない。

小谷部氏は若くして大陸を放浪し欧米をウロついている間に、いつしか日本浪人道を体得した男で、地位も名誉も、金も命も要らない一介の野人、浪人であつた。李容九氏のお葬儀の斎主としては蓋しウッテつけの適役であつたろうと思う。国を離れて国を忘れず、民族を越えて民族に合する真の浪人、世界浪人が今日要求されている。といつてむかしの大陸浪人の型などを今ごろ持出されたらそれこそツヤ消しである。少くとも尾崎行雄や賀川豊彦氏あたりにモウ少し磨きをかけて日本魂を持たしたような人たちが望ましい。

中山忠直氏

中山氏は早稲田大学の出身、アナキストから転じて右翼人となり、皇漢医学者として広く知られている。氏はまた絵を描き詩を作り、思想家であると同時に芸術家である。「地球を弔う」の彼の詩は預言者的神秘と荘厳があり構想雄大、世界的な名作として英訳され、アインシュタイン博士ほか各国名士から讃辞をうけている。氏の著書「漢方医学の新研究」「日本人に適する衣食住」「日本人の偉さの研究」「わが日本学」等何れも大著である。その他著書多数あり。彼はまた中山皇漢医学研究所の創設者であり「中山胃腸薬」の創始者であった。氏のクロポトキンの飜訳は大杉栄よりも古く、当時の名は中山啓と言った。氏のファンは各界にわたって知名士が多いが特にユダヤ問題についての同志は軍部に多かった。石原莞爾将軍をはじめ元陸軍少将渡辺渡氏、海軍少将小西干比古氏、同海軍の深町大佐、陸軍の吉住少佐等沢山の人を数えることができる。近年もっぱら「伊勢外宮を長野県安曇平にお遷しすべし」という論文を各誌に書き立てている。二、三年前から筆者に頻りに「会いたいから来い」といい、「君は未だユダヤのトーラを見たことがないだろう、私は以前持っていたが戦災で焼け、何とかして再び手に入れたいと欲していたが、最近奇蹟的に東京の友人が発見して手に入れたから、一返拝ましてやる」などと手紙がくるものですから、さる一月下旬東京の帰途沼津の中山氏宅に十数年ぶりにお見舞かたがた参上した。ユダヤ問題についての積る話を二、三時間懇談し、去るにのぞんで「私に見せるものがある筈だが」といつたら「何じやネ」という。「後学のためにトーラを拝ましてもらいたい」といつたところが、ホコリだらけの乱雑極まる書棚を指して「その辺にあるだろう」という、「ドーれ」と立ちかけたら、つづいて「君のとこ無いのかネ、トーラというのは旧約のことだよ」ときた。これには流石の筆者も完全に参つた。トーラとはユダヤの律法の謂いであるが、普通ユダヤ聖書は旧約の五書を指しているので、中山氏のいうことに違いないのである。筆者の思うにはユダヤ教会で祭典の時、うやうやしくキンランのフクサに包んで崇め奉つているような、あのヘブライ文字で書いた独特のトーラが氏のもとにあるのだと想像していたのである。しかるに氏は和訳トーラを以て応酬し「そんなにでも言わなければ君が来ないから、トーラを以て釣つたのだよ」という。愛すべき彼の皮肉に一杯食わされ、握りツ屁を嗅がされた体だつたが、やはり彼氏は役者が一枚上だと感心させられた。

一ケ月ほど前に同攻武田南陽氏が台湾の土産話と参議院議員立候補を断念した話を持つてきた時に、筆者が、中山氏の長野外宮説に反対し丹波遷宮説を主張したところが、武田氏は帰途沼津に寄つて中山氏にこれを報告したらしい。早速中山氏から通信があつて「私は飽まで長野説を唱えるから、君は丹波説を大いにやつてくれ、何でも世の中の問題になつたらよい。外宮を伊勢に置いておいたのでは、国家神道の範囲を脱することが出来ない。世界神道にするためには、どこかにお遷し申上げなければならない云々」というのであつた。大いに賛成である。一月中山氏にお目にかかつた時にはすでに筆者の外宮論は脱稿しており、大いに中山説を駁したりオダてたりした後だつたが、彼氏をあとでビックリさせるために一言もふれずにおいたものを、武田氏がわざわざ寄つてバラして行つたらしい。

さる四月六日長野県松本市に行つた時、新聞記者が来たから「長野県安曇平に伊勢の外宮を遷して長野神宮を造営し、天皇をその斎主とし、皇居をその側らに献上するという運動があるのを知つているか」と聞いたところ「知らない」という。「新聞記者としては少しウカツな方じやな」と、ヒヤかしながら中山説を大いに吹聴し書き立てるように話しておいた。安曇平は松本市のスグ近くで一番効果的だと思つたからである。

中山氏は本年五十八才、現在沼津市西松下町牧水庵に静養中である。但し書いたり話したりするには何ら不自由はない。今も知名士の中山寺参りは少くない。先日も植本コユウ女史が伊勢の山田藤太郎氏と一緒にきて中山寺参りをした話をしていた。

木村鷹太郎氏

従来の親猶論者は小谷部、酒井、山根氏等をはじめ多くユダヤ一辺倒に偏している傾きがあった。これに対して木村氏はモッと広い立場から猶太も日本文化の重要な部分に参画していることを説き、民族的にも親類筋に当ることを論じ、日猶親善の必然性を強調した。明治四十四年発行の同氏著「日本太古史」上下二巻は菊版千八百頁に及ぶ大著であるが、この中にすでに「秦人即ユダヤ人なり」と喝破し、日本の穢多《えった》の語源はユダから来たなどと書いている点なども面白い。また前記小谷部氏の「日本及日本国民の起源」は明かに木村氏の「日本太古史」の思想的影響を受けていることが看取される。小谷部氏の著書中には木村氏の説をそのまま受け入れている点も少くはない。木村説に従えば日本古典に伝えられる出来ごとは、悉く日本民族が日本島に到着する以前の、いわゆる前住地における出来ごとであり、その前住地もギリシヤ、エジプトをはじめ頗る多岐である。日本とユダヤとの交渉も、彼に従えばそれはすでに日本島到着以前の前住地においで開始されていることになる。全く彼の見解は独創というよりはむしろ独走している感があるが、従来のユダヤ一辺倒の見解よりは遙かに優つている。大正九年十一月発行の木村氏著「耶蘇教の日本的研究」の中に曰く『猶太太古史と日本太古史とは同一のものがあり……此処に於て今まで暗闇の中で敵か味方か判らないで戦うていた我等と彼等は、如何にしたら良いであろうか。我等「新研究」は両軍の中間に立つて第一に大声叱呼して「戦闘止メ！」の号令をかけ、我等と彼等とは「敵に非ず」「朋友である」否、尚親しい「親類である」ことを説明せねばならぬ云々』と彼は愉快な男である。

今から十数年前、筆者が大分図書館で神代の秘史「ウエッフミ」四十八巻を調べていた時、当時ボロボロになつていた同写本の裏に木村氏が嘗て同書を読み私費で表装したことが図書館員の手で書かれていたのを見たことがある。「ウエッフミ」は今から八百年位前（鎌倉時代）に頼朝の庶子大伴能直《おゝともよしなお》が、豊後守に貶せられ、当時出雲大社、三島神社、天岩戸神社、香取神宮、鹿島神社等に伝わつていた神代の古事を蒐め、著名な学者数名に嘱してこれを編纂せしめたもので、全四十八冊悉く古代文字で記され古語を以て綴られたものである。「ウエッフミ」は太古における八紘為字の世界を現実に記録したもので、これを読むものは何人と雖も神代の壮観なる世界経綸に驚嘆し、気宇おのずから浩大に、神代史に対する眼識は全く一変するものである。木村氏の独特の史眼と宏壮なる思想は恐らくは「ウエッフミ」から発しているのではないかと思う。

氏もまた日猶親善運動を推進した偉大な先覚の一人である。氏の出身地、閲歴、没年月日、墓地所在地等を知りたいと思つている。晩年「世界思想の源泉」を発行したが、この本は余りコジつけがすぎて推奨が出来ない。

小辻節三氏

京都出身、関東学院大学教授、文学博士、日猶懇和会顧問、ヘブライ語学者として著名である。イスラエル国宗教省副大臣バルハフテイヒ博士（ミズラヒ党々首）等と親交あり、詳細は前記十章の「暗殺を伝えられた小辻博士」の条を御参照下さい。年齢は五十を半ば越したところ、住所は鎌倉市大町一、一一二

川守田英二氏

神学博士、牧師、在米三十年余、現在サンフランシスコにあり、ヘブライ語学者として有名である。現在使用している日本語の中に二千数百語のヘブライ語が混じているといい、また日本各地で今日唄つている民謡の中に古代ユダヤの国歌が二百数十伝えられていると指摘し、その一つ

一つについてヘブライ語の註釈を加えている。氏は日本の天皇家はユダヤのダビデの血統であると固く信じ、長い間これを主張している。出身は岩手県北福岡町附近と承っている。詳細は前記四章の「神武天皇はダビデの血統？」を御参照下さい。

小磯国昭氏

元陸軍大将、内閣総理大臣、拓務大臣、朝鮮総督、終戦後戦犯に問われ巣鴨拘置所に収容中二、三年前、病を得て帰幽す。筆者は在鮮中小磯さんに格別の知遇を得ていたが、ユダヤ問題と国体論については、つねに意見が一致していた。氏は竹内文献や「ウエツフミ」、契丹古伝、富士文庫等を好んで読み、古代日本とユダヤとの関係については一家見を有していた。「神日本社」社長中里義美氏、熊本の豪傑北原一穂氏等を初めつねに親猶論者をたすけこの運動の推進を図っていた。また戦時中中山忠直氏から大本営及び重臣らに建策されたユダヤ問題に関する意見書に対しては全面的に賛意を表していた一人だつた。以下小磯氏と筆者との関係についてのべる。

昭和五年十一月頃、筆者が左翼から右翼に転向した第一声として「奪還か奉還か、生産機関返上論」なる一著を出して見事に発禁となり、翌年四月大学卒業と共に公刊されたが、これが動機となつて遠藤友四郎、長沢九一郎、大森一声、石渡山達等と相知ることとなり、当時遠藤氏の主宰する「日本思想」誌に小磯国昭、佐藤清勝ら軍人の悪口を盛んに書いた。その後神兵隊事件が起り筆者らの組織した勤皇維新同盟がこれに参加しなかつたことを以て、事件の密告者と疑われ、特高からの注意では「永井了吉、大森一声、田尻隼人、三浦一郎ら同盟の連中は事件の密告者として射殺してしまえという指令が、神兵隊の前田（虎雄）から出ているから、早くどつかえズラかれ」ということだつた。永井氏は満洲に筆者は朝鮮に行つた。あとで聞けば大森氏は名古屋あたりに潜伏していたらしい。

朝鮮に渡つて間もなく小磯氏が朝鮮軍司令官として赴任してきた。その後、今泉定助翁から紹介があつて、初めて小磯さんに軍司令部で会うことになつた。初対面の挨拶がすむと「いつ来ました」という、「モウ二、三年前からです」というと、「その後小磯はどうなりましたか」といつて、ニコニコしていられる。「何ですか」と言いかけて、急に思い出し、冷汗を催していると「東京では小磯がサンザン槍玉に挙つてましたネ」ときた。知らぬだろうと思つていたのに「日本思想」誌その他に小磯の悪口を書いたことをチャンと知つておられ、その後筆者の出していた皇風社機関紙「皇風」の内容までも知つていたのには少からず驚かされた。爾来竜山の軍司令官々邸にもしばしば招ばれ、時には御馳走にもなり自動車を廻してもらつたこともあつた。さらに朝鮮総督として再度来られてからは一層親密になり、家族同伴で招待を受けたり、或時は「小磯内」として家庭にまで届けものをして頂いたこともあつた。特にユダヤ問題、世界太古史の研究などについては恰も師を遇するが如くモッタイないほどよくしてくれた。

そんなことから昭和十九年ユダヤ問題で警視庁に検挙された時にも盛んに小磯との関係を追及された。恰も留置されて四ケ月目に小磯内閣が成立した。当局はあわててその翌日か翌々日あたりに急に筆者を釈放し、改めて警視庁の門から兵庫県警察部に送つたのである。警視庁の古い知合いの特高らは筆者が出たら「築地の芳蘭（料亭）で歓迎会をやろう」というので筆者の出所を待つていたがこのためにとうとうオヂャンになり、またそのために当局の親猶運動弾圧の真相を聞く機会を失つたことを返しがえしも残念に思つている。

小磯氏は山形県庄内の出身、雄大な抱負と経綸を蔵しながら、封建的重臣、財ばつ、軍部等に拒まれ実行に至らなかつた人である。氏は国家的責任ある立場にあつたため取り立てて親猶的な運動に参加はしなかつたけれども、日猶親善の必然性を説き、この運動を支持した熱心な親猶論者であつたことだけは間違いのない事実である。

林　銑十郎氏

元陸軍大将、内閣総理大臣、満洲事変当時越境将軍として勇名を馳せた人で、大きな髭と共に有名である。退官後万教同根を主唱した川合清丸氏創立の国家大道社の跡目を継いでその社長となり、社会教化につくされた。

昭和十七、八年頃、筆者は日高みほ女史と共に印度とユダヤの問題で氏を訪問したことがある。元東京市の助役だつた弟の白上氏と隣合せに住んでいたが、さすがに各教を一把ひとからげにする大道社の社長だけあつて、あの厳しい顔に似合わず、幅の広い世界観を持つているのに驚かされた。筆者らの当日の表向きの用件は林さんに在日印度教徒の顧問になつて頂きたいということだつた。当日も出かける前に東京駅のステーションホテルで在日印度人会長エ・エム・サハイ氏らと会合し「今次の大東亜戦争を機会に是非印度を独立させなければならない。近く仏印あたりの適当な都市で印度独立大会を開きたい。それにしても最も力になつてもらわねばならんのは、日本なんだが、その日本の政府が余りに腰が弱い。何とか民間人で海外にもニラミの利く人を在日印度人の顧問にして云々」ということになり、それには林さんを是非に、というので出かけたのでした。しかるに当時林さんは印度教と最も仲の悪い在日回教徒の顧問を引受けていたのでチョッと都合が悪かろう、ということになり、この話は打切つたが、ユダヤ問題の話になると四王天さんなどの反猶運動には全く反対で歴史的にも日本とユダヤは仲善くしなければならないと主張していた。その後だつたと思うが、ある年の正月富山市の同攻者中村茂治氏を訪ねた時、「つい先日林銑十郎大将がきて、市内の旅館に私を呼び、竹内文書の話をしてくれということで、一晩話したが、翌日この雪の中を、モーゼの遺跡やその他を見たいというので、隍城山やあちこち案内した」ということでした。氏は晩年において太古史の研究から完全に親猶論者になつていた。これには神代文化研究所の人々や日高女史などの出入が大いにあづかつていたものと思う。氏は北陸の人、確か岡田啓介、山本五十六等と共に石川軍閥の一人だつたと思う。

秦　真　次　氏

元陸軍中将、東京憲兵司令官、第二師団長で、荒木、真崎両大将らと共に国家革新派のチャキチャキだつた。東京憲兵司令官当時筆者ら民間維新運動者の会合所だつた神田の道了堂（住職巣合元順氏）にも大川周明博士らと共に見えて、若い私たち（筆者廿五、六才）をよく煽動したものだつた。退役後伊勢の皇学舘大学に入り、卒業後専ら神典、国学に精進し著書「言霊学」その他を出版した。また軍にあつた時にも「まこと」というパンフレットやら何やかや出していた。なかなかの学者である。氏はみづから「秦氏はユダヤ人である」といい、自分は「ユダヤの血統だ」と誇示していた。皇学舘大学に在学中はズッと「猿田彦神社社務所」に下宿し、同神社の代々の社家で猿田彦命の末孫と言われる宇治土公《うじとこ》貞幹氏に「猿田彦命というのはユダヤ人じや、君も私と同様にユダヤ人の末孫じやな」と言われていた。世田谷区の代田か馬橋かの立派な邸宅に入っていたが、のち代々木の神代村に移り、問もなく重病で長い間入院し、割と早く逝くなられたのは惜しいことだつた。徹底した親猶論者だつたが、偉くなると民間人のように自由な口をきいて思い切つた働きが出来なくなり、従つて大きな仕事は出来なくなるのですネ。大して偉くもないのに自ら偉くなつたと思つて自己限定するのですネ。真に偉大な人だつたら地位や肩書に捉われずジャンジャンやる筈だが、この点小磯さんでも秦さんでも、大いに物足らなさを感ずる。期待していただけに。

山本英輔氏

元海軍大将、日猶懇和会顧問、御夫人は確か山本権兵衛伯の女と承っている。鹿児島海軍閥の一人である。御夫妻共に熱心な太古文書の研究家で、神伝、神法、予言の信奉者である。早くからユダヤ問題に関心を持ち一家をなしている。竹内文書や、ウエツフミ、富士古文書、契丹古伝、ミフミカタドリ、大本神諭、天行居文献等も深く究め、特に前記四国劔山に関する日本とユダヤの神秘については、内田、高根氏等と全く同志的に相結んでその発掘を援助した。内田氏逝いてあと自ら劔山開発を決意し昨年以来陣頭に立って再発掘に着手している。陸軍の小磯、秦（真）氏等と共に斯道の先達として並び称せられ、研究の方向も三者よく共通していた。「玉に瑕《きず》」と思われるのは三者とも奇蹟や神秘主義に少し捉われていたことである。詳細は本著六章「ソロモンの秘宝と謎の劔山発掘」を御参照下さい。本年七十八才、なおカクシャクとして壮者をしのぐ元気で活躍している。現住所　東京世田谷区代田二ノ八二四。

一昨年著書「真理の光」を発行、菊版四〇〇頁、発行所東京港区芝田村町五ノ二九善行会

武田南陽氏

元北京の「新民報社」社長、日猶懇和会理事、大陸で永く活躍した人で中国の史実に詳しい。

引揚後、郷里美濃の加治田に引籠り、参禅と卦筮に想を練つていられたが、一昨年春東京に居を移し、「大有会」を創立、機関紙「復活日本」を発行、昨年来たびたび飛行機で台湾、香港等に飛んでいる。氏の周囲にはつねに有為の青年が多数衛星の如くまつわつている。日猶親善の人材を多く養成した点で珍らしい存在である。現住所は東京新宿区余丁町九八。

酒井勝軍氏

この運動の偉大な先駆者として後世に永く記録さるべき人である。小谷部氏とよく似た経歴の持ち主である。仙台のミッションを出てアメリカに学び牧師になつたが、のち軍属としてシベリヤに従軍したり、またパレスチナにも行つたり、その筆蹟まで一見して小谷部氏とよく似た字を書く人だつた。年賀状には必ず皇紀復興紀元、西歴紀元、猶太紀元と三つ並べて書かねば気のすまぬ人だつた。初めは猛烈な反ユダヤ主義者で「猶太の世界征服運動」をはじめ沢山のユダヤ攻撃の著書を出したが、のち一転して勇敢な日猶親善論者となり日猶協会を創立し「橄欖山上疑問の錦旗」「モーゼの十誡」「神代秘史」等々多数の親猶論著書を刊行し世に警告した。戦時中当局の弾圧を受け著書は全部発禁となり、不遇のうちに終戦を待たずして逝くなられたのは遺憾であつた。

安江仙弘氏

元陸軍大佐、大連特務機関長、現在ソ連内に抑留されている。ユダヤのゴールデンブックに記録されるに至るほど、ユダヤ民族復興のために貢献した人である。出身は小谷部氏と同じ秋田市で、平田篤胤の生家で産声をあげられたという。明治廿一年一月生れ、詳細は前記九章「ユダヤの金欄簿に登録表彰された安江大佐」の項参照

犬塚惟重氏

海軍大佐、日猶懇和会長、陸軍の安江氏と共にユダヤ通の双壁と称された人、氏もまた酒井氏と同様に、初めは反猶論の闘将だつた。「宇都宮希洋」のペンネームを以て盛んにユダヤ攻撃をやつたものだ。当時の著書もあり、国際政経学会の機関誌「猶太研究」等にもよく論陣を張つていたものである。しかるに、研究が進みユダヤの実態が判明するにしたがつてその誤りであつたことを悟り、むしろ日猶合作による世界経綸こそ歴史的必然であり天意であると考えるに至り、

爾後日猶親善に専ら力を尽された人である。詳細は前記九章「金欄簿登録を辞退した犬塚大佐」の項参照、現在日猶懇和会長としてこの運動のために日夜健闘している。住所東京大田区桐里十五（電話池上〇四七八番）

石原莞爾氏

陸軍中将、第四師団長、ナポレオン戦術の権威で、軍略家また思想家、学者として知られている。戦時中に出版された氏の「世界最終戦論」は海外にまで知られた名著である。鮮、満、支、蒙の大陸諸民族を心から愛し、また、彼等から慈父の如く慕われ尊敬された人である。また絶えず迫害され苦難をつづけているユダヤ人に対しては心から同情を寄せ、荊蕀の途をたどりつつなお世界の文化に貢献し、独特の信念に生きる彼等を称賛し、これを救い助けることは日本の責任であるとさえ考えていた。今次の戦争において、ロシヤが満洲に侵入した時石原氏は「満洲をユダヤ人のために解放し、彼等の安住の地たらしめよ」と世界に向つて放送したことは有名な話である。

終戦後中山忠直氏が放逭になり総理庁に解除を要求したが許可にならない、これをきいた石原は早速つぎのような証明書を添えマ元帥に中山氏追放の特赦を訴願したのである。

◎中山忠直氏の思想並びに人格に関する証明書

『中山忠直氏はユダヤ排斥、対英米主戦論者として宣告され、目下文章追放の境涯にあるが、かくの如きは事実無根の理由による不当の処置にして、中山氏の本心を知る余は、同氏の思想が世界平和の確立に大いに寄与すべきことを信じ、下の如き証明をなして速かにその文章追放の解除されんことを要望するものである。

一、中山氏はひそかに「日本民族ユダヤ説」を唱え、ユダヤ排斥論者を向うにまわし「日本ユダヤ合体論」を唱えていた。

二、中山氏は、日本はアメリカと戦うべからず。日本はアメリカと兄弟にならねばならぬ。そのためには自分の研究をひろく世界に宣伝し、自分を犠牲にして両国は兄弟の関係を結ぶべきであると主張した。このことは軍の中央にありし余など少数幹部のみの知るところで、中山氏が表面その本心と反対の文章を公にしていたのは末輩的憲兵や、職業愛国団の迫害から身を守るためであつた。

三、中山氏は軍に対し満洲をユダヤ人に解放し、パレスタインのユダヤ人をも招いて、ロシヤの科学的指導力を弱める必要ありと進言した。

四、ロシヤが満洲に侵入した時余が「満洲をユダヤ人に与えたし」と世界に放送したのは、中山氏の持論を代つて放送したものである。

五、中山氏は徹底せる平和論者にして、人類愛のために、身を百年の誤解に埋めることをいとわず、普通人として最も欲せざる犠牲の道を選ばんとした大愛の勇士である云々……（筆者註……以下六、七の項目省略）

以上である。氏はまた東亜連盟の育ての親で、石原の東亜連盟か、東亜連盟の石原かと言われたほどである。大陸においても、また国内においてもつねに無数の人材がおのずから周囲に寄つてくるという風で、氏は予言者的先見を有する指導家であつたと同時に、一面道を愛し士を愛する徳望仁義の人であつたと思う。出身は小磯氏と同じく山形県庄内藩、陸士は安江氏と同じく第廿一期、一昨年ごろ郷里で永眠す。

かつて満洲にあつたころ、或る有名人が熱心にユダヤ禍を説き、ユダヤ民族の偉大性から世界政略に及び、日本を彼らの魔手から防ぐべく進言したところ、石原氏は言下に「そんなに偉大な民族だつたらアッサリ兜《かぶと》を脱いで日本も降参し彼らの指導を受けたらよいではないか。何もユダヤを恐れることはない」と言われたそうであるが、以て氏の面目の一端を伺うことができると思う。

佐伯好郎氏

元東京文理大学学長、文学博士、日猶懇和会顧問、「景教碑文の研究」「支那基督教史研究」等の名著がある。明治年間にすでに「秦人即ユダヤ人説」を前著論文に堂々と発表した先覚である。硬骨のために学者としては不遇の方だったと言い得よう。年来の親猶主義や反カソリックが禍いして種々の妨害を受けたと言われる。確か本年は八十三才だったと思う。現在広島県廿日市町長(再選)。終戦後初めてお目にかかった時『喜田博士(貞吉)も、とうとう逝くなる三ケ月前に、学士会館で私の「秦人即ユダヤ人説」を支持し承認されたものですよ』と愉快げに語られた。

喜田貞吉博士の「秦人考」にそれが出ていると聞いているが、筆者は残念ながら未だそれを読んでいない。昨年十二月徳島県小松島市外の喜田氏のお墓に詣るべく博士の生家を訪れたが求める「秦人考」は得られなかつた。

昭和廿四年十月頃、廿日市の小学校で筆者ら講演会を開いた時、佐伯博士はすすんで懇ろな開会の辞をのべて下さつた。この運動の国宝的な存在として博士の健康を祈つてやまない。

藤沢親雄氏

元九州帝大教授、日猶懇和会理事、日猶関係研究会創立者の一人である。十数ヶ国語に通じる語学の天才として世界的に知られている。著書は日本語版、外語版等多数あり、氏は戦時下を通じ一貫して日猶親善主義をつづけてきた。そのためにいろいろの迫害苦難と戦わねばならなかつた。難を北京に避け、終戦後引揚げて戦後日猶親善運動の最初の旗挙げをしたのも彼であつた。いま在日ユダヤ民会の幹部として重要な地位にあるミハエル・コーガン氏（早大、東大卒業）とは大陸時代からの知己であり、また昨年八月帰米した総司令部附ユダヤ牧師ゴールドマン氏とは特に親しかつた。

昭和廿五年八月八日に藤沢氏と筆者と角田清彦氏と三人で発起し、東京日本橋中央クラブで、ゴールドマン氏、ウイリヤム・ウオール氏の両氏を招き日猶懇話会を開いた。日本人側で来会したものは東久邇氏を初め松平直鎮元子爵ら朝野の名士四十名だつた。この席上ゴールドマン氏は「ユダヤ教の根本原理」と題し約一時間半にわたり藤沢氏通訳のもとに講演された。ユダヤ牧師から直接に「ユダヤ教」の話をきいたのは恐らく日本初まつて以来最初の出来ごとだろうと当時噂されたのである。

その後たびたび日猶懇親会が開かれるようになり、その都度氏は両者の間に立つて相互の理解を深からしめるために大きな役割を演じている。筆者の著書「世界の謎、日本とイスラエル」が世に出るに至つたのも全く氏の後援の賜であつた。氏はわが国数学界の権威故藤沢力太郎博士の長男で、新潟の出身、現住所は東京世田ケ谷区成城町八九二（電話砧一二一番）、現在、在日ユダヤ居留民団の顧問として活躍している。

仲木貞一氏

現関東大学教授、日猶懇和会理事、かつて「キリスト日本来住記」を脚色し国際映画八巻を作つた人である。またチャチュワードのミュ大陸に関する文献を飜訳し南方の古代史を戦時中に出版した。昨年八月から山本英輔氏と共に四国劒山の発掘に力をつくしている。早くから親ユダヤ陣営に参加した先覚者である。住所東京世田谷区松原町二ノ七一五

山根菊子女史

日猶懇和会理事『光は東方より』の著者として有名である。戦争中親猶論がたたつて群馬県で検挙された。日華事変当時は女史の最も華やかな運動時代だつた。クリスチャンから転じて熱心な神道信奉者となり、天孫民族とはユダヤ人であると確信している一人である。一時長野県に疎開したが、間もなく花のお江戸に返り咲き、国会議員に立候補して落選、一時新宿区会議員になつたが、一昨年都会議員に立つてまた落選した。山口県出身、現住所は東京新宿区戸山町復興住宅。

鳥谷幡山氏

画伯、日猶懇和会理事、この方面の古い研究家で、著書「追憶三紀行」は日猶関係の史蹟をたずねて随筆された貴重な文献である。東京で戦災にあい、長い間長野県湯田中温泉望山荘に自適していたが、昨年春から東京に移り、会合にも顔を出している。この運動の開拓者の一人である。出身は青森県野辺地町、年齢は七十余才、今日なお元気で研究に没頭している。現住所失念。

村井二郎氏

スペイン語辞典日本最初の著者、国際イスラエル文化協会理事、若いころ南米に長くいたという。竹内文献の熱心な研究家として知られ、かつては「イコトハ会」を主宰し、東京でいろいろな催しをしていたが、近年は専ら研究に沈潜して余り動かれない模様、親猶主義者としては異色ある存在、出身は岩手県、頭の光る割には若かつたと思つたが矢張り七十は越したかと思う。住所は昔通り東京武蔵野市八丁三一三七

宮崎小八郎氏

元基督教牧師、神代文字の研究から神道イズムに転じ、親猶主義陣営に投じた人である。著書「神代の文字」は平田篤胤の「神字日文伝」、落合直澄の「日本古代文字考」を凌駕する名著である。終戦前後鎌倉の自宅で物故された。六十余才だつたと思う。

吉田兼吉氏

茨城県磯原町の人、旅館「磯原舘」の主人で、終始竹内巨麻呂氏を助け、竹内文献を世に出すために闘ってきた人である。著書も二、三あつた。戦時中「立山道場」の大道重次氏らと共に何回か行つて泊つたこともあつたが、間もなく逝くなられた。吉田、村井、鳥谷、山根（菊）、高畠（康）、酒井（勝）氏等の親猶論は主として竹内文献からきている。

岩見次三氏

クリスチャンで多年アメリカにあり、のちバイブルに疑問を抱き、帰日後、平凡社から「世界の驚き」という著書を発刊、昭和七、八年ごろよく右翼的神道家の集りに顔を並べていた。氏が親猶主義論者であることは物故されてのちに知つた。丸坊主で小づくりの眼鏡をかけた風彩のあがらない御仁であつたことを記憶している。

山本英一氏

東京銀座二丁目の「レストラン彌真茂登」の主人公である。店頭に生きた大熊を二頭飼つているので界隈で有名である。氏の父が岩見次三氏と肝胆相照らした親猶論者で、当主英一氏はその二代目であるが、かつて父の命により岩見氏と共に、日本各地をはじめ朝鮮までも古代ユダヤ人の足跡を追つたという街のユダヤ研究家である。食通の喜ぶお座敷洋食やとしては銀座でも屈指の店。サービス・マッチのレッテルにユダヤ紋章をつけ「ハルマゲドン迫る云々」と書いているのも道理こそと肯かれる。昨年来日猶懇和会の催しに喜んで座席を提供して頂いている。

中田重治氏

明治初年青森県弘前藩士族に生る。青山学院を出てから、米国ムーデーの神学校に学び、従来のバイブル解釈は悉くアングロサクソン的でイエスの真意を歪曲せるものなりと攻撃、バイブルの日本的解釈を強調し、日本刀を携えて世界中を遊説し、明治卅四年東京神田小川町に福音伝道館を開設、のち聖書学院と改称、日本ホーリネス教会、きよめ教会の創立者、無数の親猶論者を育成したこの運動の大先輩である。昭和十四年逝去。詳細は十章「きよめ教会解散検挙の真相」を御参照下さい。

現在活躍している東京淀橋柏木町の「東洋宣教きよめ教会」も駿河台の「基督兄弟団」もみな中田先生の遺志を継ぐ親猶主義キリスト教団であり、森五郎、谷中広美、伊藤源次郎、宮原忠、尾崎喬一、瀬戸四郎、生田目俊造、桜庭駒五郎氏等々熱心な親猶論者もみなこの門から輩出されたのである。

板垣征四郎氏

元陸軍大将、陸軍大臣、岩手県藩士政徳氏の四男、戦時下日本のユダヤ国策に貢献した隠れた親猶論者である。敗戦は犯罪にして不正義なりとする以外に何等人類歴史に貢献し得なかつた極東軍事裁判の痛ましい犠牲となつて散華した。詳細は本書八章「戦時下日本のユダヤ国策」を御参照下さい。

大陸で板垣氏の諜報機関に日高女史があつて活躍していたことを見のがしてはならない。蒙古の徳王を引張り出すことにも女史は一枚買つていた。氏の親猶論には女史が大いに預つていたと思われるフシがある。筆者は板垣氏には前後三回会つただけでユダヤ問題についてはふれたことがなく詳細なことは分らない、第一回は氏が朝鮮軍司令官当時、世界紅卍字会の用件で元満洲国侍衛武官長元帥張海鵬及び同侍衛長工藤忠、同皇帝通訳官大藤伝次郎、元張作霖軍参謀長于静仁氏等を官邸に案内し夜おそくまで招宴に預つたことがあり、第二回は小磯総督官邸、第三回は朝鮮ホテルでしたが、何れも紅卍字会や宗教に関する問題だけでした。板垣、小磯共に日蓮宗でしたが大陸の新興宗教である道院世界紅卍字会に関心を有し両者とも道名をいただき、五教同源の思想に共鳴していた。昭和十七年秋、筆者らが只左直道氏、金鎬顕氏と共に新京の道院から張海鵬将軍一行（十七人）を朝鮮に案内した時、内地からは小田秀人、伊藤栄蔵氏等が参加し、天津からは北田一貫氏、南京から堀川辰吉郎氏らが参加し、板垣、小磯氏らの肝入りで大東亜宗教圏について壇訓を仰ぎ一週間にわたつて盛大な催しをした。

日高女史はつねに世界紅卍字会を舞台に大陸で踊つていた。朝鮮に紅卍字会朝鮮主会を設立する時にも藤原勇造氏、篁白陽氏らと共に女史も関係しており、その他満支各地の道院、紅卍字会のあるところには大抵女史の一行が出入していた。そんなことから軍関係その他に女史を通じて世界紅卍字会の思想ならびにその存在意義は大いに宣伝されていた。女史は過分に各地の紅卍字会を根城にし、また紅卍字会の思想信仰を看板にして自らの親猶主義思想と朝鮮独立の思想を鼓吹していた。紀卍字会の宣伝もしたけれども、一方また紅卍字会を汚し傷つけた点も少なしとしない。特に軍関係に女史の思想的影響は大きく、はじめは関東軍に、のちには陸軍省参謀本部に喰いこんでいた。板垣氏も女史の影響をうけた一人ではないかと筆者は想像する。

左近義弼氏

文学博士、元青山学院教授、国際基督教大学教授左近義慈氏はその弟である。氏は親猶運動の開拓者中田重治氏と肝胆相照らした人で、ヘブライ語学者として知られている。本書二章「神鏡の裏に謎のヘブライ文字」の生証人として、大切な存在だったが、惜くも戦時中昇天された。同章参照のこと。

下中弥三郎氏

平凡社々長、元中央翼賛会議長、埼玉県小学校教員から左翼的農民運動に入り、転じて右翼系の人となり、橋本欣五郎氏初め沢山の右翼人のシンパだつた。現在世界連邦アジヤ会議常任委員国際モスレム協会常任理事、最近神奈川県元大倉精神文化研究所跡にアジヤ大学を設立すべく奔走中、氏は早くから八紘為宇、一視同仁の国体原理に基く親猶主義者で、現在「日猶懇和会」名誉会長である。昨年イスラエル国のアキバ・ホフマン博士来日の際にも親しく面接し、この方面に深い造詣と関心を持つている。ユダヤ問題及びユダヤ情報については想像以上に詳しい。本年七

十五才、現住所東京中野区鷺ノ宮一ノ二二九（電話荻窪(39)一三四四）

鶴　見　祐　輔　氏

衆議院議員、実弟憲氏が日本イスラエル協会理事長であるところから、氏もまた最近特に熱心に日猶親善運動に努力している一人である。昨年十月淡路島のイスラエル遺跡？発掘に内藤博士や、ローゼン氏らが出かけた時に、氏も一緒だつたように報道されたが、実は都合で取りやめになり、改めて最近出かける由である。

小　林　孝　一　氏

元ポーランド名誉領事、日本イスラエル協会々長、戦後鶴見憲、横尾守仲、並河栄治郎氏らと共に同協会を創立し、戦後の日猶親善に劃期的な記録を作つた。毎年イスラエル建国祝賀式を東京で催したり、イスラエル国使節の接待、日猶パーテーの開催など、また筆に口に専らこの運動のために尽力した功績は大きい。日猶懇和会は主として日猶文化の交流と研究に重点をおいているに対し、同協会は主としてその親善社交に重点がおかれている。両者おのずから使命を異にしているが、どちらも必要である。共に協力してこの運動を推進展開すべきであることは論を待たない。協会事務所は東京台東区仲御徒町三ノ三〇（電話下谷(83)四九四五）自宅、東京杉並区馬橋三ノ三一二、

内藤智秀氏

文学博士、東大教授、昨年十月、淡路イスラエル遺跡？の発掘にユダヤ教のラバイ・ローゼン氏らと共に出かけた熱心なこの方面の研究家である。専門は近東史、

横尾守仲氏

医学博士、日本イスラエル協会常任理事、小林会長の最もよき協力者としてこの運動に専門にブチ込んでいる。住所東京港区三田四国町二ノ三（電話三田二九一三番）

並河栄治郎氏

太平洋鉱業株式会社々長、日本イスラエル協会常任理事、戦後数回欧米各国ならびに南方に飛

往飛来している。ロックフェラー財団その他ユダヤ機関とも連絡している。出身は京都府曾我部村寺村、現住所東京目黒区鷹番町一四〇（電話荏原(08)〇三四八番）

鶴　見　憲　氏

鶴見商事株式会社代表、祐輔氏の実弟、日本イスラエル協会理事長、小林、横尾氏らと共に最も熱心に同協会を動かしている一人、自宅、熱海市水口町八五五（電話熱海二五三二番）

小　西　千　比　古　氏

元海軍少将、日猶懇和会理事、在官時代ドイツに留学、太平洋気象学の権威として知られ、早くから中山忠直氏の天孫民族ユダヤ人説を支持す。住所岡山県牛窓町綾浦

香　川　治　義　氏

北京大学出身、本年卅二才、日猶懇和会事務局長としてこの運動に専念している。この度の国会議員に立候補したが、都合あつて途中から中止した。唐手術の名人、住所東京目黒区鷹番町一

六九（電話荏原(08)一五一一番）

安江弘夫氏

安江仙弘氏長男、中央大学経済学部出身、本年廿九才、日猶懇和会常任理事として専らこの運動に精進している。在日イスラエル領事ギヴォン氏に日本語の教授に通つている。住所東京杉並区松ノ木町一一二五織内方（電話(38)一三二九）

富岡宰一郎氏

日猶懇和会常任理事、国学院大学出身、本年廿四才、同会の重要なメンバーの一人である。生国は茨城県、現住所東京都江東区富岡町一ノ三一（電話(74)二三六八）

川口選治郎氏

日猶懇和会常任理事、国学院大学出身、本年廿五才、生国は青森県上北郡百石町、小谷部思想の研究家として知られている。安江、富岡らと共に戦後この運動の先輩ならびにユダヤ人を訪問数年間、毎月欠かさず例会を持つて研究を重ね。海外及び日本各地からボウ大な資料を蒐集して専門にこの運動と取組んでいる。住所は東京渋谷区代々木富ケ谷町一五一五

西山　茂　氏

日猶懇和会常任理事、神戸経済大学出身、本年廿六才、氏は終戦まで上海で育ち、小中学とも向うで通学した関係からユダヤ人に知己多く、在米ユダヤ人から絶えずいろいろな資料が送つてくる。その存在はイスラエル国の要人間にもよく知られ、前大統領ワイズマン博士初め各大臣、局長等からも感謝状やら通信を頂いているなど、特異な存在である。日本橋の相互貿易株式会社経理部に在勤、最近の住所失念、

宮原　忠　氏

きよめ教会牧師、日猶懇和会常任理事、年令四十才前後、中田重治氏の聖書学院の出身だけに熱烈な親猶論者で、例会には欠かさず出席、同会構成の重要なメンバーの一人、住所は新宿区柏木町四ノ九七一、東洋宣教きよめ教会本部。

後藤光男氏（附増田正雄）

日猶懇和会常任理事、東大文学部史学科出身、本年卅才、氏の父は後藤基次といって京大出身の熱心なユダヤ研究家だった。かつてハルピンの中学校長だった当時からこの研究に手をそめ、反猶運動の闘将と見られていた国際政経学会の増田正雄氏と肝胆照らしていた。実は増田氏は決して反猶主義者ではなかった。少くとも終戦の二、三年前からは完全な親猶主義者になっていた。竹内文献に親しみ、神代文字を信ずるようになってからはミジンの反猶も胸中には有しなかった筈だ。ただ国内情勢に逆コースすることを恐れ従来の惰勢に引きずられていたにすぎなかった。今から考えるとおかしいまでに、むしろ必要以上にユダヤを畏敬していたと言える。そういう心境だったにもかかわらず増田氏はとうとう追放になった。このために今では、大阪宝塚附近の自宅も売り、東京麻布東町の宅は戦災を免れたがこれもどうやら人手に渡ったらしく、あの沢山の貴重なユダヤ文献も一部を国会図書館に寄贈したほか、大半は追放中の生活費に売却したと語っていた。後藤君の父も初期は徹底した反猶主義だったが、増田氏よりズッとおくれて終戦近くなってヤッと親猶化した方だった。筆者は増田氏及び君の父君に山口鋭之助翁（宮中顧問官、学習院長、理学博士）からもらつたユダヤ人フルベッキー（幕末に来朝し東京法律学校の教頭だつた人）についての資料や、弘前市に在住したフルベッキーの弟の事蹟に関する資料その他を提供し、一時「共同研究会」を持ち、増田氏から生活費の一部を出してもらつた時代もあつた。惜しいかな父君は戦後逝去されたが、志をついで君が今日、若き情熱をこの運動に傾倒していることは実に頼もしいことである。日猶懇和会は前記事務局長香川氏のもとに安江、川口、富岡、西山、後藤ら一騎当千の若き学徒が結集し、毎土曜同会長犬塚氏宅で研究会その他の会合を催している。この催しに参加する常連は以上青年のほか犬塚氏夫妻を初め仲木貞一氏、小笠原孝次氏、山根菊子女史、三浦関造氏、宮原忠氏らであり、筆者もまたこのメンバーの一人として上京の都度、泊りがけでこの会合に顔をならべることにしている。後藤君は鳥取県米子市陰田町の出身、住所は本会事務所犬塚氏宅、

三浦関造氏

霊智学《フエロソフイ》の権威として知られ、戦前数回渡米したが、本年は印度にゆくと言つている。著書多数あり、日猶懇和会副会長として、犬塚会長と共に若いユダヤ研究者の育成に務めている。老令な

おカクシヤクとして独特の英語をあやつり各方面に活躍している。住所東京品川区下大崎二ノ二八、

古屋登世子女史

古屋英学塾々長、日猶懇話会理事、生れながらに旧約の家庭に育つた人で、性来国籍、宗教を超越し、国内各地から大陸の果てまで漂々浪々と道をたづね、道を説いて巡り歩くあたり、ユダヤ的なものが身についているようである。ボンベイ発行の「インドとイスラエル」誌の編集長ポーラツク氏と懇意で、昨年同誌の日本語飜訳の権利をもらつた。近く「インド、イスラエルと日本」という機関誌を発行し、新しい世界秩序の建設は「日、印、イ」三国の結合にありとし、大いに活躍すべく準備をととのえている。古屋女史の親猶運動には柳原白蓮、平塚雷鳥、植本コユウ女史等が背景となり、中央にも大きくひびいている。昨年夏帰米したチヤプレン、メーヤー・ゴールドマン氏とは女史は特に親しくしており、在京中は毎金曜必ずユダヤ教会に参列し、ユダヤ問題に関するいろいろの資料をもらつていた。筆マメによく各雑誌、新聞にユダヤ問題専門の記事を書き送つている。殊に極東における唯一のユダヤ人機関誌「インデア・エンド・イスラエル」

に絶えず寄稿し、日本における親猶主義陣営の動きを報道している。社交の範囲は至つて広く、転々と居所が変り、各界えの出入も神出鬼没である。戦後筆者の知つてる範囲だけでも居所が六七回変つている。昭和廿二年頃は京都だつた、次は東京を振り出しに、山梨、仙台、鳥取、綾部別府という順序に転々し、昨年九月ごろから別府市亀川町鉄輪坊主地獄矢田方に落ついている。この正月交通事故で少し健康を損じたようだつたがモハヤ全快し、東京進出を企てている。年歯古稀を超ゆることすでに四才だが、その思想は若鮎の如く、ジャンプまたジャンプ、二段跳び三段跳びの飛躍向上を遂げつつあることは敬服に堪えない。ヘブライ文化の研究と、日猶親善運動に貢献することを以て生涯の使命とし、余生を捧げる覚悟で没入している。印度からイスラエルに渡つて活躍し骨を彼地に埋めたいと書信を送つてきている。闘志満々!、老媼果して大空に羽ばたき、志を遂げるや否や。最近ユダヤ問題に関するボウ大な著書を発行する予定で、すでに脱稿した由である。

真野勝利氏

日猶懇和会理事、三重県蚕業技術指導所長、佐伯博士の愛弟子で秦氏族研究の権威、「秦族即

ユダヤ人説」に関する論文千数百枚を書きあげている。戦時中日本蚕糸統制会社の調査部長として東京にあり、早くからこの運動に参加し、同志間に氏の研究は認められていた。雑誌新聞への寄稿、また講演等、絶えず親猶論の展開につとめている。現住所三重県津市中新町、出身は現住地、年令は満四十七才だつたと思う。

数年前筆者の出した「世界の謎、日本とイスラエル」は、殆んど真野氏の資料に負うところ多く、氏の協力の賜であることを附記し厚く謝意を表する。

椿　真六　氏

日猶懇和会理事、日本基督教団今治教会牧師、多年札幌の基督教会で伝道されたが、戦時下の弾圧により現住地に来住、戦前欧米各国をまわり、アメリカにも数年滞在、ユダヤ人の故国パレスチナにも杖を引きエルサレムを初め各地巡礼す。在サンフランシスコの川守田博士とも懇意で「天孫族ユダヤ人説」を固く信奉している一人である。この二月訪問した時は上京不在で会えなかつたが、三年前の冬、同教会に一泊、寒夜火の消えたも知らず午前三時ごろまで御高説をうかがつたことがある。古代民族史に詳しく、ことに古代日猶文化の出入に関しては、従来にない

独特の天地を開拓している篤学者である。住所愛媛県今治市宝来通り日本基督教団今治教会、

寺村銓太郎氏

日猶懇和会理事、東京「秋葉原会館」常務、元ハルピン「大和ホテル」支配人、早くから日猶同族論を信じて研究に着手し、いろいろの文献資料を蒐集している。先年郷里滋賀県から衆議院議員に立候補して落選、台湾に中日合弁の製薬会社を経営、息女は確か在日ロックフェラー財団支店長秘書として在勤している由承つている。あの大柄な独特のタイプは、時々ユダヤ人から、ほんもののユダヤ人に間違えられることがあるそうで、氏に取つては満更でもないらしい。住所神奈川県葉山町堀内一五三八、

藤井哲夫氏

日猶懇和会関西事務局長、元鉱山技師で神代文字の研究家、早くから南方及び大陸に渡り、筆者とは京城時代からユダヤ問題研究の仲間の一人である。戦後大阪に引揚げ、日猶協会を創立、のち東京の日猶関係研究会と合流して「国際イスラエル文化協会」と改称、同氏宅を長くその事

務所とし、機関紙「シオン通信」を創刊、その発行名義人となる。昨年六月十五日第六回同人会開催の結果、全面的機構改革となり、名称をさらに「日猶懇和会」と改め、事務所を東京に移し従来の事務所はこれを関西事務局とし、氏はその長となつた。目下浪速大学在学中の氏の長男健太郎君は、友人の神戸大学の藤崎保範君と共に来年四月イスラエル国に渡航すべく準備をすすめている。住所大阪市生野区猪飼野中五ノ二六

松原言登彦氏

早稲田大学出身、住所愛知県東春日井郡志段味村下志段味、日猶民族の交流について新しい見解を有し、近く太秦研究の新資料を発表される予定、氏はエスペランチストであり、海外に向つてエス語の機関紙を発行、独力で運動を推進している隠れた親猶論者である、

日高みほ子女史

川島芳子と併び称せられた人で、大陸女浪人と云つた感じの人である。日本の大陸政策に貢献した浪人川上某氏の息女、母は国籍不明の馬賊の頭目だつたという人もあるが、マサカと思う。

しかし筆者ら仲間では女史に国籍があつたかどうか、もしあるとすれば果して日本か満洲か中国か朝鮮かと、問題にしていたほどである。容貌、言語、習慣等にはミジンも日本国籍を疑う余地はないのであるが、一たび彼の抱懐しているアノ国籍人種宗教を超えた雄大な思想と、これに基く勇敢な行動を見る時「この女、果して日本人か」と疑うことがシバシバあつた。女史に取つては大陸が郷土であり、大陸で生れて大陸で育つて、大陸に家があるのだから、日本に来るのは、チョッと旅行の積りらしかつた。よく支那服を着て銀座街頭でも新宿でも歩いていた。その実大陸にだつて定つた住居があつたわけではなく。たとえあつたとしても、そこに安居していられるような人ではなかつた。行つた先が住居であり、天が下か宿だつた。交際も広く、ファンも多かつたから、もちろん宿に困られるようなことはなく、つねに同志間を渡り歩いていたから、一定の住所などはあつても邪魔になり、その必要がなかつたであろう。夫も時にあつたり無かつたり子と称するものもあつたが、果して彼れの産んだ子か、と思うほど、かれは親子、夫婦、性別などを超越していた。果してかれは女だつたか、男だつたか、かれ自身その性別を知つていたかどうかさえ問題になるほど超然たる存在だつた。チャンと身づくろいすればーかどのシャンだつたが、頭髪などもグルグル巻にしたり、ミミヅラに結つたり、フケだらけの頭をよくゴシゴシやつていた。あらゆる民族の解放と各宗教の結合をはかることを以て自らの終生の使命とし、この大望を果すためには世間的キヨホウヘンなどにかかわつていられないという態度だつた。実に真剣そのものであり、何ものかにせき立てられ、させられているという感じだつた。酒、煙草、肉食は嫌いで、朝食はやらなかつた。

昭和十五、六年ごろだつたか、倉田百三氏が窪田雅章君を連れて満洲、北支へ行く途中、京城に立ち寄られ筆者が案内して南総督のところえ行く時、街角で女史に出会い、一緒に総督府から李王職に行き朝鮮雅楽を見せてもらつた。その翌日林房雄氏が鎌倉からやつてきた。早速筆者の関係していた侍天教会堂で女史と共に旧一進会（東学党）の子弟や朝鮮、左翼右翼関係の尖鋭分子を集めて林氏を中心に座談会を開いた。左翼系からは印貞植、車載貞氏らが見え、右翼系からは玄永燮、李碩奎、南廷国等若い文人たちが集り盛会だつた。この席上、女史から朝鮮文人協会結成の提案があり、翌々日あたり女史の肝入りで明治町の大きなグリルで倉田百三、林房雄両氏を囲む朝鮮文壇人の懇親会を開いた。半島文壇の大御所李光洙氏を引張り出して、とうとう、これを機会に「朝鮮文人協会」の結成へと持ち運んだのであつたが、それは僅かに三、四日の間の出来ごとでした。朝鮮文人協会はこのように女史一流の放れわざによつて誕生し、その後も女史の絶えざる助言によつて成長した。のち同協会は文壇統一の綜合機関誌を持ち戦時下の半島に何がしかの貢献ができたのも全く女史の賜だつたといえる。女史は仏典、バイブル、日本古典等にも明るく、歌もよみ詩も作り、各国の情勢や、国内問題にもよく通じていた。また政府や軍の機密なども恐ろしいまでによく知つていた。神戸では印度人を集めて講演や座談会などをやつたり、ユダヤ人との連絡は上海のブナイブリス結社や、ハバロフスク西方黒竜江沿岸のビロ・ビジヤン等とも密に連絡していたようであつた。ユダヤ問題に関する女史の秘密出版書「霹靂」は得がたい名著である。元陸軍大佐大久保弘一氏が持つていた筈だ。また戦時中翼賛会中央本部から出た「錬成の歌」は確か女史の作だつた。当時の錬成部長簡牛氏の手を通じて採用になつたものと聞いている。終戦後一時ソ連に抑留されたが、最近北鮮に入りこんでいると伝えられている。本年満四十八才の筈。

女史の動きは、時に日本の国策を動かし、また神道界、宗教界をも動かした。詳細は省略に従うことにするが、出没自在、よく動き仕事をした人である。或時は北京の街角で双方ヤンチヨ（俥）の上で出会うたこともあり、奉天神社の社前で会うたこともあり、東京では半蔵門ホテルで偶然泊り合わしたこともあつた。前記小森雄介氏宅、原真平宅、峰村教平宅で会うたこともあり、また或時は東京ステーションホテルで、幸楽でという風に、何れも偶然の機会に出会っている。昭和十七、八年頃、大阪中央ホテル玄関先で宿泊の交渉をしていたところが、奥から女史が出てきて「室がなかつたら、私の部屋を提供しよう」という、「アナタはどうする」ときいたら「私は知り合いのところに泊りにゆく」という、辞退したけれどもきかず、好意によつて救われたこともあつた。また大阪出雲大社分院の千家尊建氏とは共に懇意だつたところからよく鉢合せしたこともあつた。今日東京で出会つたと思うと明日は大阪で博多で、朝鮮で満洲でという風に思いがけないところで不思議なほどよく出会した。「私もよく歩くが、アナタもよく歩くな、感心するわ」と言われたことがある。当時筆者は偏狭な国粋論者と見られており右翼人の出入も多かつたところから、女史は大いに筆者を警戒し敬遠していた。女史はつねに「東京には小田秀人がおり、朝鮮には三浦（筆者）がいる、この二人が東京と京城の仁王様だ」といつて厳重警戒を怠らなかつたという話である。ある面ではたがいに協力し提携しながら、ある面では双方共カムフラージュせざるを得ないものを胸中に抱いていただけに、敵か味方か長い間わからなかつたのである。ユダヤ問題に関する限り当時はそれほど危際線であり、横の連絡は不可能だつたのである。詳細は本書十章「親猶運動の大弾圧史」並びに、十一章「板垣征四郎」の項参照。

松本寅彦氏

明大法科専門部出身、大阪岩山商会重役、アナキストから右翼に転じた人、大正末期黒色青年連盟（無政府主義団体）の銀座事件を指導した主謀者の一人、戦時中は大岸頼好、中村義明、林正義、志村陸城、大庭、菅波、大蔵、末松等々五・一五や二・二六事件関係者の経営していた雑誌「あけぼの」に関係し、長井実秀氏と共に同誌の大阪支局を担当していた。表面は長井氏がやり実権は松本がもっていた。ユダヤ問題に早くから着眼し、勝れた識見を持っていた。親猶運動の隠れたシンパで、内外の情報を蒐集するには天才的な腕を持っていた。国際政経学会の増田正雄氏、日高女史、原真平、筆者等みな松本氏には一方ならぬお世話になったものである。増田氏がのち親猶主義へ転向したのも松本氏の隠れた助言によるものと言って過言でないであろう。女史が長い間東京鉄道ホテルで病んだ時、宿泊、医療、一切の支払いから、お見舞等、至れり尽せりお世話されたのも松本氏であった。原氏も生前はもちろん、甲府で獄死したのちの家族までも松本が見ていた。その中でも筆者は松本資金引出しの筆頭だったであろう。昭和十八年頃から廿一年までは殆んど氏によって生活が保証されたようなものだった。当時の金で毎月三百円づつ援助を受けていた。ことに戦時中兵庫県警察部に数ヶ月留置されていた時、保証金三千円を出して、筆者をシャバに救出してくれたのも松本氏だつた。女史を自由に駆使し踊らせ得るものは松本氏以外になかつたであろう。それほど彼は大物であり、財力、識見と共にまた徳望があつた。惜しいかな天かれに寿を藉さず昭和廿二年七月十三日、四十六才（数え年）を一期として大阪箕面の自宅で急逝（心臓マヒ）した。出身は山口県下松市花岡

同志であると同時に筆者今生における最大の親友だつた。筆名「箕面生」を以て「皇魂」「あけぼの」「神聖」等に書いていた。彼れが人に秘して語らないことが二つあつた。一つは親猶論者であつたこと、今一つは大本信者であつたことである。氏は大の出口王三郎信者だつた。

鏡沼保世氏

日猶懇和会理事、伊勢の元猿田彦神社の神職、現在宇治山田市「伊勢参宮文化協会」主事、一作年秋ごろ、しばしば中外日報紙上に報ぜられたように、伊勢の神秘の扉をユダヤ歴史との関連において開明すべく努力している同志の一人である。戦時中発行された「伊勢参宮文庫」数冊は殆んど氏の筆になれるもので、他にも著書多数あり、博学篤行の人、確か四十七才だつたかと思

う。出身は福島県、住所は宇治山田市岩淵町五〇〇

山本高春氏

早稲田大学出身、教育家、卒業と同時に朝鮮に渡り半島人教育に献身した人である。中央高等普通学校（半島人の中学校）に、はじめて奉職する時、同校長金性洙氏（のちの韓国副大統領）は「内地人の先生たちは、一年位するとスグ割のよい内地人の学校に変つてしまうからな……」と嫌味をホノめかしたらしい。その時山本さん曰く「私に一年生を受持たして下さい。これが五年を卒業するまでやりましよう」ということで話がまとまり、五年間勤続してのち、約束の退職を申し出たら「モウ三年どうぞ」ということになり、つぎには「アト二年」「一年だけでも」ということになり、とうとう十数年間分《ぶ》の悪い同校に足をとどめ、のちさらに載寧中学校、梨花女学校等何れも分の悪い半島人中学校を選んで奉職し、他の内地人中学校や専門学校から幾ら招へイされても頑として応じなかつたということである。一生を半島人教育にブチ込まんものと堅い決心のもとに献身した当代に珍しい人物だつた。教え子の中にはすでに博士になつたもの教授になつたものもあり、市中を一緒に歩いているとこれら半島人のお辞儀するものが忙しいほど多く

いかに氏が多くの半島人から尊敬されていたかを見ることが出来るのであつた。ユダヤ問題について筆者を啓蒙し導いてくれたのは実に山本氏である。戦時中は歌道機関紙「国風」を発行し、筆者の「皇風」と共に姉妹機関紙だつた。前身はアナキスト、転じて神道に入り深く大本に帰依していた。博学達識にして身を持すること堅く、稀代の人物だつた。引揚後郷里滋賀県甲賀郡甲南町寺庄にあつて「酵素」の研究に没頭していたが、廿二年七月二十日鎌倉における「全国酵素農法大会」に団体代表で出席し、開会中に別室で急逝した。やはり心臓マヒだつたそうだが、前記松本寅彦氏の訃をきいて僅か七日目だつた。筆者生涯中における最大無二の親友二人を、といつたら笑うかも知らんが、確かに「無二の親友二人」をタッタ一週間のうちに喪つたのである。

在鮮十一年のうち、あとの八年間は旅行以外に山本氏と会わない日は恐らくなかつたであろう。京城の市内を筆者が一人で歩いていると「今日は山本さんどうしました」と人がきく、山本さんが一人で歩いていると「今日は三浦さんどうしました」と人がきくという。それほど二人は毎日々々どこえ行くにも一緒でした。むこうからやつてくるか、こちらから出かけるか、兎に角一返も会わぬ日とてなかつた。どうしても都合のつかない日には必ず電話をした。時には夜中の十二時ごろやつてきては朝まで話したり、本を読んだり、ごろんと横になつてはそのまま朝になつたり、同じ床の中に何返一緒に寝たことだろう。山に行くにも川に行くにも一緒だつた。引揚げてから近江の宅に伺つた時にも、奥さんは別室に筆者の床を延べたが「しばらくぶりで一緒に寝ようか」と、這入りこんでくる山本さんだつた。これが最後だつたが、家内などでも「よくも飽きないものだネ」とか「毎日々々会つていながら、よく話がつきないものだネ」と呆れていたほどだつた。

氏は独特の渋味と苦味とサビのある風格の持主しで一般人には極めて親しみにくい性質の人だつた。しかるに豊かな思想と、汲めどもつきぬ奥深い氏の人間性には魅せられるものがあつた。氏には思想的妥協やお世辞は絶対になかつた。どんな地位の人に対しても、よい加減な合槌や聴従はしなかつた。イエスとノーはいつの場合でも極めて明瞭で、嫌なことには絶対に返事をしない。その代り氏のイエスには千均の重みがあつた。筆者はつねに山本、松本両氏の親友であることを誇りとし幸福としていた。三人はたがいに愛し尊敬していた。筆者の友はそのまま彼の友であり、彼の同志はまた筆者の同志でもあつた。われの思想するところ運動するところ、そのまままた彼らのものであつた。この運動の最大の同志山本、松本両兄をわずか一週間のうちに掌中から奪い去つた神意果して那辺にありや、古い文句だがネ、筆者の思想生涯における最も忘れ難い一週間、時に山本氏行年五十四才だつた。

中里義美氏

日猶懇和会理事、弁護士、元「神日本社」長、かつて竹内文書の裁判に鵜沢博士や田多井氏らと共に弁護に立たれた人、現在東京渋谷駅近くに法律事務所を開業する側ら「ウエツフミ」の研究に没頭、親猶主義陣営の先輩、ときどき弾圧をうけた方だ。小磯総督に招ばれて朝鮮にしばしば来往していた。出身は青森県八戸市、住所東京杉並区成宗町三ノ五〇二、全山霜を覆い、もちろん若白髪ではないが、元気旺盛、ときに出席して大いに気焔を吐くあたり別に昔と変らない。

浅井作左衛門氏

名古屋の古典研究家、本職は港湾輸送店、水野満年、水谷清、朝倉尚絅、服部荀之輔等と共に大石凝真素美翁門下の一人、特に水谷清氏のシンパとして知られている。熊谷禎総氏の如きも元は浅井氏の店員で、氏の使いによつて水谷氏のところえ出入するうちに、両氏の感化によつて天津金木をはじめ、皇学の一端を学習するに至つたものらしい。戦争の初めごろ独力数十万円を投じて「築港神社」を造営し、また名古屋市外の史蹟景勝地、東谷山《とうごくざん》の上に宏大な修養道場「日本会館」を建設して一般に解放するなど、社会事業的な面でも相当知られた人である。早くから大石凝翁の門人を以て任じ、日本言霊学、金木学等の探究に数十年間打ち込んでいた。竹内文書を初め民間古文書をよく漁つた方で、何でも一かど知つていた。ユダヤ問題についても早くから関心を持ち、時には増田さんの会合でも、四王天さんの会合にでも顔を出していたが、決して妥協する男ではなかつた。どんな会合の席上でも憚《はば》かるところなく親猶論をぶつて歩くので、ハタのものが気をもむことが多かつた。反対者があつても「君はまだ勉強が足らんからだよ。詔勅を読んだことがあるか、兆民をして悉く其の堵に安んぜしむといい、八紘一宇ということは、ありや一体何のことだい」といつた調子、或時にはユダヤ排撃論の青年に向つて「君らは皆、詔勅違反の国賊だ、君のいう日本精神というのは、君だけの日本精神で、陛下の仰しやる日本精神と違うじやないか」とやつていたこともあつた。こんな調子だから当局の干渉も相当きびしかつたが、氏は一意専心国のため道のために尽しているという自負と、今の政府及び学界の在り方は悉く国体原理に反しているという批判を持つていたので、干渉はむしろ反撥を招き、ウッカリすると「

詔勅を知らない国賊の手下どもが」と逆ネジを食わされるという風だつたらしい。広く全国の同志と交わり顔がうれていた。終戦の前後だつた、ユダヤ問題のことで是非紹介したい人があるから一緒に行つてくれ、ということで案内されたのが、京都相国寺の一隅に陣取つていた「牛」の著者岡本米蔵氏宅だつた。その後岡本夫妻とは頻繁に往来したが、間もなく岡本氏は東京に出られ、東京から船橋に引越して一、二年前物故せられたという話である。岡本、浅井両氏とも相当な風呂敷だつたが別段罪はなかつた。

浅井氏の築港の自宅は戦災で焼け、日本会館にズッと住居されていたが、ウツセミの世のはかなくも、これまた昨年春ごろ？逝くなられたという話である。年令はアバタに覆われてよく判断は出来ないが、凡そ七十才というところだろう。晩年は岡本天明氏の「ひかり教会」に属して信仰を励んでいた。

大道重次氏

立山道場主、食制改革を以て生涯の使命としている人、隠れたる竹内文献の信奉者、氏の親猶論もまた同文献の影響からきている。竹内文書の裁判に、一緒に水戸まで傍聴に行つたこともあり、竹内家に一緒に行つて泊つたこともあつた。越中の霊峰、立山の麓に、氏は時の富山県知事矢野兼三氏と計つて財団法人立山道場を設立したのは確か昭和十六、七年ごろだつたか、筆者は九鬼隆治氏（元子爵）を案内して竣工式に参列した。その後和合恒男氏と三人で大陸各地を一席づつブッて廻つたり、ハルピン郊外の崗岩《わんがん》に立山道場「ワンガン分道場」が竣工して京城からかけつけて行つたこともあつた。この度の衆議院議員選挙で兵庫から第三回目の当選をした吉田賢一氏と和合、大道の三人は名コンビでしたが、和合氏は早く逝くなつた。大陸にあつた氏の地盤も根底から覆り、お負けに追放で動けなかつたが、最近また持病のパンフレットやら機関紙などを出して何やらゴソゴソとやりかけたようである。戦時中は石原莞爾、柳川平助将軍らの支持をうけ、新官僚派にも接近していた。「お山の仙人」と綽名《あだな》されているが、なかなかどうして……

戦時下の立山道場における朝夕の礼拝、その他祭典儀式は悉く竹内家の古伝、神法に基いて行われていた。当時全国でも珍しい唯一つの竹内流の修養道場でした。拍手の数、ヒモロギ、ヒモロギ立の造り方、五十音《イソエ》祝詞、日文《ヒフミ》祝詞、その他特殊なノリト、祝詞の抑揚等々に至るまで悉く竹内伝に基いていた。祭祀主任の中村茂治氏は七年間も竹内家に在つて専門に修行された人で、この方の指導によつたものである。竹内文書をよんだ人は沢山あるが、竹内家の神伝、神法を知るものは極めて少い。大道氏の住所富山県上新川郡大山村文珠寺。

中村茂治氏

前項にのべたように氏は竹内文書研究の権威であると同時に、竹内家の古伝、神法を学ばれた唯一人者である。竹内巨麿氏から全幅的な信頼を受け、七年間も年期を入れて同家にとどまり研鑽修行した人である。本職は建具屋、年令満四十七、八だつたと思う。（住所は富山市柳町）

林銑十郎元大将初め各界の知名士も出入している。親猶主義の変りダネである。昨年会つた時にも、農学博士西村一郎氏がたづねてきたという話をしていた。何返か検挙弾圧もうけている。

高畠康寿氏

竹内文書研究家〟戦後宗教結社「シオン教会」を設立したが、超国家思想の言動があつたというので弾圧検挙され、ついに結社禁止となり解散を命ぜられた。一、二年前東京の自宅で高齢を以て逝くなられたが、氏の跡取りは確か竹内巨麿氏の子息（二男？）で、そのお嫁さんが前項中村茂治氏の息女だつたと記憶している。竹内文書を世に出すために最も献身的に尽力された功労者である。著書は「日国是文字起源」三冊、「世界的宝物の失われた真相」「めざめ」等がある。ちなみに当時の「シオン教会」々長は熊谷武仁氏であつた。

高根正教氏

元小学校教員、言霊学研究家、四国劔山にユダヤの秘宝が埋蔵されていると唱え出した最初の人、満七十才をやつと越えた位かと思う。住所神奈川県程ヶ谷市月見台、詳細は本書六章「ソロモンの秘宝と謎の劔山」参照。

内山智照氏

元国際イスラエル文化協会同人、八十才位、出身愛媛県、住所東京大田区羽田町太陽製薬会社々宅、鳥谷、高根、内田、内山、武智氏らは大体同じ傾向をたどつてきた一連の先輩であるが、論理の飛躍が甚しく後進がついて行けないという現実だつた。しかし困難な時代を克服し一貫して親猶主義の旗を掲げ守りつづけてきたこれら先輩の功績は永遠に記録されるべきであろう。

内田文吉氏

長野県出身、法律家、高根氏と共に劒山に着眼し、これを発掘した最初の人である。昭和十一年から二十年にかけ数回にわたつて約五〇〇尺を開発した（詳細は本書六章「ソロモンの秘宝と謎の劒山」参照）

氏もまたよく「ユダヤ問題」の持病のために検挙入院させられた。戦時中錦町署の檻房内に発シンチブスが流行し文字通り隔離病舎に筆者と共に一ヶ月間余分に入れられたことがあつた。廿四年志半ばに昇天した。七十才位だつたでしよう。

武智時三郎氏

伊勢古事記の研究家、言霊を母とし数霊を父として天地が造られたといい、特に数霊の研究を強調している。最近淡路のイスラエル遺蹟？に理論体系を与えた人として知られている。高根、内山、武智の三氏は特に名コンビで互いに尊敬し合いながら深く交際している。独特のフトマニの厳《おしそ》かな理論をきかされると、ただ無精に有難くなるばかりで、無学の筆者らにはサッパリ分つたようなわからないようなことで、いつも叱られないうちにお辞儀して退散することにしている。愛媛県の出身、現住所三重県三重郡菰野町、七十才位。

瀬戸四郎氏

基督兄弟団尼ヶ崎教会牧師、戦争中にナチ・ドイツの迫害から脱れて日本に上陸したユダヤ避難民を献身的にお世話せられたが、そのために捕えられて一年八ヶ月間刑務所につながれた人である。中田重治氏の流れを汲むバイブルによる親猶主義者である。詳細は本書十章の(ホ)「その他の検挙迫害された人々」を参照、住所尼崎市常光寺小堤一七五。

谷中広美氏

基督兄弟団本部牧師、元中田重治氏秘書？バイブルの日本的解釈に基く親猶論者、住所東京千代田区神田小川町三ノ八基督兄弟団本部。

森五郎氏

「基督兄弟団」主管者、牧師、中田氏の流れを汲むバイブルの日本的解釈に基く親猶主義者、ユダヤの復興を祈ることが教団の基本精神になつているのである。詳細は本書十章(ホ)「その他の検挙迫害された人々」同じく十章(ニ)「きよめ教会解散検挙の真相」を参照、住所前者に同じ。

生田目俊造氏

きよめ教会牧師、住所茨城県平磯町、中田氏の流れを汲む聖書の日本的解釈に基く親猶論者、詳細は二章及び十章参照。

尾崎喬一氏

東洋宣教会きよめ教会本部牧師、中田氏の流れを汲む熱心な親猶論者、住所新宿区柏木四丁目九七一番地。

伊藤源次郎氏

宗教結社「興民義塾」々頭、牧師、元イスラエル文化協会同人、中田重治氏の流れを汲む猛烈な親猶論者、先年筆者の「日本とイスラエル」をよみ早速東京から京都府下の小宅まで飛んで訪ねて下され二泊して帰り、以来筆者も上京のたびに連絡している。北海道出身、四十八才位だと思った。住所新宿区柏木町三ノ四三六、詳細は十章(二)の「きよめ教会解散検挙の真相」参照。

桜庭駒五郎氏

元きよめ教会信者、八十余才、郷里青森県弘前市東町坂ノ下に在住、約四十年間「日猶両族の共通文化」・について研究し、また各地のこれに関連する史蹟は残るところなく足を運んで調査しボウ大な資料を持っている。中田重治氏の出身地だけに当時の同志がまだ他にもいるらしい。昨年来筆者に帰省を促すこと頻りであるが本書脱稿後でないと実現出来ないので遺憾ながら詳しい紹介は出来ない。米国にも米人、日本人の同志があって絶えず連絡しているとのことである。烏谷幡山氏の話によると、スバラしい調査資料や出土品もあるとのことでした。

金藤光槌氏

元世界連邦建設同盟幹事長、現在日猶懇和会常任理事、同会の熱心な構成メンバーの一人、住所千葉県船橋市二子町二五六。

小笠原孝次氏

日猶懇和会理事、日本聖書言霊研究会々長、一橋商科大学出身、宗教に対する科学の勝利を古典原理の上から説いている。元神聖竜神会のメンバーで、矢野祐太郎、山腰明将氏らと深いつながりを持つていた。博学で深く鋭い直観を有し、独創的な学問大系を造りあげている。早くから親猶陣営にあつた人、著書数種あり、雑誌Alpha（アルファー）発行、住所世田谷区松原町三ノ八四二（エンジアパート）、五十才前後。

角田清彦氏

元日猶関係研究会の創立者の一人、この運動の先駆者として知られている。長く大陸にあり、武田南陽、藤沢親雄氏らとも親交あり、ユダヤ問題で各方面に出入し多少誤解されている点もあるようにきいている。住所東京港区芝伊皿子町二六、七十才位。

吉住菊治氏

元陸軍少佐、石原莞爾将軍の遺鉢をつぐ人として知られている。中山忠直氏と親交あり、熱心な親猶論者だと承つている。筆者は遺憾ながら一回も面識なく住所その他を洩らしている。

上西真澄氏

元「太子会」々長、旧事本紀大成経の研究家として知られていた。戦時中は田中清一氏を背景に機関紙を出し、各地講演に廻つていたが、大阪の自宅は戦災にあい、奈良か和歌山あたりに疎開していたが戦後間もなく他界された。大の親猶論者であり、弓月王はもちろん秦始皇帝自体がすでにユダヤ人であつたと説いていた。七十を幾つか越えていたであろう。東京では富士見町？の岡田熊吉宅を宿にしていたが、いつも沢山の上西ファンが集つていた。

篁白陽氏

東大出身、疾く大陸に渡り、世界紅卍字会を舞台に「道慈研究所」の看板で独自の運動を展開していた。日高みほ女史の亭主だつたが、のち離婚して満人の女と一緒になり、戦時中は北京に家を持つていた。昭和十七、八年ごろ一時大阪に来住し出雲大社教の「梅の宮教会」にいたが、間もなく再び大陸に舞い戻り、終戦後も大陸に残留している。女史とは離婚後も思想的に不即不離の関係を保ち、同じ運動の線に活躍していたようである。徹底した親猶論者であつた。

日下部照氏

元陸軍中尉、軍にある時伝書鳩隊の隊長だつたが、伝書鳩の研究から、ついに「鳩と秦人」の関係を追究し「秦人即ユダヤ人説」に到達した人、永年にわたるボウ大な資料を見せて頂いたが隠れた日猶古代文化の研究家であり親猶論者である。氏の研究によれば、山鳩は日本島に発生した所謂「日本鳩」であるが、神社などにいる所謂「宮鳩」は渡来種だというのである。山鳩は一流のよい声で鳴くが「宮鳩」は鳴かない。品種が全然違うというのである。この「宮鳩」の原産地をたずね、どういう経路をへて日本に渡つたか、なぜ「お宮」の境内に棲むようになつたか、いろいろ追及するうちに「鳩と八幡」「八幡宮と秦氏」「秦氏と鳩」等に思い至り「秦民族の発生地」は果してどこか、ということになり、ついに「秦氏の故地はユダヤ」であるという結論に達したということである。

氏は明治廿九年福井県大野町に生れ、幼年学校、士官学校を経て大正七年少尉に任官、同八年陸軍省軍務局軍用鳩調査委員としてフランスに留学、大正十二年軍部の反猶太的指導方針に不満を抱き中尉にて退役、大正十三年関東大震災の罹災民二百家族を率いて南米ブラジルに移住、農園を経営す（六年間）、昭和三年インドロ・ロピス将軍のブラジル革命に連坐し捕えられて送還さる。昭和八年関東軍参謀本部技術嘱託、家鳩の文化史研究のため満蒙支を旅行す。昭和十年満鉄に入社し「伝書鳩育成所」を創設、同十四年退社、同十五年北京に「日下部鳥類研究所」を設立南京金陵女子大学名誉教授、同十八年帰国、「南京鳥類図譜」及び「宮鳩文化史」の著述に従い、昭和二十年「日本へブライ研究所」を創設、以後秦氏及び其の血縁関係の研究に従事し今日に至る。というのが氏の履歴の一端である。氏はその著書の中に次のようにのべている。

「私の農場の隣りにロンドン銀行のサンパウロ支店に勤務する英系ユダヤ人が住んでいた。かつて今上陛下が摂政宮時代英国を御訪問になつた時、彼はロンドンの本店に勤務していたが、当時陛下の御顔が「ロスチャイルド型」だというのでユダヤ人の間に人気があつたという。さらに私の顔がその曾ての日本のプリンスとよく似ているというので、以来彼は私を彼等ユダヤ人と同族の扱いをするようになつた。その後実際的な面において彼は何かにつけ私のために便宜を計つてくれ、また見知らぬユダヤ人からまで私の困難を救つてもらつたのも、彼の同族意識の結果であつた」

といい、さらに

「私は戦時中も今も、自分の研究と実際上の結論として、日本人とユダヤ人とは血のつながりがあるんだ、日本人にはユダヤ人を排斥する理由がないんだ、日本人はユダヤ人と手を組まなけりやいけない、と叫びつづけてきた云々」

ユダヤ人は日下部氏がユダヤ人に似ていたという所謂同族意識から、いろいろ便宜を計つてくれたり、助けたりしたことを書いているが、これについて面白い話は、かつて反猶運動の勇将四王天延孝氏がアメリカで単身ナイヤガラ瀑布見物に行つた時、ユダヤ青年につけられ、狙撃せんとした瞬間、うしろを振り向くと、その顔がいかにも青年の父の顔とソックリだつたというので狙撃を免れたという記事を読んだことがある。「血は水よりも濃《こ》し」という諺のように、同族意識からくる親近感は不思議な作用を持つているものと見える。日下部氏の現住所は東京豊島区巣鴨七ノ一八四九。

岡本浩志氏

海軍兵学校出身、本年廿七才、ヘブライ語の研究とラバイ（ユダヤ教々法師）になる修養に努め、将来アメリカのラバイの学校に入学し、ユダヤ教々義の根本を把握せんと一生をかけている有為の青年、確か出身地は仙台だと記憶する。ユダヤ教大司教ローゼン氏が仙台にいた頃、この道に傾到し、ローゼン氏の横浜転勤と同時についてきたもので、目下横浜のユダヤ教会堂に通つている。住所東京世田ヶ谷区下馬三丁目一五。

其他の人々

以上従来の反ユダヤ主義に対し、親ユダヤ主義陣営の重だつた人たちを列挙して見た。この他にも沢山の先輩やら同志があることと思うが、筆者の知つてる範囲で一応書きならべた。

日本イスラエル協会の主意書によると、一九三五年二月に日猶親善実行団体として「世界民族文化協会」をハルピンで設立した時、安江仙弘氏会長のもとに磯部検三博士や山田忠正、佐々木甫氏等もその役員となつて、極東ユダヤ民族会議の幹部等と提携して盛んに活動したという。また中山忠直著「我が日本学」によると、故白川大将も熱心な日ユ提携の主唱者だつたという。さらに同書に曰く『本書を草せんとするに当つて、余はユダヤ研究の一方の権威たる朝比奈四郎に一書を贈つて、日本民族とユダヤ民族の類似を問うたところ「……さてお尋ねの日本人とユダヤ人との類似点の問題については、一々列挙し始めれば、寸暇をもつては尽し難く、両民族はその文化の根本に於て、かくも良く似たるかなと云い度きほどの類似にて、むしろ相違の点を挙ぐる方が近道かと思われる」との返答に接した。かかる考えは、恐らくユダヤ研究をなす日本人は、誰人も到達すべき結論であろう』(昭和十四年七月発行)と、これによると朝比奈氏なども多分親猶主義陣営の先輩だつたかと思う。なお列伝中に洩れた先輩としては、鍼灸家として有名な沢田健氏、前記高畠老と共に竹内文献の公開に努力された前田淳氏、元海軍大佐矢野祐太郎氏、大阪の木村錦洲、岡山の木村天洲、元青森県会議員山浦武雄、同中川原貞機、戸来村長佐々木伝次郎農学博士西村一郎、元中支特務機関長陸軍大佐小松潤三氏等がある。小松氏には太平洋戦タケナワな十七年ごろ東京軍人会館階上で「太古史研究会」の時会つたきり消息を知らない。氏が中支から例の骨片文字を多数携えて出席した時でした。このほか是非挙げたい上層有力者が六、七名あるが特に名を秘してあげないことにした。なお山下奉文元大将等も同攻者間では親猶主義者として伝えられているのだが、筆者は朝鮮で一度面識があるだけで内容的に全然知らないからここでは改めて挙げないことにした。

一二、ユダヤ国家の独立からわれら何を学ぶべきか

ユダヤ人が国家生活を失ってからすでに二千年になる。長いあいだ世界各地に流浪し散在して世界の無籍者としてべつ視されてきたのであるが、一九四八年五月十四日ついに故地パレスチナを回復してイスラエル共和国政府を樹立するにいたつたことはまさに世界の驚異である。

米人エメリー・リーブスはその名著「平和の解剖」において、戦争の原因は国家主権の対立にあることを指摘し、戦争を絶滅して恒久平和をもたらすためには世界連邦政府を樹立して各国主権の一部をこの政府に委譲すべきであることを論じた、また世界五十カ国にわたる世界連邦政府運動の人たちは、世界人民会議によつて世界法を制定し、世界を一つの政府、一つの憲法によつて統治することによつてはじめて戦争がなくなると盛んに運動している。また米国青年ゲアリ・デビスがパリからまき起した過分にアナーキに近い世界市民運動が今では欧米を風びして東亜にも現に、日本にも力強い根をはつている。

こうした主権国家の影が薄れてゆくかにみえる世界思潮のなかにあつて多分にどの民族よりも

世界性国際性をもつたユダヤ人が、世界をどの線へでももつてゆけると信ぜられるユダヤ人が、世界の将来をもつともよく知つているはずのユダヤ人が、二千年後の今日いまさら独立主権国家をつくるにいたつた真意は果していずれにあるか。単に懐郷の結果と見るべきか、精神的安住をうるためのメッカ回復とみるべきか、聖書の予言にあわせんがためか、なにものにも妨害されない世界経綸の足場をつくるためか、二千年間の体験が民族国家を必要とするにいたつたものか？

敗戦六年にして国家観念を失いかけ民族意識を喪失しようとしている日本人にとつてイスラエル国家独立の事実は一体何を物語るであろう。われわれはいまさら憲法をかえて武装国家をつくろうなどと謀反気をおこすものではないが、ただ民族性を放棄したり、固有の文化や伝統をなくすることには賛成できないのである。

文化国家建設ということは、独自の文化を追放して輸入文化を移植する意味でないはずである。借りもののツケコウ薬では真の文化の花を咲かせることは不可能である。民族伝統の固有文化を培い育ててゆくうえに輸入文化の肥料が必要であり、また海外の種子といえども伝統的文化によつて培うことができる。しかしどこの国にも咲かない花を咲かせてみせるところにわが国の世界文化への寄与があり、またそれによつてこそ世界文化の水準を高めることができるのであつて、どこにでもある花を幾ら咲かせてもそれはチットも世界的貢献にはならないのである。日本はどこまでも世界的視野のうえにたつて日本独自の思想的伝統と文化をいかし、個性を表現してゆくところに大きな使命があり民族の生命がある。しかし歴史は正さねばならないと思う。それは民族文化は常に正しい歴史の上に築かれるものだからである。

むすび

本書は初め六百頁にわたる大冊の予定だつたが資金の都合で前半を本著に収めたにすぎない。したがつて本書中に「後章にのべるところ」とか「後述する何々によつて」という箇所が省略されているところが一、二ケ所あることを御諒解願いたい。この本は筆者が勤めのかたわら資金つくりのためにアルバイトの積りで書いた本ですから、売ることが目的になつているが、これによつて多少でも大衆が歴史に関心を持ち国家の成立に目を注ぐようになれば望外の幸せである。みんなが日本歴史に関心を持つた頃には再び本著の内容を筆者自身の手によつて木ッ葉微塵に粉砕し覆えして新たな史観を提供するであろう。

ユダヤ問題と日本歴史

不許
複製

昭和廿八年八月十五日印刷
昭和廿八年八月十八日発行

（非売品）
会員外頒価　二百八十円

著者　三村三郎
発行者　藤井哲夫
大阪市生野区猪飼野中五ノ二六
印刷者　大谷末吉
大阪市南区順慶町一ノ一三
印刷所　大谷印刷株式会社
大阪市生野区猪飼野中五ノ二六
発行所　日猶関係研究会
（振替大阪三二七三三番）

（以印刷代謄写）

日猶関係研究叢書第一集

世界の謎 日本とイスラエル

三村三郎著

東京 日猶關係研究會

三村三郎著

世界の謎
日本とイスラエル

日猶關係研究會刊行

序にかえて

我々は日本とユダヤとが歴史的にも、人種的にも、又文化的にも極めて密接なる關係にあることを認識し、これが科學的な研究を行なう爲に日猶關係研究會を組織した。由來著々として各方面にその實を擧げている。

日本國憲法が發布されて研究の自由が公認されることゝなつたので、日猶兩民族に關する根本的諸問題の究明を堂々と行ない得る樣になつた。

我國は西洋キリスト敎諸民族と異なり、宗敎的にユダヤ民族を敵視すべき理由は毫もない。否、多くの點に於て我が惟神の道とユダヤ敎とは表現こそ異なれ、その根本思想に於て軌を一にしているのではないかと思つている。世人はキリスト敎の出現によつて、ユダヤ敎が恰も自然に消滅したかの如く過誤しているが、事實はこれに反して世界に散在する二千五百萬のユダヤ民族は今日に於ても依然として昔と變らず熱烈にユダヤ敎を信奉している。彼等はキリスト敎がユダヤ敎と云う母胎的宗敎から生れたものであり、従つてユダヤ敎の基盤の上にのみキリスト敎の敎義も初めて成立することをハッキリ認識している。云わばユダヤ敎は根幹であり、キリスト敎はそれから發生した枝葉である。従つて彼等はキリスト敎徒と異なりイエスの教に対して狂信的な反感など毛頭抱いておらず、もつと心のゆとりを持つている。元来イエスはユダヤ人であり、彼等の仲間である。彼等にとつてイエスは所謂ラバイ、即ちユダヤの学者の一人に過ぎなかつた。唯イエスが当時形式化して生命を失ないかけていたユダヤ教に対し、一大覚醒を与えたと云う貢献は素直に認めている。然しユダヤ民族は旧約の偉大なる予言者の言に反し、自らを神の子と称し、又自らをメシアなりと名乗つたことに対しては反対している。西洋諸国民がキリスト教を信奉したとは云え、ユダヤ人同志の宗教的縺れに対して余計な御節介をすることは却つて怪訝にたえない次第である。

現在ユダヤ民族が各國、就中米國に於て牢乎として抜くべからざる實力を掌握し、各方面の重鎮と目されていることは顯著な事實である。而して彼等の財界、經濟界、言論界、學界並びに文化界に於ける旺盛な活動力の源泉は實にモーゼ以來不斷に傳わつて來た熾烈なる彼等の宗教心なのである。

次に我々日本人はユダヤ人から經濟的に搾取された苦い經驗もなく、又ユダヤ人を迫害した史實も持たない。否、日露戰争に勝つた大きな理由は米國のユダヤ財閥クーンレーブが日本の爲に巨額の軍事公債を引受けてくれたからである。從つて我々が基督教系他民族の尻馬に輕々しく乗つて有害無益な反猶運動などに乗出すことは愚行の極みである。今後我々は日猶關係を愈々緊密にし、物心兩方面にわたつて親善の實を擧げていかなくてはならないと同時に、「ベニスの商人」などによつて歪められたユダヤ人に對する事實無根の中傷や糺彈を敢然として破摧すべきである。

たまたま新興のイスラエル國の文部省は、エルサレムの國立ヘブライ大學と協同し、海外に於けるユダヤ人の生活の究明を目的とする特別の研究所を設立した。最近その研究所から在日ユダヤ人の協力を頻りに要請して來ているので、これに基づき總司令部のユダヤ教牧師ゴールドマン師は本會の全面的な支援を求めている。

三村三郎氏の「世界の謎日本とイスラエル」は右の着點から見て極めて意義を持つものであり、必らずや日猶兩民族の相互的理解を深めることに大きな貢献をなし得るものと信ずる。

本書の根幹をなすものは秦氏に關する歴史的研究である。著者の結論と同じく、佐伯博士や喜田博士の如き碩學も學問的に秦氏をユダヤ民族であると斷定している。これは實に重大なる問題であつて、若しこれが眞なりとすれば、日本民族はイスラエル的性格を多分に包藏していることになる。而してこれによつてイスラエルの我國に對する好意的關心は特別に深められるであろう。然も、これが眞の世界平和に寄與する處頗る大であることは云う迄もない。

さきに本著の梗概を英譯して在京の有力なユダヤ人に見せた處、何れも非常な興味を示し、この事實が日本人によつて周知されることの一日も早きを望み、その出版を熱望した。殊にザイオニストであるミハエル・コーガン氏は同志を誘なつて、本著の出版に關する有形無形の援助を終始よせてくれた。

本著刊行にあたり、玆に改めて同氏等に對して心からなる深謝の意を表すと共に、その喜びを頒ちたい。

以上を以て簡單ながら序文にかえる。

一九五〇年八月二十五日

日猶關係研究會會長

山　中　　清

日本とイスラエル　目次

解題

ユダヤのことを古くはヘブルと称し、またのちにイスラエルと称した。紀元前九五三年ソロモンがなくなつてのちユダヤは南北両朝に分裂し、北をイスラエル王国、南をユダ王国と称したが、北朝イスラエル王国は紀元前七百二十二年にアッシリヤに滅され、南朝ユダ王国もまた紀元前五百八十八年にバビロンに亡された。そしてさらに紀元前六十三年ローマのために最後の蹂躙を受けて以来、その民族は四散し各国に流寓し絶えず迫害され、かつ虐げられつゝ今日に至つたのであるが、その間イスラエル民族を構成する十二支族中の二を残して、あとの十支族は今日なお行方不明である。すなわち十二支族中の南方ユダ王国を構成していたユダおよびベニヤミンの二支族は今日なおユダヤ人と称して現存し頗る健在であるが、北方イスラエル王国を構成していた十支族は全然行方不明である。今日迄専門の学者が幾世紀にもわたつて研究を続けているにかゝわらず、ついに何等の得るところなく徒らに「失踪せる十支族」の碑石のみ寂しく故地に残されているにすぎない。果して彼等の行方は如何なりしか、今から二千六百六十餘年前に莫大な金塊と三種の神宝を奉じて何百萬のこれら種族は何処に行つたものであろうか、またこれが日本民族といかなる関係を持つものであるか、また南北いずれが正朝なりしか。

今から千七百三十数年前西紀二百十六年の應神朝に弓月王が百廿七県の民を率いて日本に帰化したと言われるが、この帰化人すなわち秦民族こそはイスラエル種族であり俗にいうユダヤ人だというのが本著の結論である。本文六章の十二項にわたる「太秦《うずまさ》の研究」がこれを立証する重要な資料であることを疑わない。元東京文理科大学々長文学博士佐伯好郎氏は明治四十四年発行の「景教碑文の研究」の中で「秦人即ユダヤ人なり」と断定している。また木村鷹太郎、小谷部全一郎、酒井勝軍等も早くからこのことを指摘していたが、一昨年十月佐伯博士を廣島廿日市の寓居に訪ねた折、博士は「喜田博士もとう〳〵逝《な》くなる三ケ月前に学士會舘で私のあの説を支持し承認されたものですよ」と愉快げに語られたが、当時においてこんなことを公にすれば、直ちに其の筋から「ちよつと来い」と言われ地位も名誉も台なしにされ、国賊呼ばわりされることを恐れて多くの学者も研究家も口を緘して語らなかつたものである。

喜田博士（文学博士喜田貞吉氏）の研究によれば当時帰化した秦民族の人口は大体十萬内外と概算され、佐伯博士も十萬は降らないと見ているようだが、今から千七百三十数年前の人口稀薄な当時において十萬の帰化民族が新たに加わつたということは相当な大事件であつたに相違ない。その比率においては恐らく今日百萬の異民帰化人を迎えるのに匹敵するであろう。

はじめこれら帰化人の一部を大和の葛城地方に、またその過半は山城の各地に配置したと伝えられ、後に各国郡に分散移植したと言われている。しかるに帰化後二百年足らずの雄略朝（西紀四五七年）に、天皇は小子部《ちいさこべの》雷《すがる》を遣わして秦族を捜させこれを鳩集して今の京都太秦《うずまさ》の地に定住せしめたと伝えられるのである。その後数百年を経て欽明朝元年西紀五四〇年八月の戸籍調査によれば秦人家族の戸数總計が七千五十三戸あつたと日本書紀欽明紀に記されている。ここには戸数であらわされて人口は挙げていないが、喜田博士はこれにつき当時の家族制度から見て一戸当り口数が普通二十人前後であつたところから推算し、その時の秦氏の人口は十五萬人だと言つている。

この秦氏累代繁延の聖地山城国京都に桓武天皇が都を奠められたのは、弓月王一党が帰化して以来六百年後に当り、また秦人が京都太秦《うずまさ》に集結して以来四百七十年を経ている。さらに太子が河勝に命じて太秦廣隆寺を建てゝから二百年後である。

わけてもわが国千年の都たる平安奠都について秦人の功績は特筆大書すべきものがある（十一章平安奠都と秦氏の功績参照）。

つぎに中国の文献について述べる。古来中國の文献において「大秦国」とあるのはユダヤ国を指称していたものである。また大秦寺については玄宗皇帝当時の記録に「各州に大秦寺を建つ」とあつて、当時ローマ法皇に破門されたネストリアンの一派が中國に大秦景教を伝え、シリア人、ペルシヤ人等の景教僧が多數中國に来つて布教していた事は中國基督教史に明らかなところである。

弘法、傳教の入唐当時は景教のもつとも殷盛を極めていた時代で、ことに洛陽における弘法大師の宿舎近くに大秦寺があり、かれの梵語の師匠般若法師（印度人）の好敵手たるマダム景淨（シリヤ人）は大秦寺僧だつたことは有名である。

甘粛省沙州の千佛洞で発見された今から千数百年前に書かれた大秦景教の経典の中に「大秦国那《ナ》薩羅《ザレ》城」とか「烏利師斂《ウルサレム》城」という文字が見え、イエスがナザレの出身であること、エルサレムで出生したことなどが書かれているのから見ても当時の大秦国というのは今のパレスチナの地を指していることは想像に難くないのである。

京都の太秦寺が中國の大秦寺または大秦景教と關係ありと我国で最初に睨んだのは幕末の国学者太田錦城であつた。その著「梧窓漫筆拾遺」の中に「此の事を知り此事を云ふは天下に我一人なり」と豪語している。彼は今から百四十年前に当時の太秦廣隆寺を両三度も視察して「佛家のものとはゆめ〳〵思はれず、波斯大秦などの天教を奉ずる家の像設たること明白なり」と断言している。天教とは天主（ゴッド）を奉ずる宗教の謂いであつて今の基督教のことである。当時は切支丹の異教法度《はっと》の時代であつたから、たとえ異国風の遺物があつても祕して語られない時代であつた。故に太田錦城は書中に「されど是れは国禁の事にて寺僧の忌むことなれば彼徒には語るまじきなり云ヤ」とつけ加えている。その後近藤重蔵正齋氏がエトロフ島の探険から江戸に帰り文化十四年（西紀一八一四年）幕府の書物奉行に抜擢され大秦景教に関する文献を読破し、これは幕府厳禁の切支丹邪宗門の文書なりと断定しこれを禁書の一に加えたと伝えられ、当時これら幾多の参考文献やこれに附随した器物《きぶつ》等は焚焼の厄に遭つたものと想像される。

太秦廣隆寺は開山以来数回の類焼を経て今は単なる眞言宗の一名刹にすぎないが、太子、河勝の創建当時は異国風の纒綿たる施設であつたに相違ないと考えられる（本文参照）、今日なお境内に「伊佐羅井《いさらゐ》」の井戸と称するもの二個を存している。また佐伯博士がダビデ王を祭つたものと断定された大酒神社（元大辟神社）もあり、さらに同寺の宝物中に弓月王、秦河勝公、秦酒公の木像三体が保存されているが、嘗つて英國ビクトリヤ女帝の侍従だつたゴルドン夫人はこの像を見て「ユダヤ人の顔とそつくりだ」と評されたことが画伯鳥谷幡山氏の三紀行に記されている。また著者は十年前福島県桑折町に遊んだ折に、該地に古来イスラエルの井戸が十二あつたとの伝説を思い出し探ぐつたことがある。今はようやくその二つを存するだけであるが、当時河勝義雄という人がこれを管理し自ら秦河勝公の末孫であると称し数年前まで秦野屋という旅館を経営していたことを聞いたことがある。秦人が掘つたものなら普通「秦の井戸」とでも言いそうなものを、わざ〳〵「イスラエルの井戸」と称するところに彼等は如何なる民族であるかを解く謎の鍵があると見ねばならない。

彼等はその集団地の地名を漢訳にユダヤを表わす太秦の文字を用い、また漢訳にダビデを表わす大闢の文字を用いた神社を建て、そしてみずから掘つた井戸をイスラエルと称する民族であることを銘記すべきである。

つぎに日本の太秦の問題は中國の大秦景教の問題と違つて、宗教よりもむしろ民族問題を以て論ぜねばならないのであるから中國における と同一に論ずることは出来ない。

中國における大秦寺あるいは大秦景教は純然たる宗教問題として解決されるが、日本における太秦は宗教領域としての太秦寺の問題よりもむしろ秦族即太秦民族とは如何なる民族であるかということが問題の焦點となるのである。

すなわち日本の太秦の場合は、中國の場合の如く太秦を標榜する宗教徒ではなく、太秦を標榜する民族なのである。前者は自分たちの宗教の祖国を指して大秦と呼び、後者は已《おの》が民族の祖国を指して太秦と呼んでいるのであつて、結局中國の大秦と日本の太秦とは各々異なつた立場から同一地點を指称したものであることはすでに本文に屢々指摘したところである。

ゆえに太田錦城の考えたように、また沖野岩三郎氏が「日本神社考」に述べられたように、また最近元京大教授の池田栄氏等がいうように、日本の太秦は景教徒の集団地であつたり、廣隆寺が景教すなわち耶蘇を宗とする寺であることを要しないのである。

中國における大秦景教（景教は略称）というのは民族国家の如何にかゝわらず大秦国に発生した景教すなわちネストリアン派の耶蘇教を奉ずる一派をいうもので、日本の太秦というのは太秦国に発生した民族の集団地の名称である。

廣隆寺を「太秦寺」と称するのは、その太秦の地名から来た俗称であり、太秦の地名はまた民族の故国の名前から来たものであつて、中國の如く宗教上から来た名称ではないのである。故国の名前と言つても漢訳の名称であることもちろんである。以上中國大秦景教の問題と日本の太秦の問題とのけじめをハッキリせしめた點は本著の眼目であつて、今日まで誰人もこの間の消息を明瞭にし得なかつたものである。

つぎに彼等の信仰の問題であるが、彼等の信仰目標は一体何であつたか、それは恐らく大秦景教とは対蹠的なものであつたと思う。なぜならば彼等は太秦民族の標榜者であつて大秦教の標榜者ではないからである。太秦民族にはモーゼ以来の固有信仰があつた筈で、恐らく景教（キリスト教）を奉ずるような生優《なまやさ》しい一党ではなかつたと思う。

景教徒と太秦族とは初めから目的が違つている。前者は大秦国に発生した耶蘇の教を拡めるのが目的であつて、別に滅んだ大秦国の復活を求めているのではない。然るに後者は太秦国固有の信仰に基づいて、失われた太秦国を復活し、日本の一角にこれを建設しようと努力した民族団体である。

否日本の一角どころではない、日本国そのものをすでに掌中に握つていた観があるのである。

本文における平安奠都と秦人の活躍、秦人の齎らした文化、さらに秦人の建てた各地の神社や民間信仰などを見ればやゝその間の消息が判ると思う。政治面のことについては本著に書けないし、また組織立てゝ書く暇がなかつたのは遺憾である。（一九四九年舊八月十八日記）

一、緒　言

筆者は早くから日本とイスラエルとの関係について幾多の世に問い度いものを持つていたが、国内の政治情勢が今日までこれを許さなかつたのである。多年にわたつて資料も少なからず蒐めてあつたが、先住地の京城に置いたまゝ立去つたので、今は手持ちのわずかの資料に基いて書かざるを得なくなつた。また今日の国際情勢を考え、バイブルに予言された日の刻々と迫るものあるを感ずる時、学究的論文の体裁を整えて出発することは徒らに日数と労力を要するだけで、今日の場合そんな悠長なことは許されない。

人類史始まつて以来嘗て経験したことのない種々の出来ごとが今後もいろ〳〵の形で世界中を襲うであろうが、これは皆天地を創め給うた神の栄光の地に現われんための出来事に過ぎないであろう。またある意味においてそれは太古以来の日本とイスラエルとの神秘の扉が開かれんための出来ごとであり、人類祖先の神秘の謎が解かれるための神の経綸であるのかも知れない。

私は本著においてこの大きな謎の一端に触れる訳であるが、文体や体裁にかまわず極めて気楽なノンキな気持で筆を進めて見たいと思つている。

二、日本におけるユダヤ研究

日本におけるユダヤ研究には大別して二つの流れがあつた。一は反猶主義であり、一は親猶主義である。前者は四王天延孝や国際政経学会の増田正雄、長谷川泰道等の一党であり、また戦争中甲府の警察留置所で死去した原眞平なども大体これに属する方だつた。

これらの人たちはシオン議定書と称する本などを証拠だとして、しきりに猶太禍を説き、ヒットラーの提灯持をしたのである。それはまた国内思想を統一し国民の奮起を促す上に初めは相当な効果があつたのである。しかしそれがひいては偏狭な国粋主義におち入り、排外思想を助長し、思想信仰への極端な干渉、言論の抑圧等疑心暗鬼を生じて同僚相疑うの結果となり、人さえ見ればスパイであり、フリーメーソンの手先だと評するようになつて、国内思想を却つて四分五裂の状態にみちびく結果となつたのである。

後者に属する親猶主義の一派は大体太古文書の研究に出発している人たちで、民間古文書や伝承、土俗、民俗学などを根拠として日本とイスラエル民族とは古くから交渉があつたというのが其の動機となつているのである。この中にまた大体三ツの潮流がある。

一つは小谷部全一郎や酒井勝軍のような行き方である。すなわち日猶同祖論または日猶同族論とでも称すべきもので、日本民族の主体はイスラエル民族だというのである。酒井勝軍の言葉を借りて言えば日本はイスラエル王国の後半身であり、イスラエル王国は日本の前半身だつたというのである。ゆえにイスラエルは二千六百年前に亡んだのではなくて極東に移つたのであり、日本はユダヤの分国だというのである。小谷部さんの説に従えば出雲民族は先に到着した希伯来《ヘブル》民族の一派であり、天孫民族は後から到着した同族の一派ガド族だというのである。蝦夷やエビス、すなわち今日のアイヌ族は出雲族の後身だと称するのである。

これら日猶同族論の一派とは別個に佐伯好郎博士や眞野勝利氏等のように、千数百年前大挙して日本に帰化した秦族の一団はことごとくイスラエル民族だから、今日の日本民族の中には多数のイスラエル人の流れが存在するというところから親猶主義を標榜している一派もある。

今一つは磯原文書やミユ大陸研究の一連で、山根菊子や、日本大学教授の仲木貞一、鳥谷幡山画伯、スペイン語辞典の最初の著者村井二郎等々の御連中である。すなわちイエスやモーゼが日本に来住したと云い、イスラエルの三種の神宝も日本に現存するという最も根強い親猶信仰の一派がある。

右の人たちは以上のような歴史的因縁に基づいて親猶主義を説いている人たちであるが、このほかに安井仙弘、犬塚惟重両元大佐、元九州帝大教授の藤澤親雄氏や三浦關造なども異色ある親猶主義者だつた。また日高みほ女史を中心とする天啓による親猶主義の一団もあり、さらに舊大本の中にもそうした傾向の人たちが若干おつたようである。天啓団体で反猶主義を標榜していたものには友清歡眞氏の率いる天行居の一団があつた。

なお日猶の歴史的相関性を初めて説いた元祖は気違い学者と言はれた木村鷹太郎その人であつた。

こゝ数年来の面白い現象は、国学者や国粋主義者がドン〳〵親猶主義に変貌して行くことであつた。これは日華事変前後より特に目立つて顯れた傾向である。前記藤澤親雄氏や、秦眞次、小磯國昭、山本英輔氏等もそれであつた。また全国にわたる神代文化研究所や神日本社のメンバーが大体そんな親猶主義のグループだつたのも一奇とせねばならない。

民間の神道研究、古典研究の団体として最も組織化され実力もあり人材を網羅していた神代文化研究所が、もつとも親猶的色彩を持ち、また親猶的な人たちが一番多く集まつていたのである。それでいて少しも国粋的な思想や神道の觀念と矛盾がなく、むしろ神道の極致、民族古典の極致が自らそこに行くように思われたのである。

日本においては反猶主義運動は理論的根拠が薄弱であるために一般国民にはピンと来なかつたの

に反して親猶的な方面は歴史的根拠と猟奇的な興味と神秘的信仰が加わつているために当局の彈压にも拘わらず牢乎として抜くべからざる一の潜勢力を有して今日に至つたのである。

（追記…去る一月十六日団体等規正令により解散を命ぜられた竹内巨麿を中心とした宗教法人天津巨などはその猟奇的親猶主義の尤なるものであつた）

最後に筆を改めて附記したいことは大正九年以来、この反猶主義と親猶主義との中間に立つて雄々しくも「戦闘中止号令」を叱呼しつゝある木村鷹太郎の「耶蘇教の日本的研究」の一節を紹介したい（大正九年十一月発行）。

『猶太太古史と日本太古史とは同一のものがあり云々……此処に於て今まで暗闇の中で敵か味方か判らないで戦ふてゐた我等と彼等は、如何にしたら良いであらうか。我等「新研究」は両軍の中間に立つて才一に大声叱呼して「戦闘止メ！」の号令をかけ、我等と彼等とは「敵に非ず」「朋友である」否、尚親しい「親類である」ことを説明せねばならぬ云々』

思えば彼は痛快な男である。

三、古代イスラエル史概説

(1)イスラエル、ユダヤ、ヘブライ、パレスタイン等の名称に就いて

猶太のことを古くはヘブルと称した。この民族をヘブルと称することはアブラハムの六代前のエベルの名より起つたもので、これが後に訛伝せられてヘブルとなり、その子孫皆この名を以て呼ばれ、彼等もまた他国人に対して自らヘブル人と称していたのである。創世記四十章に「我はまことにヘブル人《ひと》の地より掠《さら》はれ来り云々」とあり、また出埃及記二章に「我ゆきてヘブルの女の中より此子を養ふべき乳母を呼び来り云々」と録してあるように古くよりヘブルの名を以て呼ばれていたのであるが、中國訳の書籍に希伯来と書いた為に日本ではヘブライと訓んでいるが、ヘブルが正音である。

次にアブラハムの孫ヤコブの時代に至つて其の民族名をイスラエルと称し、子孫代々その名を称することを以て名誉としたのである。それはヤコブが若年の時に一夜神人と角力を取つて勝つたので「その人いひけるは汝の名は重ねてヤコブと称ふべからず。イスラエルと称ふべし。其は汝、神と人とに力をあらそひて勝たればなり」（創世記三十二章）とあつて勝者を意味するからである。ゆえに聖書にはヤコブ以後はすべてイスラエルの名称を用いている。

此のヤコブ即ちイスラエルに十二人の子があつて、後に世に所謂イスラエル十二支族の祖となつ

たのであるが、その後ダビデの子ソロモンの歿後において イスラエル王国は南北両朝に分れたのである。そして北朝はイスラエル王国を称してサマリヤを首都とし、南朝は猶太王国と称して聖都エルサレムに拠つたのである。しかるにイスラエル王国は紀元前七百廿二年アッスリヤ王（地図にアッシリヤとあれど今は聖書に従う）サルゴンのために亡ぼされてしまつた。そこで南方の猶太王国の名が独り全民族を代表する称呼となり、今日のいわゆる猶太（ユダヤ）なる名称が起つたのである。この猶太朝もまた紀元前五百八十八年にバビロン王ネブカトネザルのために滅されてしまつたのであるが、その後も依然として一般にはイスラエル全支族を猶太の名称で呼んでいるのである。しかし本来猶太なる名称は十二支族中の一つでユダ族を指称するものであることはいうまでもない。

ゆえに今日は最早や聖書の示す所に従つてイスラエルという正しい称呼に復帰すべきが当然だと思うのである。しかしイスラエル、ユダヤの南北両朝の滅亡後はユダ族を主流とする一団を残して他の十支族は今日なお行方不明であるから、あるいは今しばらく猶太の呼称が許されねばならないかもしれない。

つぎにパレスチナを猶太国という意味に使用することになつたのは何時の頃からか判然としないが大体において耶蘇の生誕した前後からのように言われている。今日のパレスチナと称する地域は舊約時代にはカナンと呼ばれた所である。然るに後にイスラエル民族の散在せる一帯の地域をギリシャ人がパレスチナと呼び、今日これを英語に訳してパレスタインと称しているのである。

以上を総括して言えば、イスラエル民族と称する時は国民の謂いであり、希伯来民族という時は人種の謂いであり、パレスタインとはその国土の謂いであり、猶太人とはユダ支族の謂いである。しかし今日猶太民族というのはその一支族の呼称ではなく、ヘブル人種の血統を有して猶太教を信ずるもの全体の総称である。たとえイスラエルの血統であつても猶太教を信奉しないものは、それは今日では単なるアメリカ人、ドイツ人、フランス人、イギリス人であるだけで、一般にいうところの猶太人の範疇には入らないのである。と同時にまた他方アビシニアのファラシャ人その他の如くたとえユダヤ教を信奉してもヘブル人種の血統を有しないものは、これまたユダヤ人と称し得ないことは当然である。

今日ユダヤ人決定の要素は外部的にはヘブルの血統を有すること、内部的にはモーゼを宗祖とするユダヤ教を信奉すること、この二つがユダヤ人決定の根本条件だとされている。

しかし大体を言えばユダヤといい、ヘブライと云い、イスラエルと云い、パレスタインというのは、われ〳〵が日本人といい、大和民族といい、豊葦原瑞穂国というようなものである。あるいは中國のことを漢民族といい、中華民國といい、唐國と言つたりするのと同様だと考えても大きな不都合はないであろう。

(2)アダムよりノアまで

本項は順序として舊約聖書に基づいて天地の太初よりノアまで簡単に記することにする。創世記の冒頭は「元始《はじめ》に神天地を創造《つくり》たまへり」と始まつている。そして「神光《かみひかり》あれと言《いひ》たまひければ光ありき」と云い、「神言《かみいひ》ひたまひけるは……樹を地に発《いだ》生すべしと即ち斯なりぬ」と云い、又「エホバの神土の塵を以て人を造り、生気《いのちのいき》を其鼻にふき入れたまへり。人即ち生霊《いけるもの》となりぬ」等々あつて、この天地はエホバの神の言霊《ことだま》と神息《みいき》とによつて生成創造されたことを物語つている。神の言霊と御息《みいき》によつて初めて造られた人間はアダムとエバであること勿論である。エデンの楽園を出て後のアダムとエバとのあいだには間もなくカインとアベルが生れた。後さらにセツが生れた。セツはアダムが百三十歳の時の子である。其後もアダムは幾人かの男子女子を生んだが、ついに九百三十歳にして人類の始祖と伝えられるアダムはこの世を去つたというのである。

以上アダムよりノアまでの系図は次の如くである。

アダム─┬─カイン─エノク─イラデ
　　　　├─アベル
　　　　└─セツ─エノス─カイナン─マハラレル─ヤレド─エノク─メトセラ─┐
┌───────────────────────────────────────┘
└─レメク─ノア─┬─セム
　　　　　　　　├─ハム
　　　　　　　　└─ヤペテ

すなわちアダムよりノアまで十代を経過している。ノアが六百歳の年の二月十七日より四十夜にわたる大雨があつて所謂ノアの大洪水となり、神人ノアの一族を残すほか、人畜生類ことごとく地上よりその影を没するに至つたのである。

これよりさき「神ノアに言たまひけるは、諸《すべて》の人の末期《をわり》わが前に近づけり。其は彼等のために暴虐世にみつればなり。視よ我彼等を世とともに剪滅《ほろぼ》さん。汝松木をもて、汝のために方舟を造り、方舟の中に房《ま》を作り瀝青《やに》をもて其の内外を塗るべし。汝かく之を作るべし云々」と、いわゆるノアの方舟を作ることを命ぜられたのである。水は百五十日のあいだ地にはびこり、かろうじてその年の七月の十七日、ノアの方舟はアララテ山の嶺《みね》に止まつたのである。十月に至つて山々の嶺が現われ、その後四十七日を経て方舟の窓より鴿《はと》を放して見るに暮方になつて鴿はその口に橄欖の新芽《わかば》をくわえて還つたのである。ここにおいてノアは水の地上より減少したことを知つたのである。

しかし地上は未だ一面の泥濘である。ようやく翌年の（ノアの六百一年）二月廿七日に至つて地面が乾いて方舟より大地に下りられたというのである。思えば前年二月十七日の大洪水以来満一ケ年餘を経過しているのである。

始祖アダムこの世に在りてより約二千年後の出来事であり、紀元前二千三百四十八年の出来事である。今日より約四千三百年前に当る。

ノアには洪水の百年前すなわちノア五百歳の時すでに三人の子があつたのである。すなわちセムハム、ヤペテの三人である。大洪水後の全地の民は皆これより出て繁衍したものだというのである。すなわちセム族、ハム族、ヤペテ族の三つがそれである。日本、朝鮮、満洲、蒙古、コーカサス、猶太等はこの中のセムの流れだと言われている。創世記十章に「セムはヱベル（後世ヘブルという）の全ての子孫の先祖にしてヤペテの兄なり」とある。

ノアはその後農夫となつて葡萄園を作り、洪水後三百五十年間生存して年九百五十歳にして昇天したと伝えられている。

（3）ノアよりアブラハムまで

イスラエル民族の太祖アブラハムは、神の選民として世界洪水より救われた神人ノアの十代目の直系である。アブラハムの初めの名はアブラムと言つたが、彼が九十歳の時、「神アブラムに顕はれて之に言ひたまひけるは、汝の名を此後アブラムと呼ぶべからず、汝の名をアブラハム（多くの人の父という義）とよぶべし。其は我汝を衆多《おほく》の国民の父と為せばなり云々」（創世記十七章）とあつて、これよりアブラハムと称し、同族の族長すなわち王となり祭祀の長を兼ねていたのである。ノアよりアブラハムまでの系図は次の通りである。

ノア―┬セム―アルパクサデ―シラ―エベル―リウ―セルグ―ナホル―テラ―┬アブラハム
　　　├ハム　　　　　　　　　　　　　　　　　　　　　　　　　　　　├ナホル
　　　└ヤペテ　　　　　　　　　　　　　　　　　　　　　　　　　　　└ハラン

アブラハムは右の図表の如く神人ノアの長子セムの血統でエベルの子孫テラの子である。紀元前二千年中央アジヤのカルデヤ国のウルという郷邑《まち》に生れて、ナホル及びハランという二人の弟があつた。後に一族と共にメソポタミヤのハランに移住して農牧に従事していたが、七十五歳の時に神命によりこの地を弟に譲つてカナンに移り子孫大いに繁栄して希伯来民族の太祖となつたのである。希伯来民族がその祖先を「ハラン」より来たと称するのはこれに依るのである。ハランは中央亞細亞のタガーマ州にあるので、日本人が其の祖先をタガアマのハラから来たというのと相似ているのである。

神彼に告げて曰く
「我汝をして衆多《おほく》の子孫を得せしめ、国々の民を汝より起さん。王等《わうたち》汝より出づべし。われ我が契約を我と汝及び汝の後の世々の子孫との間に立て永久《とこしなへ》の契約となし、汝および汝の後の子孫の神となるべし。我汝と汝の後の子孫に此の汝が寄寓《やどれ》る地、即ちカナンの全地を與へて永久の産業《もちもの》となさん。而して我れ彼等の神となるべし。神またアブラハムに言ひたまひけるは然れば汝と汝の後の世々の子孫わが契約を守るべし。汝等の中の男子《をとこのこ》は咸《みな》割禮を受くべし。是は我と汝等および汝の後の子孫の間の我が契約にして汝等の守るべき者なり。汝等その陽の皮を割《きる》べし。是我と汝等の間の契約の徴《しるし》なり云々」（創世記十七章）

このようにカナンの地。すなわち今日のパレスチナの地はこの時以来エホバの神勅によつてヘブル民族の永久の国土と定められたのである。またその時の神との契約によつて今日なお猶太人のあいだに割禮が遵守され実行されているということは全く敬服感歎のほかはない。アブラハム以来すでに四千年に垂んとしているのである。アブラハムはこの時すでに九十九歳であつたが直ちに神の命を畏みて陽根の皮を切り割禮を受けたというのである。一族の男子たるものことごとくこれに準つたことはいうまでもないことである。猶太人とは神徳禮讃者の義であると仄聞していたが実にふさわしい名称であると思う。

（4）ヤコブと十二支族

アブラハムは妻サライとの間に八十歳を越えても子がなく、妻のすゝめによつて埃及生れの侍女ハガルを入れて一子イシマエルを得たが、後百歳にして本妻のサライとの間に神より特に実子イサクを授けられた。

イサクは四十歳の時メソポタミヤのナホル（アブラハムの弟）の系統からリベカという妻を迎えて、六十歳の折エサウとヤコブの二子を得た。二人は双生児であつて兄をエサウといい弟をヤコブと云つた。ヤコブは祝されて相続者となり後その別名をイスラエルと称したことは前項（1）に述べた通りである。

ヤコブは母リベカの兄ラバンの二女ラケルを正妻とし、その姉なるレアを副妻とした。レアにはルベン、シメオン、レビ、ユダ、イツサカル、ゼブルンの六子が出來、ラケルにはヨセフ、ベニヤミンの二子があつた。さらにレアの侍女ヂルパを入れてガド、アシエルの二人が出来、さらにまたラケルの侍女ビルハを入れてダン、ナフタリの二人が出來たのである。これがいわゆるイスラエル十二支族の祖となつたのである。図示すれば次の通りである。

イスラエル十二支族表

○印は行方不明

(十二支族の祖)イスラエル(ヤコブ)
- (正妻)ラケル
  - ヨセフ
    - マナセ○
    - エフライム○
  - ベニヤミン
- (副妻)レア
  - ルベン○
  - シメオン○
  - レビ
  - ユダ
  - イツサカル○
  - ゼブルン○
- (ラケルの婢)ビルハ
  - ダン○
  - ナフタリ○
- (レアの婢)ジルパ
  - ガド○
  - アセル○

今日われ〳〵が猶太人と呼んでゐるのはこの十二支族の中のユダ、レビ、ベニヤミンの三支族の合同したものをいつているのであつて、レビ族は特に神明奉仕の大役を承り一支族たる権利を放棄しているのである。それでヤコブすなわちイスラエルの正嫡たるヨセフ族はマナセ、エフライムの二支族に分れ、代つて十二支族を構成しているのである。

(5)ヨセフよりモーゼまで

ヤコブすなわちイスラエルは自分の多くの子供の中で特にヨセフを愛した。それがためにヨセフは他の多くの兄弟達に嫉まれていた。ヨセフが十七歳のある日に他の兄弟達のために衣を剝がれ穴に投げ入れられ、さらに穴から引きあげられて通りがゝりのミデアンの商人に銀二十枚で売られてしまつた。ミデアン人はさらに埃及に行つて埃及王の侍衛長ポテパルという人にヨセフを売つたのである。

かくしてヨセフは十数年の後三十歳にして埃及王パロに見出されて埃及の宰相となつたのである。それから六、七年の後、父ヤコブはじめ兄弟達も全部ヨセフに迎えられて埃及に移住することになつた。この時ヤコブは百三十歳だつたが、その後十七年間生存して百四十七歳で埃及で亡くなつた。その遺骸は遺言に従つてアブラハム以来の先祖の墓地であるカナンの地のマクベラの洞穴に葬つたと言われる。

ヨセフはこれよりさきオンの祭司ポテパルの女アセナテを迎えてマナセ、エフライムの二子があつた。ヤコブはその存命中にヨセフの長子マナセよりも弟のエフライムに望みを嘱していた。「弟は彼よりも大なる者となりて」と云い、また「エフライムをマナセの先にたてたり」（創世記四十八章）と云つてエフライムを祝福したのである。

ヨセフは十七歳にして他国に売られ、三十歳にして埃及の宰相となり、その後数年にしてイスラエルの全家族を埃及に迎え、百十歳にしてその生涯を閉じたのであるが、その後イスラエルの子孫が埃及に於て著しく殖えると共に、ヨセフの功績を知らざる新王が起つて、イスラエル人に対する極端な弾圧を始めた。

最初は重税や労役を以てしたが、後には産婆に命じてイスラエル人の男の子はことごとく生れながらにその床の上にて殺すべしと命令した。さらにまたすべての民に命じてイスラエルの男の子が生るゝならば汝等ことごとくこれを河に投げ入れよと厳命したのである。

こうした事情の下に長くイスラエル人が埃及王の虐政に苦しめられていた時に生誕したのが偉人モーゼである。

彼は生れて三月間母親の下に匿まわれて育つたが、厳しき当時の探索《さく》を恐れて母はこれを葦の箱舟に乗せて河辺の葦の中に置いたのである。それを埃及王の王女が拾い上げてモーゼと名づけ自分の養子として王宮に育てられたのである。

当時埃及の隣国にエチオピアがあつて両国間に戦争が始まつた。埃及は戦い不利にして深くエチオピアに侵略されてしまつた。時に神の御告げがあつて「ヘブル人の力を借らなければならない」ということであつた。そこでモーゼは埃及王の乞いによつて起ち上り、ついに大勝を博して凱旋したと伝えられる（高橋俊郎著「猶太神話」）、しかし聖書の中にはこの伝は見たことがないように思われる。

のちモーゼは埃及におけるイスラエル人の苦難を見るに忍びず、神命のまに〳〵意を決してカナンの故地に還るべく一族数十萬を引率して遂に埃及を脱出するに至つたのである。この間イスラエル人の在埃及期間は約四百年である。

「イスラエルの子孫のエジプトに住居し、その住居の間は四百三十年なりき」（出埃及記十二章）、また脱出した人数は「子女の外に徒《かち》にて歩める男六十萬人ありき」（出埃及記十二章）と伝えられている。埃及を出て目的地のカナンに達するまで約四十年間荒野にさまよい、あるいは敵と戦い、あるいは飢餓と戰つて史上曾て類例のない辛酸をつぶさに甞めたのである。有名な紅海の難もこの時の出來ごとである。

モーゼは脱出当時八十歳、兄のアロンは八十三歳だつた。モーゼはこの間にあつて民の自暴自棄を矯正せんがために神の啓示によつてその時々にしたがつて十誡および律法を制定した。これが後の猶太教および猶太教典の濫觴となつたのである。今日モーゼを以て猶太教の開祖と称するのはこれによるのである。

かくしてモーゼは四十年の後に幾多の艱難を凌いでカナンの故地に一族と共に帰還することが出来たのである。

そしてモーゼはのち間もなくモアブの平野よりネボ山に登つて神の言葉の如くこの山において多難な百二十年の生涯を終つたのである。紀元前一千四百五十一年、今を去る三千四百年前のことである。

猶太の三種の神宝と言われる所謂モーゼの十誡石（正しく言えば「神の十誡石」）も、祭司アロンの短杖も、マンナと称する穀物を納めた黄金の壺なども皆この埃及脱出当時の苦難時代に得られたものである。

（6）ダビデ及びソロモン時代

モーゼの死後は当時の副将であつたヨシュアが全民族の長として立ち近隣の多くの異民族を攻めてその国々を亡ぼし大いに勢力を張つたが、ヨシュアの歿後彼等民族の間にいろ〳〵な内訌が起つて、モーゼの律法は犯され、イスラエルの神は疎略にされてようやく災厄にあい、ふたたび不幸を知るようになつた。ある時はアッスリヤの下に仕え、ある時はモアブに仕えた。

ヨシュアの後ダンの族《やから》より英雄サムソンが起つたり、サムソンの死後祭司のエリがイスラエルを治めたり、次いでレビの族よりサミエルが立ち、サミエルに次いでベツレヘムのヂースの子サウルが立つてイスラエルの王となつたのである。

サウルの次に立つてイスラエル全王国の首領となり、名実共に希伯來王朝を建つたのがダビデである。

ダビデはユダ族の出身でベツレヘムのエサイの子で羊牧《か》いだつたのであるが、サウルに見出されてサウル王の女ミカルを妻とし、後全イスラエルを統一しエルサレムに都し即位して王となつたのである。

彼は性来非常な敬神家だつた。即位後神の櫃《はこ》を運ぶ時に自ら神の前に舞い謡い、ついには裸踊りをしたことさえ伝えられている。神の契約の櫃の前に盛大な燔祭や酬恩祭を行なつたことは勿論である。のち彼は予言者のナタンに計つて神のために神殿を設けてそこでいつまでも神を祀ろうとした。その時「神は喜んでダビデの志を受ける。今迄に神の為に神殿を設けたものは一人もなかつた。イスラエルの民興つてより、神は常に貧しい天幕《テント》や破れ朽ちた祭壇にのみ祀られていた。今敬神の念の深いダビデがこれを建てようと企てた事は将にその人と時を得たものである」と、神の意は斯うであつた。

ダビデは神の厚い御加護によつて七年と六ケ月のあいだヘブロンにてユダの族を治め、またヱルサレムにおいて三十三年のあいだ全イスラエルを治めた。

又彼は神殿建立のためにおびただしい資材を全国にわたつてあつめたが遂に存命中に着手する運びに至らなかつた。彼は豪毅磊落な武人であると同時に詩人でありまた藝術家でもあつた。舊約の詩篇は大半彼の作であり、琴その他の楽《がく》にも才能を有し、謠や舞にも長じていたようである。

ダビデは存命中すでに自分の子ソロモンを立てゝ王となし、後事を托してのち間もなく城中に歿した。

ソロモンは父王ダビデの遺志を繼いで即位後の四年にヱルサレムの神殿建立に着手し、七年の歳月を費して世にも稀なる燦然たる大神殿を造りあげた。

彼はまたその後引続いて十三年を費して自分の宮殿をヱルサレムに建てた。世に所謂「ソロモンの栄華」はここに始まつたのである。

これよりさきダビデは「その子ソロモンを召して、イスラエルの神ヱホバの為に家を建ることを命ぜり……我名の為に家を建《たつ》べからず」（歴代志略上廿八章）としかるにソロモンは今「我名の為に」十三年にわだる大宮殿を建て父王の志に反いたのである。

ソロモンの名については、神ダビデに臨んで曰く「視よ男子汝に生れん。是は平安の人なるべし。我これに平安を賜ひて、その四囲《まわり》の諸々《もろもろ》の敵に煩はさるゝこと無《な》からしめん。故に彼の名はソロモン（平安）といふべし。彼の世に我平安と靜謐をイスラエルに賜はん」（歴代志略上廿二章）

このようにソロモンは神に祝福されて立つていたのであるから、その名の如く極めて平安な時代を送つたのである。

彼の妃《きさき》となつたもの七百人、妾となつたものは三百人の多きに達したと伝えられ、その中には自国以外のシドンや、チリヤ、あるいはアムモン、エドム等の異国の女なども沢山混つていたということである。

彼は異邦の女達の歓心を買うために神の律法に叛いて彼女達の国々の偶像を拜したり、異国の慣習法律にまで従つたのである。

かくの如くしてイスラエルの神の怒りがようやく彼の身に泌みたときにはすでに遅かつたのである。かれの敵はエドムに起つて、彼に叛旗を飜そうとしていたのである。すなわちエドム王の末裔ハダデがそれであつた。ハダデは埃及に逃れ、埃及王の王妃の妹を與えられて、時機の至るを待つていたが、ソロモン王の在世中には何事も起らずそのまゝ経過した。

ソロモンがエルサレムにおいてイスラエルの全地を治めたのは四十年であつた。

ソロモンの歿後はその子のレハベアムが代つて王位に即いたが、間も無く南北両朝に分裂してしまつた。

ダビデとソロモンの二代七十三年間が全イスラエルの統一期間であつて彼の王朝時代であり希伯來民族の全盛時代だつたのである。

当時の版図はメソポタミヤの地方一帯と、ユーフラテス河の沿岸にわたる広大な土地と、埃及のナイル河畔にまで及ぶ大王国であつて、当時の諸国文化の中枢だつたと言われているのである。

ソロモンの詩歌一千五百、箴言《しんげん》三千は有名であるが、彼の智慧はまた東洋の人々の智慧と埃及のすべての智慧にも勝つていたと聖書に書いてあるように、かれもまた父王のダビデに似て相当な文才と智慧の持主だつたらしい。

この項の最後に特筆大書して置き度いことは、ソロモン王が神殿を造営して、ヱホバの契約の櫃をダビデの城《まち》すなわちシオンよりかき上げて神殿の至聖所に納める時に、その中には三種の神宝中の二種がすでに失なわれていたということである。

「櫃《はこ》の中《うち》には二の石牌《いしのいた》の外《ほか》何もあらざりき云々」(列王紀略上八章)と、すなわちアロンの短杖とマンナの壺は此時すでに無かつたのであろう。紀元前約一千年、今を去る約三千年前のことである。

(7) 南北朝時代とその末路

モーゼがヱホバの神を民族の唯一神として確立し、民族精神を統一し「選民思想」もここに胚胎して希伯来民族のかたい結束が出來たのであるが、その後十二支族に分れてたがいに争い民族の統制が保たれなくなつた。そこへ高僧サムエルが出て来てサウルを立てゝ国王とし、ついでダビデが起つて全イスラエルを統一したのであるが、その子のソロモンを経てレハベアムの立つにおよんでふたゝび民族の統一を失ない南北両朝に分裂するに至つたのである。

北朝はイスラエル王国と称してサマリヤに首都をおき、もとソロモンのしもべであつたヤラベアムがユダ族以外のイスラエル民衆におされてその国王となつた。南朝は猶太王国と称して聖都ヱルサレムに拠り、ソロモンの子レハベアムがユダの全家とベニヤミンの支派をひきいてその国王となつたのである。

北朝のヤラベアムはイスラエルに王たること二十二年にして逝き其の子ナダブが代つて王となつた。南朝もまたソロモンの子レハベアムが猶太に王たること十七年にして世を去りその子アビヤムが代つて王となつた。両朝のあいだには常に戰争の絶え間がなく遂にふたたび合同することなくして、イスラエル王国は紀元前七百廿二年ホゼヤ王の時にアッスリヤ王サルゴンのために亡されてしまつた。ここに南方猶太朝は全国を代表しイスラエルの名称は廃れて一般に猶太人と称せらるるに至つたのである。しかるに猶太王国もまたそれより百三十餘年を過ぎて紀元前五百八十八年ゼデキヤ王の時代にバビロンのネブカトネザル王のために滅されてしまつたのである。しかもその最後は何れも悲惨極まるものであつて、亡国後のパレスチナの惨状は実に言語に絶するものがあつたと伝えられる。

ダビデ王当時にはユダ族のみで百萬を数え、全国民四百萬と称せられたイスラエル国民が、その後戦争、饑饉、悪疫等が相続いて起つたために、亡国当時はわずかに十数萬に過ぎなかつたと言われる。そしてこの十数萬人中老幼、不具者のほかはことごとくバビロンに捕われ、残餘はあるいはメデヤに、あるいは埃及にあるいはフェニキヤに脱走したが、至るところで奴隷商の手に渡つて悲惨な生涯を終つたものが多いとされている。

聖書は当時の消息を次の如く伝えている。

「神の室《いへ》を焚《や》きヱルサレムの石垣を崩《くづ》し、その中の宮殿《みやく》を盡《ことごと》く火にて焚き、その中の貴き器《うつは》を盡く壊《そこな》へり。また剣をのがれし者等《ども》はバビロンに擄れゆきて彼処《かしこ》にて彼とその子等の臣僕《しもべ》となり、ペルシヤの国の興るまで斯てありき云々」（歴代志略下卅六章）

（8）王国終焉より耶蘇生誕まで

バビロンの侵入を受けて猶太王国が亡んで以來五十餘年を経過して紀元前五百三十六年ペルシャ王

クロスが起つてバビロンを征服し、ただちに全国に向つて次の様な詔書を布告した。

「ペルシヤ王クロスかく言ふ。天の神ヱホバ地上の諸国を我に賜へり。その家をユダのヱルサレムに建つることを我に命ず。凡そ汝らの中もし其民たる者あらば、その神の助を得て、ユダのヱルサレムに上りゆき、ヱルサレムなるイスラエルの神ヱホバの室を建つることをせよ。彼は神にましませり。其民にして生存《いきのこ》れる者等《ども》の寓《やど》りをる処の人々は之に金銀貨財家畜を与《あた》へて助くべし。その外にまたヱルサレムなる神の家の為に物を誠意《まごころ》よりさゝぐべし」（以土喇書一章）

これによつてバビロンに連れて行かれた虜囚も全部釈放され、聖都ヱルサレムに帰還することが出來たのである。しかし当時帰還したものはわずかに四萬人に過ぎなかつた。しかるにこれを伝聞した離散同胞は埃及よりあるいはフェニシヤより、あるいはギリシャ、多島海方面より帰還するものが陸続として加わり猶太国の復興熱が勃然として起つたのである。

かくてソロモン造営の神殿がバビロンに破壊されてから約七十年後のペルシャのダリヨス王の六年にふたたび聖都ヱルサレムに神殿が完成したのである。時維れ紀元前五百十六年のアダル月の三日に当るのである。

かくて約二百年間イスラエル人はペルシャの治世を謳歌していたのであるが、紀元前三百三十二年マケドニヤの怪傑アレキサンダー大帝のためにペルシャは席捲され、ヱルサレムもまたマケドニヤの支配するところとなつたのである。しかるにマケドニヤもまた紀元前三百廿三年アレキサンダーの死後国内が分裂して勢力を失ない、パレスチナはついに埃及王トレミーの治下に加えられ、のちさらにシリヤに隷属し幾多の波瀾を経過してついに紀元前六十三年（あるいは紀元前三十七年六月ともいう）ローマの武将ポンペイに征服され猶太国はここに全く最後の呼吸と共に終焉を告げるに至つたのである。

耶蘇はこうした未曾有の民族的苦難時代にユダヤのベツレヘムに生誕したのである。この耶蘇生誕の年を以て紀元元年とすることは論をまたない。当時ヱルサレムの人口は六十萬であつたと伝えられている。

しかるにその後ローマに対するユダヤ人の叛乱がしばしばくり返されたので、ついに紀元百三十五年（あるいは紀元七十年八月十日ともいう）時のローマ帝ハドリアンヌスはユダヤ民族の徹底的な弾圧を決意し、パレスチナより彼等を追放する目的を以て苛酷な重税を課したり、またヱルサレム市内にその居住を厳禁したりしたのである。またパレスチナの彼等の故地をシリヤ・パレスチナと改称した。

ここにおいて彼等は国民としての集団力を失ない、埃及、バビロン、シリヤ、波斯と故国を棄てゝ離散し、その先々で部落を作つて、所謂「ジャスポラ」と称する分散生活を始めたのである。ここに猶太の国民的生活は全く終りを告げたのである。しかしこれがために彼等は却つて世界的活躍の途を開き、やがて世界を掌握する基礎を作つたのである。神の経綸の雄大微妙にして到底人智の測知すべからざるものであることは今さら驚歎のほかはない。

四、失踪せる十支族と南北正閏論

希伯来王国はかつてダビデ、ソロモン等の英邁なる君主が出て、その勢威は四隣を圧したが、紀元前九五三年ソロモンの歿するや南北両朝に分れ、北をイスラエル王国、南をユダヤ王国と称し、北朝イスラエル王国は紀元前七百廿二年にアッスリヤに滅され、南朝ユダヤ王国もまた紀元前五百八十八年にバビロンに亡された。そしてさらに紀元前六十三年ローマのために最後の蹂躙を受けて以来その民族は四散し各国に流寓し絶えず迫害され、かつ虐げられつゝ今日に至つたのであるが、その間イスラエル民族を構成する十二支族中の二を残して、あとの十支族は今日なお行方不明である。

すなわち十二支族中の南方ユダ王国を構成していたユダおよびベニヤミンの二支族は今日なほ猶太人と称して現存し頗る健在であるが、北朝のイスラエル王国を構成していた十支族は全然行方不明である。

今日まで専門の学者が幾世紀にもわたつて怠らず研究を続けているのであるが、ついに何等の得るところなく徒らに「失踪せる十支族」の墓石のみ寂しく残つているのである。

ここに北朝イスラエル王国と、南方ユダ王国との正閏を論ずるならば、それは前章(4)(5)項においてすでに挙げた所によつて明瞭である如く、南朝の系統はイスラエル(ヤコブ)の副妻レアから出たユダ族を主体とし、これにレビおよびベニヤミンの支派を加えたもので、一般にイスラエルの閏系とされているのである。これに正妻ラケルの子ヨセフは十二子の中でも特にヤコブより祝福されていたもので、ヨセフの子エフライムの血統を以てイスラエルの正系としているのである。しかし両者のあいだには早くから混血のあることは勿論である。

イスラエル全民族はユダを中心とするものと、エフライムを中心とするものと二つに分れるのであるが、全イスラエルを打つて一団とした時はその中心はエフライムに在るとされる。十二支族中でもつとも重要な支族はエフライム(正系)とユダ族(閏系)である。しかるに閏系ユダ族の現存に引換えて、正系エフライム族は何故に消滅したか。もちろん消滅する筈がないとすれば何処に其の姿を隠したか、そしてその踏晦の理由は何処にあつたか。これが解決は今日の世界に課せられた重大な問題である。この論は主として酒井勝軍氏のいうところを参考とし聖書に照合して見て間違いないと思うのであるが、幾千年の長いあいだに各国各民族互いに出入し混血して今日に至つているので、おそらく現実問題としての正閏の審判は神以外に容易にこれを断定し得ないものだと思われる。血統のみを以て論断し得ないことは聖書の中に幾多の実例がある。例えばサウル王は膏《あぶら》をそゝがれたる人なれどもその子かならずしも王統を繼がず、神はエサイの子ダビデに膏をそゝがせ給い、ヱホバの霊《みたま》はサウルをはなれてダビデに臨ませ給いしことを伝えている。またヤラベアムはソロモンの僕《けらい》であつたが、神はこれに十の支派を與えてイスラエルの王たらしめたことを聖書は伝えているのである。ゆえにわれ〱は血統の正閏と同時に聖書の予言と、その神の契約による律法と憲《のり》を何れがよく守りつゝあるかを併せて吟味する必要があると思うのである。また神の経綸の深遠にして宏大なることを思えばみだりに忖度すべからざるものがあると思うのである。

五、猶太研究に對する余の見解

次章以後は本著における眼目であつて、本章以前は単にその予備として掲げたに過ぎないのである。そこで本論に入る前に猶太研究に対する余の見解ならびその立場を明らかにしておき度い。というのはすでに二章に述べた如く、従来日本国内において雑多の猶太研究が行なわれているが、果して著者はそのいずれに属するのであるか、また諸多の研究に対して如何なる見解を有し現在どんな立場に立つて本著を書かんとするのであるか、おそらく読者としても知りたいところであり、著者としても語らねばならないことであろう。

私の論は常に反猶主義とは対蹠的な立場にあつたことは今さら申すまでもない。しからば酒井、小谷部の両氏や、太古文書研究の一連すなわち山根、吉田等々と同じ意見かと言われるならば断じて否である。今日の私にとつては彼等は恰も「似て非なるもの」と断ぜざるを得ないのである。それは如何なる點かと言えば彼等はことごとく「天皇メシヤ説」の独断者であり、そのための親猶主義論者であつたからである。

筆者はバイブルの全体的な思想から見て、永遠に至る王とか、世界の民の来り拜する王とかいうのはメシヤと自《おのづか》ら別個の概念だと考えている。すなわち帝王とメシヤとは別個の概念だと考えているのであつて、帝王即メシヤ説に反対するのである。

筆者も初めは小谷部、酒井氏などとほとんど同様な考えを持つていたが、その後神示のまに〱聖典を精細に検討した結果数年前その根本的誤謬を発見し、今は彼等と立場を異にすること恰も猶太教徒が耶蘇教徒に対すると同様な立場に立たざるを得なくなつたのである。しかしこれを詳細に述べることは本著の目的でないから、今は単に筆者は以上のような立場にあることだけを闡明しておくにとゞめる。

小谷部氏はその著「日本及日本国民の起源」において日本の基礎民族はイスラエル民族であると断じ、特に日本の先住民族と言われる土蜘蛛、蝦夷ならびにヱビス等(彼はエゾとヱビスを異種族という)を先に到着せるヘブルの中の一派とし、天孫民族はその後に来れるガドの一族だと云い、また高天原とはアーメニヤのタガーマ州のハランだと説いていることなどには私は別に反対する理由を持たない。むしろ全巻を通じて啓発される點が頗る多い。酒井氏についても前記「天皇メシヤ説」さえ取除いたら、そのまゝ以てわれらの理論とすべきものが多いのである。木村鷹太郎氏の説は定評の如く脱線も多いが、他に見られない重要な示唆に富んだものがあるようである。特に同氏著「耶蘇教の日本的研究」と「日本太古史」において然りである。

私は次章以下において「秦人即イスラエル人説」を明瞭ならしめたいと思つている。小谷部氏の筆法を以て言えば、秦氏族は日本々土に到着した一番最後のヘブルの一派なのかも知れない。

六、太秦の研究

(1) 太秦とは何ぞや

人若し太秦（禹豆麻佐）とは何ぞやと問うならば、その答は三つある。一は地名であり、二は寺号であり、三は人の苗字である。

一はもと京都府葛《かど(り)》野郡太秦村と称する村落の名前であるが、今は京都市内に編入され、京都市右京区の一町名となつている。

二は京都府葛野郡太秦村に千三百年前、秦河勝公によつて建てられた廣隆寺の別称すなわち太秦寺のことである。

三は今から約千五百年前雄略天皇の時代に秦氏に賜わつた姓号すなわち苗字である。

しかし「太秦」の二字を禹豆麻佐《うづまさ》と訓むに至つた年代及び禹豆麻佐とは如何なる意義であるかについては国学の権威本居宣長の古事記傳にすら「不詳」の二字を以て答えている。右三者の中で何れが先かと言えば、それは姓号が先に用いられ、次に地名、寺号の順序ではないかと考えられる。

（2）太秦の稱呼出現の年代

禹豆麻佐《うづまさ》の姓については早くも日本書紀の雄略紀に「十五年辛亥、秦民分散、臣連等各隨欲駈使勿委秦造、由是秦造酒、甚以為憂而仕於天皇、天皇愛寵之詔、聚秦民、賜於秦酒公、公仍現率百八十種勝、奉獻庸調御調（作物御調也）絹縑充積朝廷、因賜姓曰禹豆麻佐（一云禹豆母利麻佐皆盈積之貌也）」

と見えている。即ち西紀四百七十一年の頃にすでにウヅマサなる姓が存在したことは明らかであるが、ウヅマサに太秦の二字を充当して用いたのは何時頃かは明瞭でない。しかし續日本紀才十四巻聖武天皇天平十四年の記事に太秦の二字が初めて現われている。曰く

「八月丁丑、詔授造宮錄正八位秦下島麻呂従四位下、賜太秦公之名並銭一百貫、絁一百疋、布帛二百端、綿二百屯、以築大宮垣也」

すなわち秦下島麿が造宮職として大宮垣を築造した功績によつて位階を進められ沢山の金品を戴いたほかに、さらに「太秦公」の名を賜わつたというのである。西紀四百七十餘年雄略天皇の時秦造酒公に「禹豆麻佐」の姓を賜わつてから二百七十餘年を経て「太秦」の二字が史上に現われたのである。

この間ウヅマサの名称は盛んに用いられていたものと見えて、皇極天皇の時代に東国不盡《ふじ》河《かわ》の辺に起つた一種の迷信を征伐した秦河勝公を賞讃した当時の俗謡に

「禹豆麻佐波、柯徴騰母柯徴騰、枳挙曳但屢騰挙預能柯徴乎、宇知岐多摩須母」（書紀廿四巻）というのがある。確かこの歌は古語拾遺にもあつたように記憶する。

この俗謡は雄略天皇の「禹豆麻佐」を去る百七十年、聖武天皇天平十四年の「太秦」に先立つこ

と百年の頃に民間において盛んに謡われていたものらしい。これによつて考えると「ウヅマサ」の語は雄略朝にすでにあつたとするも「太秦」を「ウヅマサ」と訓むに至つたのは大体聖武天皇の天平十四年即ち西紀七百四十二年以後と断定して不都合はないであろう。佐伯好郎博士その他の説も大体これに一致しているようである。

以上のように太秦《ウツマサ》の称は初め秦氏族に賜つた一の姓だつたのであるが、後には秦族すなわち太秦族の居住する一帯の地域の名称となり、さらに彼の地に同族の中心人物たる秦河勝公の建てた寺をも太秦寺と呼ぶようになつたのであろう。

（3）ウヅマサの名稱の意義

江戸時代の碩学太田錦城は梧窓漫筆拾遺の中において「ウヅマサといふは胡語蛮語の伝はりたること明白なり」と述べて、ウヅマサという言葉は日本語でないという意見を表明している。

また高楠順次郎博士は「世紀に輝くもの」という著書の中で「太秦（ウヅマサ）といふのは、端正で正しい本家ということであらう」と述べているが、どうしてそういう風に解せられるのか、また何国の語であるのか、そうした點については少しも説明していない。

佐伯好郎博士は明治四十四年発行の「景教碑文の研究」の中において『ウヅは光、東、文化、開化の意義を有する希伯来語にして、マサは貢物、賜物といふ意義なるを知る。嗚呼此如き事実に対して尚且つ吾人は太秦は秦の始皇帝の子孫の留居遺跡とせざるべからざるか。思ふにウヅマサは秦民族自称の名詞なりしを、時の帝王の公認を経て日本の名詞となりしものにあらざるか云々』と、あるいはこの辺の理論が一番真に近いのではないかと思う。

（4） 秦民族の帰化と共人口

秦民族が大挙して日本に帰化したのは正史によれば才十五代應神天皇の十六年である。日本書紀應神天皇の条に

「十四年足歳弓月君自百濟来朝、因以奏之、曰臣領已国国之人夫百二十県而帰化、然因新羅人之拒、皆留加羅国、爰遣葛城襲津彥而弓月之人夫於加羅、経三年而襲津彥不来焉」

と、そして十六年の条に

「十六年八日遣平群木菟宿禰、的戸田宿禰於加羅、仍授精兵詔之曰、襲津彦久之不還、必由新羅人拒而滞之、汝等久住之撃新羅、披其道路、於是木菟宿禰等進精兵、落干伽羅之境、新羅王愕之、服其罪乃率弓月之人夫、與襲津彥共来焉」

とすなわち應神朝の十四年の記事によれば、当時弓月君（又は融通王とも称す）が百二十県（或

は百廿七県ともいう）の秦民を引率して百済を通過して日本に帰化する予定のところ、途中新羅人がこれを遮つて邪魔をしたので、日本政府は葛城襲津《かつらぎのそつ》彦《ひこ》を遣わしたが、五年経ても襲津彦が還らないので、ついに同十六年日本政府はさらに弓月君一行の道を拓くべく平群木菟宿禰、的戸田宿禰に精兵を授けて新羅に進発させたところが、新羅王はおどろいて罪に服したので無事襲津彦と共に弓月君は百廿七県の民を率いてわが国に帰化したのである。時はあたかも西紀二百十六年に相当するのである。

その帰化人数が果して幾許なりしかは明瞭でないが、当時のいろ〳〵の状況から見て大体学者は十萬内外と概算しているようである。

今から千七百三十年前の人口稀薄な当時において十萬の帰化民族が新たに加わつたということは決して小さな事件ではない。その比率においては恐らく今日百萬の異民帰化人を迎えるのに匹敵するであろう。

秦族の一番最初に日本に帰化したのは御承知の秦の徐福である。これは西暦紀元の三四百年も前である。彼は秦の始皇帝の命によつてわが国に不老不死の神薬を求める為に童男童女数百人を引連れて来朝し、ついに帰化して紀州に歿したと云われ、今なお紀州熊野の新宮に彼を祀ると伝えられる祠廟が残つている。

また次に才十四代の仲哀天皇の朝に秦始皇帝十三世の末孫と伝えられる功満王が来朝して帰化したことはすでに正史の伝えるところである。そして次の應神朝に前記の如く秦始皇帝の才十四世と称する弓月君即融通王が百廿七県の民を率いて大挙帰化したのである。

この新来の大部隊はその後如何に生長して行つたか。日本書紀雄略紀に「秦氏分散、臣連等各隨欲、駈使勿委秦造」と、この日本書紀の記録に該当する記録が姓氏録の山城国諸蕃秦忌寸の条に左の如く記されている。

「秦酒公、大泊瀬稚武天皇(諡雄略)御代儞普洞王時秦氏摠被劫略、今見在者十不存一請遣勅使檢括招集、天皇遣使小子部雷率大隅阿多隼人等捜括鳩集得秦民九十二部一萬八千六百七十人、遂賜於酒」

以上によつて見ると弓月王等の帰化後雄略天皇に至る間約二百年足らずのうちに各地に分散移植した秦民は次才にその地方の勢力者である臣連等に劫掠されて秦族を取締るべき秦造の威令も行なわれず今は移植当時の十分の一も存在しなかつた。そこで当時天皇の寵を得ていた秦酒公はこの情勢を憂慮して雄略天皇に訴えたので、天皇は小子部雷《ちいさこべのすがる》を遣わして秦民族を捜括し鳩集せしめられた。その結果秦氏九十二部、一萬八千六百七十人を得たというのである。

それから七十年後の欽明天皇元年すなわち西紀五百四十年に秦大津父が諸蕃の戸籍を編貫したところが、秦氏の戸数は七千五十三戸あつたというのである。この調査は一般に姓氏録の記事よりも

信憑すべきものだとされているのである。すなわち日本書紀欽明紀に

「欽明天皇元年、八月高麗、新羅、任那等遣使、献並修貢職、召集秦人、漢人等諸蕃投化者、安置国郡編貫戸籍、秦人戸数惣数七千五十三戸以大蔵椽為秦伴造」

ここに大蔵椽とは当時の財政長官の職名であつて、秦大津父が当時の大蔵椽の顯職に在つたことが知られるのである。

ここには秦人戸数惣数七千五十三戸とあつてその人口は挙げていない。しかし当時の家族制度による一戸の人口は相当多数であるから、それから推算すれば大体の見当はつけられる。

これについて喜田博士はその時の秦氏の人口は十五萬人だと言つている。これは当時の家族制度から見て一戸当りの口数普通二十人前後であるところから推算したもので、秦氏研究の権威眞野氏などもこの説を支持している。

（5）秦をハタと訓む理由

秦を何故「波多」もしくは「幡多」「波陀」と訓むかという理由は、太秦を何故ウヅマサと訓むかということゝ同じく未だ定説はないが、新撰姓氏錄の太秦公宿禰の条に

「仁徳天皇後世以百廿七県秦民分置諸郡、即使養蚕織絹、貢之天皇詔曰、絹王所献絲綿絹帛、朕服

用柔溫肌膚賜姓波多公云々」
とあり、又同書秦の忌寸の条に
「男眞徳王次普洞王云々大鷦鷯天皇（謚仁徳）御世賜姓曰波陀今秦字之訓也」
さらに古語拾遺を見るに
「所貢絹綿軟於肌膚故訓秦之謂之波陀也」
このように姓氏錄、古語拾遺は共に「波多」を以て肌膚に帰しているけれども、宣長は古事記傳において「かくては溫又は軟の言を取るべきも肌を取る理由なし」と断言し、新井白石の東雅にはハタの訓は韓語なりとしているがいずれも納得し難いものがある。金澤博士の「國語の研究」には秦の訓については機織工業を意味すると共に、海を渡つて入り来れることを言い表わすものであるとして、独特の「秦訓朝鮮語説」を主張している。すなわちハタは朝鮮語の海を意味するからだというのである。

　高楠博士の説は一番詳細で首肯されるように思うから少し長いけれども左に掲げる
「秦といふ地は秦の始皇や、唐の太宗の出た処で、萬里長城の曲つた処あたりで、今の甘粛省である。コタンの機織業をそのまゝ受けて居つたので、秦を「はた」と云ふ。「はた」はコタンの古名豁旦（クワッタン）から来た語である。」（高楠博士著「世紀に輝くもの」一五三頁）と云い、更に同

著一七七頁に

「秦氏は豁旦《クワッタン》の機織を伝へたのであるから、これに関係のものは皆「ハタ」といふ。「ハタ」は「ハタン」の略で「クワッタン」の転である。アラビヤで綿を「クェタン」と云ひ、西洋で「カッタン」「コットン」と云ひ、印度で布帛を「パタ」「パッタ」と云ひ、バビロンのスメル語で「カタ」と云ふのも、皆これから来たのである。PとKとはアリヤ語内では互化する例は多々ある。日本では織つた絹布を「ハタ」と云ひ、作つた衣服をも「ハタ」と云ひ、織る機械をも「ハタ」と云ふ。日本紀には機械《ハタ》を「ハタモノ」と云つてあるが、今は単に「ハタ」と云ふのである。織る人も「ハタ」姓で呼ばれ、織る材料も「ワタ」と云ふ。「ワタ」は「キヌハタ」「サハタ」「マハタ」などの音便から転訛したのである」

以上の説はたしかに傾聴に価すると考える。今日の「カタン糸」という言葉や、青森地方の「カナ糸」という言葉などもみな同系のものと思われる。

高楠博士の説に従えばスメル族の発生地である崑崙山を降ればその豁旦（和闐《コタン》）であるから、豁旦より来れる秦民族というのはスメル民族だということになるらしい。

秦をハクと訓み、太秦をウヅマサと訓むことは共に、彼等の故国より持ち来れる言葉を、時の天皇の認許によつて公称するようになつたものと思われる。

(6) 京都太秦と秦民族

嵯峨、松尾の連峰を西に望み、葛野川《かどのかわ》(今の桂川)のゆるやかに南流するところに葛野平野が展開している。千数百年の昔、くわしく言えば西紀二百十七年應神天皇の朝にわが国に帰化した数萬の秦人が、平安奠都に先立つこと五百年も以前から此地に定住していたのである。太秦を中心に巨《お》椋池《くらのいけ》以北の山城北部一帶にかけて帰化人の繁延していたという由緒ある地方である。弓月王と共に帰化した数萬の秦民族は前項すでに(2)(3)(4)において述べた如く各国郡に分散配置され、一部は襲津彦の本居なる大和葛城地方に、その過半は山城各地に配置されたと伝えられるのであるが、さらに雄略朝(西紀四五七)において、分散せる秦人を全部集めて今の京都太秦の地に定住せしめたと言われるのである。その後約百年を経て欽明朝(西紀五四〇年)の戸籍調査の時にはその総計七千五十三戸の秦人家族の戸数があつたというのである。

こうした秦人繁延の該地を撰んで秦河勝公が聖德太子の命によつて推古天皇十一年西紀六〇三年に太秦廣隆寺を建立したのである。

(7) 太秦廣隆寺縁起

日本書紀推古天皇紀に

「十一年十一月己亥朔、皇太子謂諸大夫曰、我有尊佛像誰得是像以恭拜、時河勝進曰、臣拜之、便受佛像、因以造蜂岡寺」

推古天皇十一年は西紀六百三年にして、應神朝に弓月王以下の帰化してより三百八十餘年、雄略天皇の秦酒公に禹豆麻佐を賜うてより百三十年の長年月を経過しているのである。この時に当つて秦河勝公は数百年来の太秦族の集団居留地であり自らの本據であつた山城国葛野郡太秦の地に蜂岡寺を建てたことは当然のことである。

後鳥羽天皇の建久年間（西紀一一九〇年）に書かれた「水鏡」は当時の様子を次のように述べている

「此の佛誰かあがめ奉《まつ》るべき、とのたまひしに秦の河勝進み出で丶申し受け侍《はべ》りしかば、賜はせたりしを蜂岡寺を造りてすゑ奉りき。そのはちをか寺と申すは今の太秦なり。佛は彌勒とぞ承り侍り」

と当時においてはすでに太秦とのみ云つて蜂岡寺と称するものが無かつたことがうかがわれる。

その祭るところの本尊はあるいは隋の煬帝より聖徳太子に贈られた佛像であると云い、あるいは推古紀廿四年の条に「秋七月新羅遣奈末竹世士貢佛像」とあつて、新羅王より奉つた佛像を納めたものだなどといろ〳〵に云われている。叡山の僧皇圓の書いた扶桑略記の推古廿四年の条にも「七月新羅王貢金佛像、高二尺、置蜂岡寺、此像放光時々有異」とあるのを見れば、この新羅王の献上した金佛も蜂岡寺に安置されたのであろう。佐伯博士などもこの扶桑略記の記事を重視し、功を蜂岡寺に帰せしめた皇圓の言はまさに「利益に反対する証言」だとして恰も新羅王献上の金佛を以て蜂岡寺の本尊の如く取扱つているが、筆者はそれが本尊であつたとは思わない。なぜならば、推古十一年にすでに太子は「我に尊佛の像がある。誰か之を得て以て恭拝する」と側近者に問われた時「河勝進んで曰く、臣之を拜せん。便《すなわ》ち佛像を受けて因て以て蜂岡寺を造る」と書紀に明記しているように本尊として祭るべき尊像はすでに推古十一年に存在しているからである。同廿四年に新羅王から献ぜられたものはあるいはその後一緒に祭られたかも知れないが、該寺の根本本尊ではない筈である。煬帝から贈られて小野妹子が持帰つたのも推古十一年より三、四年後であるからこれも太秦寺の本尊ではないと思われる。記録にはあるいはその本尊を藥師佛と云い、如意輪觀世音菩薩だと云い、彌勒佛だといい、いろ〳〵に伝えられているが、廣隆寺の清瀧住職に直接うかがつたところでは彌勒佛に間違いないと断言していられた。また今日ではその本尊が彌勒佛だということはほとんど定説になつているようである。すなわち廣隆寺實錄帳に金色彌勒像一軀居高二尺八寸とある所謂「太子本願御形」というのがその本尊だと思われる。

このほか当寺には（桂宮院かも知れない）聖徳太子自作の裸体の太子像があつて年々宮中から新衣を賜わる例になつていたと伝えられる。さらに同寺には三神像と称される弓月王、秦酒公、秦河勝の像がある。弓月は冠を戴き顎鬚あるを特徴とし、酒公も同じく冠して赤色の外衣を着け両手を拱いている。河勝は黒衣にして笏を持つている。かつてビクトリヤ女帝の侍従だつたゴルドン夫人がこの像を見て猶太人の顔と少しも違わないと評したそうである。また廣隆寺に現存する十二神将の衣服甲冑は支那印度の風ではなくローマの英雄らしく見えるという人もある。

廣隆寺は山城最古の寺院であると同時に攝津の四天王寺、大和の法隆寺、中宮寺、橘寺、池後寺葛木寺などゝ共に太子建立の七大寺の随一たる名刹である。

寺の名称も古来、蜂岡寺と云い、秦寺《はたでら》と云い、秦公寺と云い、桂林寺と云い、香楓寺と云い、三槻寺と云い、葛野寺と云い、太秦寺と云い、今日はもつぱら太秦廣隆寺あるいは単に廣隆寺と呼んでいるのである。「廣隆」とは秦河勝公の実名を取つたものであると当寺の縁起に書いている。また山州名跡志八巻上に「秦造河勝廣隆卿」なる文字あるを見れば、廣隆は河勝の実名なることは間違いないようである。秦氏系図の上にも同様の記事があつたと記憶する。

拾芥抄に云う「東寺々末太秦又号蜂岡寺」。

扶桑略記に云う「蜂岡賜秦川勝蜂岡者廣隆寺也」。

水原抄に云う「宇豆麻佐又号葛野」。
享保十九年発行の日本輿地通志に「葛野寺」とあり。
貝原益軒の「京都めぐり」に「太秦に廣隆寺あり……平安城の未だ立たざる前よりあり、洛中洛外最初の寺なり」とあり、
日本書紀推古天皇三十一年七月の条に
「葛野の秦寺云々」
延寶七年僧丈愚著「京師巡覧」に
「聖徳太子所持之阿逸多《ミロク》像、川勝得之立蜂岡寺今廣隆寺也」。
貞享元年黒川道祐著「雍州府志」に
「姑号秦公寺相伝秦徐福来日本其子孫皆称秦氏其裔秦川勝建斯寺故号秦公寺或謂桂林寺又称蜂岡寺或号香楓寺或称三槻寺終号廣隆寺。
(同遺補)廣隆始名秦公寺、故什物有秦公寺之印符」。
つぎに寳永年間大島武好編纂の山城名勝志三十巻の中の巻才八上葛野郡太秦の段に収録された当時の廣隆寺縁起というものを掲げる。日本書紀の記するところと大いにその縁起を異にするものがあり、古来諸書にも引例された重要なものである。原文は漢文体なれども拙訳しておく

「廣隆寺縁起に云う。山城の国葛野郡楓野の大堰の郷に在り。そもそも廣隆寺の濫觴は推古天皇十二年甲子の秋八月、太子秦の河勝に語つていわく。吾昨夜夢むらく。これより北の方十餘里を去りて一の美邑に到る。楓林はなはだ香しく四方に充満せり。彼の林中に大なる朽木あり、五百の聖賢常に来集して般若理趣分を読誦す或は天童虚空より飛び来りて妙香花を以て衆僧に供養す。また朽木より常に光明を放ち、微妙の音声を以て妙法を宣説す殊勝の霊地なり。この林中において汝親族を率いて吾を饗することはなはだ盛んなり。われ今まさに該地に往かんとす。河勝頓首啓して曰く。臣が邑恰も御夢の如し、早く行詣有りて御覧ずべし。即日駕を命じて河勝先導す云々」

應神、雄略、欽明等十八代を経て推古朝に至る数百年間帰化秦人の長く繁栄していた太秦の地に今また聖徳太子と同族出身の秦河勝公によつて廣隆寺が建てられ、一層の繁華を増したことは申すまでもあるまい。

当時の山城の国には未だ平安の都も遷されず全く帰化秦人独占の一大聖地であつたに相違ないのである。同地よりはすでに秦酒公や秦大津父や秦河勝等の当時の日本を左右した大政治家が輩出しており、また彼等のもたらした養蚕、機織、管絃、舞楽、酒造、工藝、美術等は当時の日本文化を指導し誘掖するところ尠少でなかつたことを思えば、太秦地方には当時彼等独得の想像もつかない一大文化地帯が現出していたのではあるまいか。

この廣隆寺建設より約二百年を経過して平安奠都が行なわれたのであるが、この平安奠都の蔭には秦人の力があずかつて大いに功があつたことは後に示すところによつて明らかである。この意味において太秦は山城文化、平安文化発祥の霊地といつて決して過言ではない、のみならず平安の都は爾来明治維新に至るまで日本の首都として約一千年間、政治及文化の中心だつたと云つても左まで失当ではないのである。

本項の最後に附記しておきたいことは廣隆寺の散在寺領が近江の各地に太子の在世中に定められてあつたということである。中には後世に定められたものもあるが、左に太秦廣隆寺史の中から拾つて見ると

「近江甲賀郡馬椙《ますぎ》庄に水田四十五町、太子同地を常燈料庄と定めらる」

甲賀郡馬椙庄が廣隆寺並同境内桂宮院の修造料所であつたことは明徳三年六月十四日の足利義満の安堵状の中にも見えている。

其他廣隆寺の散在寺領に数えられるところは、同じく甲賀都の森尻庄（別に杜尻に作る）また毛《も》牧《ひら》、犬上郡本庄また善理庄（一に世理庄に作る）新庄等があり、また郡名は出てないが、近江国浅井庄、和田庄（別に和太庄に作る）等が数えられている。

（8）太秦族と大辟神社

大辟神社は古来廣隆寺境内に存する秦氏の祖神を祀つた神社である。近年大酒神社という文字を用いているが、もとは大辟の二字を用いていたことは諸記錄によつて明らかである。今は廣隆寺境内の一隅を占拠している小祠に過ぎないが、むかしは式内の名社で、延喜式神明帳上の部に葛野郡廿座の一として

「大酒神社、元名大辟神社也」と記しているのがそれである。また太秦廣隆寺縁起に曰く（原文は漢文体なれど拙訳して掲げる）

「大酒神社明神は秦の始皇帝の祖神なり。仲哀天皇の御宇功満王来朝して之を渡し奉る。神験無双なるによつて後冷泉院治暦四年四月廿五日正一位を授けらる」

續日本紀に云う（拙訳）

「嘉祥二年九月丙子葛野郡大辟神《おおさけのかみ》に従五位下を授け奉る云々」

日工集に云う（拙訳）

「太秦桂宮院主のいわく、鎮主は大裂明神にして、もとこれ石を祭る所なり云々」

雍州府志神社門上の二に云う（拙訳）

「大酒神社」、元の名は大辟神《おほさけのかみ》」

同三に云う（拙訳）

「大辟神社、太秦桂宮院の中に有り、今大酒に作る」

太秦廣隆寺史に云う（拙訳）

「大酒神社八角堂南にあり、元の名大辟神、当時鎮守式内神也。大酒明神は秦始皇の祖神なり。或は大辟に作る」

桂宮院縁起に云う（拙訳）

「大酒大明神は秦始皇帝の祖神なり……中略……一説に物部尾輿が子弓削守屋大連の祉なりと、また謂らく秦河勝を祭る所なりと……（中略）……河勝仮面を造て舞樂をなし、政道をたすく。今四座の中金春太夫はその裔なり。播磨国大荒社《おほあらのやしろ》も亦秦河勝を祭るところなり。ゆえに能太夫西国に赴くの次いでかならずこの神社に詣ずという。又同国坂越村《しやくしむら》に大酒社《おほさけのやしろ》あり。これ守屋大連を祭るところなり。さればすなわちこの大酒を以て守屋の祉とするもまたそのいはれあるものか云々」

大酒明神記に云う（拙訳）

「この神は秦の始皇の祖神なり。仲哀天皇の御宇功満王来朝の時神功によりて渡し奉る…（中略）

……大酒あるいは大避に作る。祭所播州赤穂庄坂越浦に大避と称する社あり。彼の社記当院の本縁と少異有りよつてこれを載す云々……大避大明神は祭るところ秦川勝の霊神なり云々」と以上において見る如く当社の神名にあるいは大酒、あるいは大辟、または大避、大裂等の異なつた文字を充当しているがこれは本名の大辟の二字がオホサケまたはオホサキなどゝ訓音の通うところから来た当字《あてじ》に過ぎないであろう。また祭神についても異説はあるが、「秦の始皇帝の祖神」を祭つたというのが一般の定説である。著者は数回大辟神社に参拝したが、鳥居右側の石標の正面に「蠶養機織管絃樂舞之祖神」と刻み、同石標の側面には太秦明神、呉織神《くれはとりのかみ》・漢織神《あやはとりのかみ》と彫りつけ、裏面には天保十三壬寅年五月、西陣絲屋町錢屋八郎兵衞建とあつた。この一本の石標に無限の歴史が含まれているように感じて低徊去り難きものがあつた。特に「西陣」「絲屋」「錢屋」と三つの中には巧まずして自ら現われ出た当社と秦人との間における深い関連を思わずにいられなかつた。高楠博士の著書の中にも喝破しているように、西陣は太秦の出店《じみせ》（機織場《ハタバ》）であつて江州はその売場だつたからである。

　絲屋町という町名も秦人（機織人）にふさわしいもので、いかに西陣はかれら帰化人の発展地帯であつたかがうかがわれるのである。また廣隆寺およびこれに属した蠶社や大辟神社などの寄進献納品などは神輿、燈籠、額、石標等をはじめほとんど財政方面は古来西陣がまかなつているのであるが、これはもと〳〵廣隆寺や大辟神社や蠶社はかれらの氏神であり、氏寺であつたからである。また彼等西陣の秦人はもと〳〵太秦から進出した人たちで太秦は長いあいだかれら先祖の故地だつたからでもある。

同社の鳥居の左側には京都市観光課の建てた大酒神社由来記の標札があつて次の如く記されていた。

「祭神として本殿に秦の始皇帝、弓月君、秦酒公を、別に呉織《くれはとり》、漢織《あやはとり》を祀る。今より約一千七百年前秦始皇帝の末裔と称する功満王は我国風を慕つて来朝し、始皇帝の霊を此地に勧請す云々」と、ここに「秦の始皇帝の霊を勧請す」とあるが、むかしは「始皇帝の祖神」を祭つたことは前記の記録によつて明らかである。大酒明神記にも太秦廣隆寺縁起にも、桂宮院縁起にも、その他信憑すべき資料にはことごとく始皇の祖神を祭つたと載せている。

つぎに「始皇帝の末裔と称する功満王」が来朝して当社を造営したということは前記の諸記録とも一致するところで恐らく間違いなかろうと思う。

功満王の来朝は才十四代仲哀天皇西紀百九十二年であつて弓月王に先立つこと数十年である。功満王は始皇帝十三世の末孫と云われ、弓月王はその十四世と伝えられているのであるが、もし記録の如く大辟神社を功満王が建てたものであるとすれば、大辟神社の建設は廣隆寺の建立よりも四百年以上も古い訳である。おそらく廣隆寺以前より存在したものに相違ないであろう。なぜならば廣隆寺建立の数百年前よりかれら太秦族の一団がすでにここに定住していたからである。かならずやこの帰化集団部落の中心にかれら民族信仰の目標となるべき祖神が祀られたであろうことは想像に難くないところである。

（9）伊佐羅井と秦人

太秦廣隆寺境内には古来十数箇の井戸ありと伝えられ、今日もなお数個の古井戸がある。古書に「伊佐羅井」または「伊佐良井」と称し、廣隆寺創建当時からの舊井と伝えられる。

今日廣隆寺西門を出ると右手に「井浚ひ」と石に彫つた井戸があり、さらに西門を出て右折することと一丁にして農家が四五軒あり、ここの共用井戸の古い石枠に「いさら井」と刻したものが残つている。この辺はもと廣隆寺の境内であつたそうである。

山州名跡志八巻上や元享釋書巻二十に

「伊佐羅井、鐘楼北井是也」とあるのがそれである。これらの井戸はもちろん当時の秦人の手によつて作られ、また彼等によつて命名されたものであることは当然である。

筆者はかつて五六年前（昭和十六年ごろ）福島県桑折町の「イスラエルの井戸」と称するものを

たずねたことがあるが、その所有者は川勝某という人で、数年前まで秦野屋という旅館を経営していたといい、また自ら秦川勝公の子孫であると称していた。この町にはむかしイスラエルの井戸と称するものが十二あつたというが、当時はわずかに二つを存しているだけであつた。桑折の次の伊達町はむかし伊達政宗公や支倉氏の出たところであるが、この町には古来「ペンタの井戸」と称するものがあり、また陸中北福岡附近の枋《こぶ》の木というところに「ヤコブの井戸」と称するものがあると幡山道人の追憶三紀行の中に書いている。思うにペンタの井戸というのは☆（ペンタグランマのしるし）の形をした井戸ということで、星の井戸又は籠の目の井戸というような意味だと思われる。また日本の各地に龜井戸または龜井の姓等もあるが、龜井戸とは龜の形に作つた井戸の意と思われ龜の形とは六面龜甲形即ち✡の形だと考えられる。日本では古来✡の形を六面亀甲形と称して珍重し子供の産衣の脊等に縫いつけてオマジナイの意味に使つている。☆も同様に用いている。ゲーテーのファゥストの中にメフィストと悪魔との問答が出ている。その中に悪魔がペンタグランマの☆印が邪魔になつて外に出られないといふ一節があるが、これなどはまさしく、☆の印を一の呪符として扱つているもので日本にも古来この風習がいろ〱な形で伝わつている。✡の印は古来ユダヤのダビデ王の紋章として知られていることは御承知の通りである。玉の井、亀井戸、坐摩の井等皆古代希伯来の井戸と関連ありと考えられる。

上古希伯来人は井戸を尊重し、そのいたるところにかならず邑の中に井戸を掘つて共同に汲んでいたことは有名なもので、バイブルの中に沢山の井戸に関する記事をのせている。

創世記廿六章に「其父アブラハムの世に掘りたる水井をイサク此処に復び鑿れり、其は父の死したる後、ペリシテ人之を塞ぎたればなり。斯くてイサク其父が之に名づけたる名をもて其の井に名づけたり」と、その他紀元前一千七百三十年のころ、ヤコブが掘つた有名なヤコブの井戸は、かれがハモル人より買つた土地に初めて掘つた井戸で、カナンのナブラスという市邑をさる一哩半のところに今も現存して、別にイスラエルの井戸とも称していると「日本及日本國民の起源」の中で小谷部氏が書いている。

秦人の掘つた井戸なら秦の井戸とでも称すべきものなるにかゝわらず、イサラ井と名ずけ、イスラエルの井戸と云い、ヤコブの井戸と称し、ペンタの井戸と称するは如何なる訳か。筆者はこゝにおいて秦人果して秦人なりやとの疑問を提せざるを得なくなつたのである。

(10) 秦人即イスラエル人説

秦人即イスラエル人説を唱えた人には明治時代に木村鷹太郎氏あり、佐伯好郎博士あり、のちに小谷部全一郎、酒井勝軍氏等があるが、特にこれを学問的に組織立てゝ立証した功績と栄誉とは自ら佐伯博士に帰すべきであろう。
佐伯博士は明治四十一年一月号の「地理歴史」誌上に禹豆麻佐論を発表して、博引旁証幾多の史実を列挙して「彼等は新羅人にあらず、百済人にあらず、秦の始皇帝の子孫にあらず、又秦人即中國人にもあらず」と断定し、しかるのちに大辟神社と伊佐羅井に言及して次の如く述べている。
「吾人は秦民族として我国に帰化せし此の民族は大辟神社を建立し、其側に井を掘りて記念とし、名づけて伊佐良井と称せし民族なりと断言す」と云い、さらに
「大辟神社とは大辟を祭る神社なり。大辟は廣隆寺縁起に所謂秦始皇帝之祖神也とするものなり。或は是れ石を祭る神社とせるものなり、大辟とは何ぞ、吾人は之を中國字典に、考ふるに辟の韻陌なるは君の意にして、其の韻錫なるは罪なるを見る。前者は神名に適すべきも、後者は神名としては人情に反す。されば大辟の韻を以て陌の韻とし、之を近世に於ける中國音と比較し大辟を以て一千四五百年前に於ける今の大闢に均しきものと断言す。世界国多しと雖も大闢神社を有するものはこれ以て猶太民族に非ずとせざるなし。大闢はダビデ（David）の中國字なり。吾人は大辟神社を以てダビデ王を祭りたる神社なりと断定す。秦民族が祭り来りし此の神社を以てダビデ王を祭るものとして後、始めて廣隆寺縁起の所謂皇帝の祖神若くは、石を祭ると称する理由を説明するを得べし。彼等の先祖がベテルに石を立てし以来異邦に流寓して石を立てゝ祭を為すは彼等民族の舊習な

らずや。彼等を以て猶太民族と解して後、始めて秦始皇帝の子孫伝説の如きも説明するを得べし。蓋し彼等が自称して「大王の子孫にして平和なるもの」とは数千年の昔に於て彼等の先祖の一部分が埃及の昔に於て人に告げたるものとして舊約聖書に記するにあらずや。上古の朝鮮、日本に於て大王の子孫と自称すれば、之を聞く日本人及朝鮮人が自已の歴史上の智識により主観的に了解して其所謂大王を自已の知れる大王即秦始皇帝と断定せるに原因するにあらざるか。

更に大闢神社が大酒神社となり、大避神社となりし所以を穿鑿すれば、大辟神社がダビデ王の神社たるを知るに足るべし。大辟を呼ぶにオホサケ若くはオホサキ神社の名を以てす。酒《サケ》、避《サケ》が辟に代りしは訓読を本位としたるに原因す。然も之を訓読してオホサケ、若くはオホサキとするは、希伯来語に於けるダビデといふ固有名詞の意味と符合するは又奇ならずや。サキは「幸なり」、サケとサキとは同一意義なり。而してダビデは「幸せらるゝもの」「愛せられたるもの」等の意義を有す。思ふに秦酒公の如さは秦民族に属せしダビデといふ人物なりしなるべし。殊に此の大辟神社の側に伊佐良井の井戸と称するものあるに於ては吾人は大辟ダビデ説を主張せざるを得ざるなり」と説き盡して餘蘊なしである。さらに蛇足の要がないと思う。漢訳聖書にダビデに大闢の二字を当て江戸時代の国学者もまた篤胤をはじめダビデに大闢の字を使用していたことは周知の事実であるが幡山道人の追憶三紀行には「太秦も大闢も中國の古音ダビデである」と記してあるが如何、識者の指教にまたねばならない。

(11) 中國史上に現われた大秦国と大秦教の由来

(イ) 中國と大秦国との交通

中國史上に「大秦」の文字の現われたのは西紀百六十六年後漢の「桓帝延熹九年大秦王安敦遣使云々」と後漢書に見えたのを以て初見とする。なお後漢書には大秦国の国情地理等も詳細に書いている。秦の始皇の遠孫と称する功満王が日本に帰化する廿五年前のことである。

後漢の桓帝は大秦王の使節安敦《アントニウス》に接した翌年崩御し、霊帝が位を嗣いだ頃から大秦国の商人が陸続として中國に入り込んだらしく、梁書諸夷傳に、

「大秦国人行賈《ぎようこ》して、往々扶南日南交趾《こうちん》に至り、呉の孫權が黄武五年、大秦国賈人、交趾に至る。交趾の大寺呉邈《ごよう》これを孫權に送る。孫權大秦国の方土謠俗について尋ぬ」

とある。この訳文は沖野岩三郎著「日本神社考」の中から借用したのであるが、佐伯好郎博士の「中國基督教の研究」中に収められた同原文と比較して多少の相違があるようであるが、内容に差がないから読み易い方を取つたのである。

呉の黄武五年は、日本の神功皇后摂政の廿六年で西紀二百廿六年である。交趾とは今の安南で、

扶南日南とは多分天津上海辺を言うのだろうと沖野氏は言つて居られる。神功皇后が三韓征伐によつて大陸と交通を開いて以来わずか二十年位して弓月王の率ゆる百廿七県の太秦族が日本に帰化しているなどは前記後漢書や梁書と対比して興味ある問題である。三韓征伐のころにはつい眼と鼻のさきに大秦国の商人が盛んに交通していたことが知られる。これよりさき漢時代に遠西の梨軒すなわち大秦との陸上交通が西紀前百廿九年に開かれていたと佐伯氏の「中國基督教の研究」に書いているが出典をあげていないので詳細は不明である。その後唐の太宗の貞觀九年西紀六百卅五年に大秦景教の宣教師団一行が長安の都に乗り込み各地に大秦寺を建て数百年間にわたつて布教したことは有名な話である。今日一般の学者はこの大秦国を以て当時のローマ人の如く考えているが、筆者は後に述べる如くこれに対しては別個の見解を有するものである。

(ロ) 大秦景教と大秦寺

大秦景教が波斯より長安の都に公式的に乗込んだのは唐の太宗皇帝の貞觀九年西紀六百卅五年であるが、その数百年以前より多数の大秦教徒が中國各地に布教しつゝあつたことは遺山文集や金史によつて明瞭である。かのマール・セルギスの大秦景教の一隊が後周の宣政の末すなわち西紀五百七十八年に一族郎党と共に甘粛省に移住したという記載などはこれを証するもつとも有力な史料である。

大秦景教は初め中國では「彌尸訶《メサイヤ》教」または「彌施訶《メシヤ》教」と云われ、次いで、「波斯教《ペルシャ》」または「波斯經教」「波斯景教」とも云われ、ついに「大秦景教」となり、さらに略して単に「景教」と呼ばれるようになつたのである。それと同時にこれが布教に従事するものを「波斯僧」と云い、寺を「波斯寺」また「波斯胡寺」また単に「景寺」とも云つたが、のち玄宗帝の詔勅により「大秦寺」と改称したものである。

玄宗皇帝天寳四年西紀七百四十五年九月の詔に

「波斯經教、出自大秦、伝習而来、久行中國、爰初建寺、因以為名、将欲示人、必修其本、其両京波斯寺、宜改為大秦寺、天下諸府郡置者亦準」（唐會要四十九卷）

これによつて見ると貞觀九年より天寳四年まで約百十年間は「波斯教」または「波斯寺」として知られていたのが、この時より寺を「大秦寺」と改称されたことが明瞭である。しかしこの後においても長安西明寺の僧圓照が貞元十六年西紀八〇〇年に勅命を奉じて撰した貞元新定釋目錄才十七卷般若傳に大秦景教碑文の述者僧景淨のことに關して「大秦寺波斯僧景淨」と書き、また宋の宗敏求が長安志において義寧坊のことを敍して「街東之北波斯胡寺」と記しているように波斯僧、波斯寺の名称は後世まで使用されていたらしい。

つぎに大秦景教の起源とさらに景教と波斯との関係について書かねばならない。

大秦景教（以下単に景教と称す）は西紀四百廿八年より同四百卅一年まで東ローマ帝国の首府コンスタンチノープルにおいて東方教会の総管長だつた高僧ネストリアスを開祖とする基督教会の一分派だつたのである。ゆえに景教をまたネストリヤン派とも称するのである。しかるにネストリアスはローマ皇帝の召集した西紀四百卅一年小亜細亜のエベソ統一会議において、アレキサンドリヤの高僧キリル一派と意見が対立し、ついに基督教本派より追放され、ローマ皇帝の迫害するところとなり、彼の一派はシリヤ、ペルシャ、埃及、印度、中國等に散在し各地に布教するに至つたのである。中國に来た一団は長く波斯王の庇護のもとに彼の地に滯在し、一時景教はほとんど波斯の国教として全土を風靡したのである。

唐の貞観九年に阿羅本《オルベン》を団長として中國に到つた景教宣教師団は皆この波斯を本拠として活躍していたネストリアン派である。またこの一行の中には波斯人が数多おつたものと考えられる。こんなところから初め「波斯教」「波斯僧」と称されたものであろう。あたかも天主教をローマ教と呼ぶのと揆を一にするものではあるまいか。

しかるに後に大秦景教と呼び、その寺を大秦寺と呼ぶに至つたのはどういう訳であろうか。この点に関して今日まで学界の問題になつていないのが不思議である。このことは大秦国の所在の決定と共に重要な問題だと思う。

つぎに明らかにしておきたいのは筆者がなぜ大秦景教の文字を最初に使つたかについてゞある。それは明の熹宗皇帝の天啓三年西紀千六百廿三年に長安より発掘された所謂「景教碑」の題字に、「大秦景教流行中國碑」とあり。また中國甘粛省沙州燉煌の石窟で佛人ペリオ博士によつて発見された景教の経典の一種に「大秦景教三威蒙度讃」というのがあり、のちに天津の中國大官だつた李盛鐸氏が同じ石窟で発見したものに「大秦景教宣元本經」というのがあつて、景教とは結局「大秦景教」の略称であると思われたからである。また前記の如く寺を「大秦寺」と称するからには、教団の名称も大秦教或は大秦景教と称してゐたものと思われる。景教とは外部から名ずけたもので内部では大秦景教と称していたのではなかろうか。玄宗皇帝の詔勅によつて「宜改為大秦寺」と命名された如くであるが、これは彼等宣教師団の要請にもとずいて大秦寺と改称するように取りはからわれたものと考えられる。あたかも日本における自称秦人が天皇の名によつて「太秦」の姓をたまわり公然「太秦」を自称するに至つたのと揆を等しくするものである。これは後にのべるように「大秦」とは彼等の母国を表示するものであると思う。

波斯より長安に阿羅本を団長として景教の一団が来た西紀六百卅五年は、弓月王の一隊が日本に帰化してより四百十八年後であり、また推古天皇十一年「太秦廣隆寺」を建設してより三十年後である。

当時長安の都には七十餘箇国の異民族および留学生が蝟集して一大国際文化都市を作つていたことは周知の事実である。このときに当つて大秦景教の一行は太宗皇帝の使者大政大臣房公玄齢の率いる大行列に迎えられて、堂々と唐朝の宮廷に乗り込んだというのである。このことは前記長安において明の天啓三年に発掘された「景教碑」の中に記されているものである。この碑の初め長安大秦寺の建立された年代は大唐建中二年西紀七百八十一年であつて、わが国の桓武天皇即位の前年に当り平安遷都に先立つこと十三年である。最澄、空海はこの碑建立の廿一年後に入唐し長安に至つたのであるからおそらくは景教の何ものなるかを知つていたものと思われる。この景教碑は阿羅本一行の来唐したる唐の貞觀九年より約百五十年間にわたる大秦景教の中國における活躍を記録したもので、碑文中には希伯来語あり、シリヤ語あり、梵語あり、漢語あり、文字もまたシリヤ文字あり、漢字ありて今日の学界に幾多の問題を提供している。日本にもこの模造碑が明治四十四年にゴルドン夫人等の斡旋によつて高野山に建てられ、またデンマーク人フリッ・ホルム氏より京都帝國大学に同型の模造碑が寄贈されて今日なお存している。高さ一丈餘、幅五尺、厚一尺餘の大石碑である。題して「大秦景教流行中國碑」とあり、冒頭は「大秦寺僧景淨述」と始まつている。本文は漢字一千八百七十餘字と四十餘語より成るシリヤ文あり、宣教師六十餘名の姓名は漢字名とシリヤ語の本名と対照せしめるようになつている。この中にはエチオピア人三名、シリヤ人その他等あり、文中大秦の文字を用ゆること八回、大秦国と記すること三回である。碑文によると貞觀十二年七月詔して長安の義寧坊に大秦寺を建て僧廿一人居つたとあり、高宗帝鳳儀元年西紀六百七十六年の当時は「諸州各置景寺」とあつて、各州に景寺即大秦寺を建てゝあたかもわが国聖武天皇天平十三年西紀七百四十一年における國分寺制度の先駆をなしているもののようである。なお他の記録によつて見るも大秦寺の経費は一切宮廷に仰ぎ、ほとんど国教の如き観を呈していたのである。吉備眞備や阿倍仲麿の入唐当時すでに大秦教は中國に盛んに行なわれ数百年間にわたる遣唐使や幾千の留学生はみな当時世界才一の国際文化都市たる長安文明に接し、長安を媒介点として西欧文明を満喫していたのである。續日本紀聖武天皇の条に

「天平八年秋七月庚午入唐副使従五位上中臣朝臣名代等率唐人三人波斯人一人拜朝」

とありまた曰く

「十一月戊寅天皇臨朝、詔授入唐副使従五位上中臣朝臣名代従四位下唐人皇甫来朝、波斯人李密醫等授位有差」

とあつて、明らかに今から千二百餘年前に漢名を李密醫と称する波斯人の来朝していることが知られるのである。天平八年は唐玄宗皇帝の開元廿四年西紀七百卅六年で、大秦景教が唐太宗皇帝の貞

観年間に中國に伝来して以来百餘年を経過した後である。当時景教宣教師は概ねエデサもしくは波斯の医学修道院の僧徒だつたことを思えば、この来朝せる波斯人李密醫の如何なる人物かは知られるのである。なおこの李密醫が玄宗皇帝の宮中に出入し、わが国に使するに当つて玄宗皇帝の勅書をもたらしたことは当時唐朝の宰相だつた張九齢の曲江文集に明記されているところである。

また当時長安には二人の偉大なる外国僧があつた。一人は印度人般若法師で弘法大師入唐中の梵語の先生であり、いま一人は景教碑文の撰者たるシリヤ人大秦寺僧マダム景淨であつた。この二人の外国僧が協力して六波羅密多経の飜訳に着手したことが長安西明寺(弘法の宿舎)の僧圓照の書いた「貞元新定釋教目錄」オ十七巻の般若傳に記されているが、これを思えば弘法大師は自分の師匠の好敵手たる大秦寺僧マダム景淨を知らぬ筈はなく、また宿舎西明寺より十五六丁の近距離にあつたといわれる義寧坊の大秦寺を見ない筈はなかろうと思われるのである。ゴルドン夫人その他の言われる如く彼は確かに当時の大秦景教の一部を学習して帰つたに相違ないと思われる。彼の眞言宗の灌頂はキリスト教の洗禮に類似すると云われ、また彼れの医学的教養や土木その他の社会事業家的なところから察し、また西域の聖火に似た行事を始めたり切支丹バテレン的の奇蹟を行なうなど何かしら他の佛教徒と異なるものを持込んだことが考えられる。

（12）大秦国とは何処か

大秦国の所在の決定はわが国の「秦族即太秦族」の国籍および民族を決定する上において重大な関連をもつものであることはいうまでもない。大秦国について学者は早くからローマのことだと云い、あるいはシリア地方だと言つているが、大体において今日ではローマ説が定説のようになつている。だが筆者はこれに対し大いに疑問を有するものである。

たとえば甘粛省沙州の燉煌千佛洞で発見された前記「大秦景教宣元本經」の冒頭に「時景通法王在大秦国那薩羅《ナザレ》城」とあつて、内容は、景通法王が大秦国の那薩羅《ナザレ》城の和明宮寶法雲座にあつてもろ／＼の明淨や一切の神天等および妙法王ならびに无量の覚衆また三百六十五種の異見者等に対して大秦景教の真諦を説くという内容を書いたものである。これは千数百年前に書いたものであるが今日は遺憾ながら全文を失ないわずかに上述の内容を十行内外の残片にとゞめているに過ぎないのである。

筆者は浅学なりといえども「大秦国那薩羅《ナザレ》城」と云えば、その羅馬にあらざることを知る。すなわちこれに従えば、ナザレのイエスの生れた国を大秦国と云つているのであつて、今日のパレスチナ、むかしのユダヤまたイスラエル王国のあつたカナンの地を指していることはいうまでもない。

また玄宗皇帝天寶四載西紀七百四十五年九月の詔に

「波斯經教、出自大秦、伝習而来、久行中國、爰初建寺、因以為名、将欲示人、必修其本、其両京波斯寺、宜改為大秦寺、天下諸府郡置者亦準」（唐會要四十九卷）

とあつて「波斯經教、出自大秦」とある。すなわち波斯經教とはいふまでもなく波斯景教のことであつて正しくいえば大秦景教を指称するものなることはもちろんである。

すなわち当時の民間呼称であつた波斯景教なるものは、もとは波斯から出たものでなく「出自大秦」すなわち初めは大秦国より出発したものだから、その根本の発生地にもとずいて、今後は波斯教または波斯寺と呼ばずに「大秦国」と改称するようにとの意味である。すなわちここにいう大秦とは耶蘇教の発生地、すなわちイエスの生国なる猶太国を指していることは当然である。

こゝに大秦をローマと解する如きは彼等景教徒の心情にも反することで到底考えられないことである。なぜならば彼等はローマ皇帝に追放され、その後も各地に於てローマ政府の迫害を受けつゝあつたからである。ローマを追はれたネストリアは、さらに立退き先のシリヤを追はれ、さらに彼等の根拠地エデサの修道院は財産沒收の上閉鎖されると言つた状態で、ローマ皇帝は彼等を異端の徒として至るところにこれを迫害したのである。それを何を好んで宗教家の生命ともいうべきもつとも大事な宗名ならびに寺号にローマを意味する文字や言葉を使用する筈があろうか。また彼等景教徒はローマ教に反対した人たちである。

「波斯經教、出自大秦」とは結局耶蘇教の発生した国をいつているもので、ナザレのイエスの生国を指したものに相違ないのである。

ローマ教といつてもローマから出たものでなく、ギリシャ教といつてもギリシャに発生したものでないと同様に、当時の波斯教と称した景教もまたペルシャに発生したものでないから、その源を正すべく、特にローマの国教としてローマの法律によつて作りあげられたローマ教などゝ区別するために、玄宗皇帝に要請し、景教こそ本当のイエスの教だということを誇示するために、イエスの生国を表わすべき「大秦」を公然と表面に掲げるに至つたのではあるまいか。

「大秦景教流行中國碑」の中に「室女誕聖於大秦」とあり、「室女」とは処女マリヤを云い「聖」とはイエスを云つたもので、「室女誕聖於大秦」とは、大秦の地においてイエスが処女マリヤから生誕したものだということを現わしているのである。すなわちここにいう大秦とは決してローマやシリヤではなく、明らかにナザレのイエスの生国パレスチナであることは、論ずるまでもないことである。

また唐書才二百廿一卷に「拂菻古大秦也」とあつて、拂菻は古の大秦なり、換言すればいま世に拂菻というのは古の大秦のことだという意味である。大秦は後に拂菻とも称されたものである。舊唐書才百九十六巻に「貞観十七年拂菻王波多力《パタリク》遣使」とあり、前記碑文中にも「拂菻僧」が見え、燉煌遺書中に「遏拂林」があり、その他拂菻国には「拂懍」「拂[illegible]」等のいろいろの文字が当てられている。

佐伯博士の「景教碑文の研究」中に「古書には大秦は黎軒として知られたり。又隋唐以後に於ては拂菻として知られたり」とあるように、大秦と拂菻とは別国ではなく異称同体であることは明らかである。しかるに佐伯博士は大秦を以てシリヤ地方なりといい、拂菻は「エフライム」を指すと説明している。もちろんシリヤもエフライムも共に猶太民族の本国地方であることは明瞭だが、大秦をシリヤ地方だと称する根拠が示されていないのが遺憾である。拂菻については独逸のヒルト教授の書いた「大秦全録」に、拂菻とは猶太の耶蘇降誕のベツレヘムのことだろうと云い、英人ヒリップ氏はシリヤ地方と云い、佛人ジャクエー氏は「拂菻ポリン説」を唱えて、結局拂菻とは東ローマ帝國だと論じている。またアルメニヤだという人もある。種々異説はあつたが、今日では佐伯博士の「拂菻エフライム説」がほとんど定説として動かないものとなつている。以下少し長いけれども本書の言わんとするところを佐伯博士に代辯していたゞくことにする。『拂菻に対して充てられたるシリヤ語の「プリム」は希伯来語の「イプリアム」に外ならずして、実に今日の英語にて「エフライム」独逸語の「エフレム」なりとす。換言すれば「拂菻」は「フリム」といふシリヤ語の音訳にして、そのシリヤ語は希伯来語の固有名詞たる「イフリム」即ち（エフレム）と同一なり云々。

これを舊約聖書及び希臘、羅馬の古文書に考ふるに「エフライム」といふ固有名詞を有するものは、才一にヨセフ（ヤコブの子）の幼子なり。才二は此のヨセフの幼子の子孫と看做されたるイプライム民族の名称なり。「イプライム」民族とは、即ち希伯来十二民族の隨一なり。舊約聖書に拠れば、希伯来民族が埃及の地を脱出するに当り、イフライム民族の総数四萬〇五百餘人を算したるも、其全くパレステナに移住することを得たるものは、八千餘人に過ぎざりしといふ。然り而してこの八千餘人の占領せし地は、サマリヤを中心とし、次才に東北に発展し、シケムを以て其首都とし、ヨッパの港口によりて地中海に連絡し、陸路シリヤの大都会なるダマスカス及びアンテオケに達し、其固有の文明に加ふるに、ギリシャ、ローマの文明を呼吸同化することを以てし、後世の所謂イスラエル王国なるものを組成せしめたのは、此「イフライム」民族を中樞とするものなり。これ今日に於て「イフライム」といふ語「イスラエル」民族全体の称となりし所以なり。

世人稍もすれば、猶太とイスラエルとを混同するも、両者同一にあらず。均しく希伯来十二民族の一派なれども、猶太とはユダ民族によりて代表せられたるもの、北方に在るイスラエル民族に対してこれを南方希伯来人民と云ふべきなり。其首府は有名なる「エルサレム」城なり。これに反して、イフライム即ちイスラエル民族に取りてはエルサレムに匹敵するものなく、されどエルサレムは依然として十二民族の大首府なりき。紀元前七百五十九年の頃アッシリヤ大王チクラスピレサーの為に捕虜となり、メソポタミヤの原野に送られたるは即ち此のイフラエム民族なり。更に紀元前七百廿一年再び捕虜として遠くメデヤの山野に送られ、或は波斯の平原に送られて、牧畜耕作に従事し、漸時諸方に分散せられ、西洋史家の所謂「十民族失踪」を演出したるは猶太人にあらずして、此の「イフライム」民族を首とせるイスラエル人民の行方不明を意味するものなり。

故に皮相の観察を以てすれば紀元前七百廿一年以後、今日に至るまで此地球上に於て「イフライム」王国なるものゝある筈なく、従つて才七世紀の頃に当りて「拂菻国王波多力」なるものあるべき理由なきが如し。

オックスホード大学教授ローリンソン博士嘗て此のことを論じて言へることあり、曰く「希伯来十二民族中イスラエル王国に属する所謂十民族が捕虜となりて、メソポタミヤ及びメデヤ、波斯に散在するに当り、最初より団体即ち民族的団体を形作りて存在せしことなく、全く個々分散せしめられ、殆んど孤立の状態なりき。是を以て其子孫は周囲の異人種と雑婚して吸収同化せられたるもの多し。勿論或者はゼルバベル及びエズラの徒を中心として小団体を為したれば、其本国に帰るに及び、これに従いて、再びパレスチナに復帰したる者あり。或は以前よりメソポタミヤ地方に存在せしユダ民族の団体に加入し終りたるものありと雖も、之を概言すれば今日に於て所謂失踪せるイスラエル十民族の子孫のみにて成立する国民を発見せんとする事難かるべし」と、知るべし、史上未だ嘗てイフラエム王国なく、従つて拂菻国なるものなかりしことを。夫れ然り、然りと雖も、其のゼルバベル若くはエズラの徒と共に他方パレステナ本国に復帰したるイフライムの舊地に於けるイフライム民族は如何になりしぞ。彼等が爾来依然として其の団結を繼続し、ガリラヤの湖畔にありて或時はバビロン王朝の支配を受け、或時はペルシャに貢し、或時は希臘に属し、羅馬帝国の治下に帰しながらも、常に其地方的団結を維持しつゝ、遂に紀元後才三世紀に至れるは争ふべからざる事実なるが如し。

蓋し才二世紀末の著者なるテルチュリアンの記事に基づき、スミス氏が其著古代史に述ぶるところは大に吾人の意を得たり、曰く「イフライム民族の故郷たるガリラヤ湖畔の都会にタイベリアスと云ふ所ありけるが、此の都会に一つの総管長《パトリアーク》（波多力）あり。其部下の使徒を領内の各寺院に派遣し、貢物を受け依然として、祭政一致の統治を行ふ。其の権力実に世の王者に異ならざるものあり。又遠く去りてユーフラタス河の東方に住在する団体にありては、自ら「捕虜の君」と称し、隠然上古のダビデ王を以て任ずる治者を頂くものあり。其民族より移住して遠く支那の領内にすら進みたるものありといふ」と。

これ才三世紀頃のイフライム地方に於けるイフライム民族の状態なり。羅馬帝国の隆盛なりし時代に於てすら、尚且つこの習慣的に隠然独立王国を成すことありしを知らば、其羅馬帝国が才五世紀に於て滅亡せし以後の事情はこれを察するに餘りありと云うべきなり。

是に由て之を観れば、吾人が支那の史書に於て才七世紀の初に当り拂菻王（イフライム王）波多力（パトリアーク）総管長遣使の記事に接するも、深く、訝《あやし》むに足らざるなり。思ふに「イフライム」即ち拂菻国なるものは、当時は勿論、最初より国際法上の観念に於て一個独立の国として存在せしことなく、終始外国の統治権に服したるも、其民族の歴史と周囲の事情により、之を統治する外国の権力充分辺疆の地に及ばざるが為め屢々自称君長を生じ、自称イフライム国即ち拂菻国なるものありしにあらざるか。西羅馬帝国滅亡後才七世紀に於ては、シリヤ地方に於ける東羅馬帝国の統治大に衰へ大食国の勢力全くパレスチナの山間僻地に及ばざるに当りては、パトリアーク其虚に乗じ、更に舊来の祭政一致の権力を振ひて以て自ら他国に対してイプライム王国、即ち拂菻国を僭称せしにあらざるか。西暦五百卅二年に於て支那の絹布を羅馬に輸入せし者は、シリヤ、サマリヤ（これイフライムの地方）又ユダの番商たるを思へば、シリヤ地方の経済的状態は之を察するに餘りあり」云々』

と彼等は隋唐と交通するに当つてさながら小独立国の体裁を以て、拂菻王国と称し波多力すなわち総管長等の称号を用い、あるいは拂菻王等と自称したのであろう。これはあたかもわが国に帰化した秦民族が、一族の統率者を弓月王あるいは弓月君と云い、あるいは功満王、普洞王と称したのと同一である。なお帰化後における彼等の集団地すなわち太秦などにおける同族の統制はあたかも上述のスミス氏の上古史に見るような君王中心祭政一致の政体による一独立王国を形成していたものと想像される。

本項の結論としては結局大秦とは希伯来民族の故地パレスチナのことであると断定せざるを得ないのである。大秦の後の称呼たる拂菻もまた佐伯博士の論ずる如くイスラエル民族の正系なるイフライム族の自称王国をいうもので、ともに地域に関係なく、当時希伯来民族の集団せる自称国土であると見て差支えないと思う。ゆえに彼等が一族の君長を奉じて京都の葛野郡に住すれば、そこがただちに彼等に取っての「大秦国」であり、「拂菻国」であり、その統卒者は大秦国王でありまた拂菻国王であるわけである。すなわち大秦国弓月王であり、大秦国普洞王であるわけである。

かくして今より千七百数十年前仲哀朝に秦族功満王の帰化を初めとし、同じく應神朝に弓月王（または融通王ともいう）のひきいる百廿七県の秦族の帰化したものはこれことごとく何れの民族なりやは語らずして明瞭である。姓を太秦と云い、居を太秦の郷と云い、寺を建てゝ太秦寺と称し、井戸を掘ってこれを「いさら井」と名ずけ、大辟の神を祭ってこれを祖神とあがむる一族である。中國における文献は「大秦国那薩羅城」と教え、「室女誕聖於大秦」と教えているのである。すなわち知る。大秦国とはナザレのイエスの生れた国をいうのであり太秦族とはまたその国の住民なりしものをいうのは当然であろう。中國文献における「大秦」とわが国の「太秦」とはわずかに大と太との相違があるが古代における音便の当字として同一のものであると見て断じて不都合はないと思う。

この項の最後にもう一つ資料を追加しておき度い。それは燉煌石窟から出たと言われる高楠博士所蔵の景教最古の経典「序聴《エス》・迷詩所《メシヤ》經」の一節に「拂菻《フリジン》国《コク》烏利師斂《ウルサレム》城中」とあつて、イエスが拂菻国のヱルサレムに生れたと書いたものである。この経は唐の貞観十五年西紀六百四十年の撰述である。これによると拂菻国もまた大秦と同様に当時のパレスチナ、すなわちイスラエルユダヤの故地を指したものであることが極めて明瞭である。

以上によつて大秦国の所在が明らかとなりしたがつて大秦を称する種族のいかなる民族であるかが明瞭になつたことと思う。

七、モーゼと秦河勝公

モーゼの伝記については三章の(5)に詳細に書いてあるからここには簡単に挙げておくが、彼の伝記と秦河勝公の伝説とは餘りにもよく似ている。筆者は木村鷹太郎氏の二代目を勤めるつもりではないが、今日までどなたもこれに触れていないから一応比較し注意を喚起したいと思うのである。モーゼは生れて三月目に葦の箱舟に乗せられて川に放たれ、埃及王の王女に拾われて王宮に育ち一時宰相ともなつたが、のち埃及における同族を引き連れてカナンの故国に帰つたのである。

一方太秦の大辟明神記や古今著聞集などによると秦河勝公の伝記は大体つぎのようである。原文はいずれも漢文体だが意訳する

「欽明天皇の御宇に雲上人の某氏がたまたま大和の初瀬川の畔《ほとり》に遊んだ。時に大雨があつて、河水が汎濫し大洪水となつた。たちまち大水の波にもまれながら一つの大きな壷が三輪神社の前に流れ着いて来た。某氏はこれを拾い上げて見ると、中には可愛らしい男の子が端坐していた。宮廷に伴い来つて天皇に申上げたところが、天皇はハタと手を打たせられた。というのはこれよりさき天皇のお夢にこの児が現われて「われは秦の始皇帝の後身であるが、このたび縁あつて日本に生れ其方のために盡してやろうと思う」と、よつて宮廷において大切に養い育て、姓を秦氏と賜わり、名を河勝と呼ばれ、十五才にして大臣の位に上つた」

というのである。

才一番の相似は名前とその意義である。バイブルによると、モーゼとは水から援出《ひきだ》すと云う意味で名ずけたというが、河勝公の名も読んで字の通り河から拾われたから河勝というのである。

オ二は双方共に川から拾い上げられたこと。

オ三は共に王宮に育つたこと。

オ四はどちらも異国の地に生れたこと。

オ五はどちらも異国の宰相になつたこと。（但しモーゼの方はバイブルにそれが出ていない）

オ六はどちらも異国における同族の首長だつたこと。

オ七は両者とも死後の墓の明らかならざること等々である。

ウエルズの世界文化史大系の中に古代スメリヤ人の碑文の中にも葦の籠に入れて流された子が成人して王となつたということが書いてあつたが、それによるとモーゼの時代より一千年も前のアカディアスメリア帝国を建てたサルゴン一世の時代に作られた碑文で、すなわちアカデァ王が赤坊の時に葦の籠に入れて流された当人だつたということである。

サルゴンとモーゼとは年代的に一千年の相違があり、さらにモーゼと河勝とは年代的にそれ以上の開きがある。また地理的にも餘りに違いがありすぎる。しかしさかのぼつて考えれば、太秦に居をトし大辟の神を拜し、「伊佐羅井」の水を呑んでいた河勝公は年代と所こそ異なれモーゼとは他人でない筈である。あるいは河勝公の伝説はモーゼの伝説の改作であるのかも知れない。

八、聖徳太子と秦河勝

聖徳太子と秦河勝公とは幼少の時より密接な関係があるが今は概略だけ述べることにする。蘇我物部両氏の争いの時は太子は未だあげ巻の十三四才のころだつた。太子の御生母は蘇我稲目の女すなわち馬子の妹である。ゆえに俗な言葉で言えば馬子は太子の叔父であり太子は馬子の甥にあたる。すなわち太子は馬子の妹の子である。そして稲目の父は蘇我の高麗《こま》、高麗の父は蘇我の韓子《からこ》で、この高麗と韓子は二代共帰化人の養子相続だつたと古文献に伝えられている。この帰化種族の血をうけた蘇我と太子、ならびに太子と秦河勝とのあいだには一種特殊な関係が存在することを見逃してはならない。信仰的にも文化的にも従来の日本民族と異なつたある飛躍的なものを彼等が有していたのは決して偶然ではないのである。

秦河勝は欽明、敏達、用明、崇峻、推古の五代および上宮太子に仕えて日本歴史上に大きな足跡を印した男である。用明朝における蘇我、物部の争いの時には蘇我方の太子について出陣したこともちろんである。この時に物部および中臣は滅され多くの貴重な文献が焼失した。史上に多くは蘇我滅亡の時に日本の太古歴史が失なわれたと伝えられているが、その以前に宮中の神祇伯だつた中臣が物部と共に蘇我に亡された時に最も多く貴重なものは焼失したのである。この戰いに宮中の神祇殿は蘇我勢のために焼かれ太古の神書を多く失なつたということは、この戰いに蘇我に亡された中臣勝海の子、牟智麻呂の当時の手記によつて明らかである。

この守屋と太子との合戰の時に、太子が甲斐の黒駒に騎つて生駒山を下る時河勝がそのギョ者となつたのが日本の舎人の初まりであることは大日本史に記するところである。

この時代に多くの太古以来の文献を焼失したのでその前失を補なうため新たに歴史書が撰せられた。天皇紀、國記、さらに今日偽撰とされている舊事本紀、また秦河勝と聖徳太子との合作によつて作られたという舊事本紀大成經七十五巻がそれである。これも偽撰と言われているが、非常に大切な文献であることは確かである。偽撰であつても内容が偽りでなければ取つて参考とすべきは論をまたない。

さらに太子と河勝の合作で出来たのが京都の太秦寺すなわち今の太秦廣隆寺である。この寺の境内に桂宮院というのがあつて、屋根が八角に作られているので史上に八角堂と記したものもあるがこの桂宮院は太子自ら建築したものと伝えられ、堂内に太子自刻の太子像が安置されたのである。桂宮院は別に「桂の宮」とも言われ、太子堂、または太子殿、八角堂なども称され太子の御座せしところと伝えられている。また一説には大辟神社は桂宮院の中にあつた(雍州府志)とも云われ桂宮院はまた足利氏歴代の特別の保護を受けたと伝えられる。いまの建物は建長三年鎌倉時代に中観上人の再建したもので明治卅三年特別保護建造物に指定されている。

このように太子と河勝とはつねに影の形にそう如く密接な関係があり、特に太秦族の繁栄地なる葛野郡の太秦の地に、さらに「いさら井」があり大辟神社の存する太秦寺の境内に、自分の離宮とも称すべき「桂宮院」を自建したことについては何か伝説以外の深いものがひそんでいるように考えられる。

太子と河勝、さらに秦人との間には何か神秘のナゾが秘められ、とくに太秦廣隆寺の創建については前記唐代の大秦国、大秦景教との関係を想起して感慨さらに深いものがある。

また後章に述べる申楽すなわち今の猿楽謡曲なども太子と河勝の合作によつて始められたものでその中には過分に秦人の神話が折込まれていることは注意すべきである。

河勝は聖徳太子の歿後「故有りて扁舟に掉して西海に浮び、舟は播州赤穂庄坂越浦に泊り、後亦生島の東に漂う、遂に其地に居し云々」（大辟明神記）とあつて、太子の歿後は志を得ずして漂然と舟に浮び、転々として行方不明となつている。播州高砂附近の大避神社また大荒明神というのは河勝に因める社だそうである。

思うに河勝は政治面よりも多く実質的な舞台うらの仕事をした人だと想像される。太子や河勝の仕事は今日の仕事よりもむしろ千年後の未來のために備えることが多かつたと考えられ、今日のいわゆる政治家に対比して実に偉大な政治家であり宗教家であり一個の真人であつたと考えられる。

太子の名はあるいは厩戸皇子と呼ばれ、上宮太子と言われ、八耳皇子と称し、聖徳太子といわれ救世菩薩とまで崇められて、あたかもメシヤの如き尊敬と尊称を萬民から受けていたことは、その政治的また宗教的行蔵と共に世界史上稀有のことである。かれはまた当時においてすでに千数百年後の今日を洞見し、阿逸多《みろく》の時節到来を予信していたものと思われ、その時機に備うべく今日のために秘匿せしものそこばくありと筆者は信ずるものである。

九、京都太秦寺と中國の大秦寺

前述せるところによつて読者は京都の太秦寺と唐代における中國各地の大秦寺と何か連絡のあろうことは、ほゞ推定し得られたことゝ思う。また大秦国、大秦景教というものについても推知し得られたことゝ思う。

年代的にいえば長安義寧坊に初めて大秦景教の寺を建てゝ「大秦寺」と称したのは唐の大宗の貞観十二年西紀六百卅八年で、京都の太秦寺は推古朝の十一年西紀六百四年の建設であるから、年代から云えばわが国の方が卅数年早く建ったのである。

山城の太秦は王朝時代の文学の上にも早くからあらわれて枕の草子や更科日記にも見え、鎌倉時代になってからは徒然草、水鏡等にも出ている。また元良親王が太秦に参詣して由緒ある局《つぼね》につかわした歌に、

立寄れば　塵たつばかり　近き間を
　など唐土《もろこし》の心地のみする（元良親王御集）

と、これは才十世紀のころの太秦を歌ったものであるが、「など唐土の心地のみする」とあるように、平安京の一隅にあった太秦は当時未だ異国情緒の纒綿たるものが残っていたのであろう。おそらく建築から服装、言語などに至るまで帰化人集団部落の名残があったものと察せられる。今日の太秦寺は弘仁、久安両度の大火災を経て鎌倉時代に建ったものだから当時の構想と大分相違があることゝ察せられるが、太子や河勝によって建てられた太秦廣隆寺は当時代表的な異国風の建築だったと思う。なぜならば当時は思い切って隋唐の風をとり入れた時代であり、とくに帰化人の集団地に建てられたものだからである。今日太秦には天下三奇祭の一と称せられる牛祭が摩吒《またら》羅神を中心に行なわれ、西城風の縮毛を額に現わした紙の面をつけたりなどして、遠近数萬の群集が賑わうのである。この祭はたしか十月の十二日と記憶する。

中國の大秦寺もまた蘇東坡や杜甫などの文人墨客によつて詩に詠ぜられたものが沢山ある。東坡が弟の子由と共に大秦寺に參詣し「大秦寺」と題して賦した詩があるが、長いから省略して、弟の蘇子由の方を挙げる

「大秦遙可説、高処見秦川、草木埋深谷、牛羊散晩田、山平堪種麦、僧魯不求禪、北望長安市、高城遠似烟」

この中に大秦といつて大秦寺といわないのはわが国の太秦寺も太秦で通つているのと似ている。

つぎに山城の太秦寺と中國の大秦寺との関係についていち早くこれを喝破したのは江戸時代の有名な学者太田錦城である。かれはその著「梧窓漫筆拾遺」の中につぎのように述べている（西紀一八〇七年）

「さて我が京師の西に太秦と云へる邑名あつてウズマサと称す。天主をデイウスなど云ふの語にも近し。

二十歳の時、通鑑を読みたるより、是れは先王の唐制に效ひて、太秦寺を建て給へる舊跡ならんと心付きたり。

山城名勝誌などにて考ふれば、聖德太子秦河勝の事を附会す。廣隆寺と云へる寺は太子川勝よりの事にもあるべし。何とて川勝の事なればとて、地を太秦と云ふべきや。又太秦を何とてウズマサ

と唱ふべきや。ウズマサと云ふは胡語蛮語の伝はりたること明白なり。
奈良の朝より平安城の初まで大少のこと唐の制を效はれたる世なれば、太宗玄宗の大秦寺を建てたるに效ひて、京西に太秦寺を建てられたること必定と覚ゆ。庚辰（文政三年）の歳京師に淹留せる内、此の一条心中に蘊蓄せる故、廣隆寺へ両三度も参詣して異なる像設もあらんと内陣を窺ひ云々（中略）

佛家のものとは努々《ゆめ〱》思はれず、波斯大秦などの天教を奉ずる家の像設たること明白なり。此寺の穿鑿は無用の事なれど、此の事を知り此事を云ふは天下に我一人なり。後の人我が此言を信じて廣隆寺の像設を検閲せば面白く古きものも出ずべき歟。されども是れは国禁の事にて寺僧の忌むことなれば彼徒には語るまじきなり云々」

おそらく唐の太宗玄宗の時代に中國にあつた大秦景教（あるいは波斯教）と山城の太秦と関係があるとにらんだのは、かれの豪語する如く彼を以て嚆矢とするであろう。彼は今から約百四十年前当時の太秦を両三度も視察し「佛家のものとはゆめゆめ思はれず、波斯大秦などの天教を奉ずる家の像設たること明白なり」と断言している。「天教」とは天主教の意味で今日の基督教のことである。当時は切支丹の異教法度《はつと》の時代であつたから、たとえ異国風の遺物があつたとしても秘して語られない時代であつた。文化十四年西紀一千八百十四年に幕府の書物奉行近藤重藏正齋が、清の王昶の書いた「金石萃編」中の「大秦景教流行中國碑文」を読破して、これは正しく当時嚴禁の切支丹邪宗門の文書なりと断定し、これをいわゆる禁書の一に加えたと伝えられている位だから、その他の幾多の参考文献やそれに附随した器物等も当時焚燒の厄に遭つたものと想像される（近藤正齋全集才三巻）。

しかし日本の太秦の問題は中國の大秦景教の問題と違つて、宗教よりもむしろ民族問題を以て論ぜねばならないのであるから、中國と同一に論ずることは無理である。

中國における大秦寺あるいは大秦景教は純然たる宗教問題として解決されるが、日本における太秦は宗教領域としての太秦寺の問題よりもむしろ秦族即太秦民族とは一体どんな民族であるかということが問題にされているのである。

すなわち日本の太秦の場合は、中國の場合の如く大秦を標榜する宗教徒ではなく、太秦を標榜する民族なのである。前者は結局自分の宗教の祖国を指して大秦と呼び、後者は己が民族の祖国を指して太秦と呼んでいるのであつて、結局大秦と太秦とは異なつた立場から同一地點を指していたものであることは縷々前述したところによつて判明したことゝおもう。

ゆえに太田錦城の考えていたように、また沖野岩三郎氏が「日本神社考」で言われたように、日本の太秦は景教徒の集団地であつたり、廣隆寺が景教徒のごとき耶蘇を宗とする寺であることを要しないのである。若しこの問題に私に一個の定義を与えしむるならば、大秦景教とは民族国籍の如何に関わらず大秦国に発生した景教すなわちネストリアン派の耶蘇教を奉ずる一派をいうもので、日本の太秦というのは太秦国に発生した民族の集団地の名称である、と答えたいのである。

廣隆寺を「太秦寺」と称するのは、その太秦の地名から来た俗称であり、太秦の地名はまたその民族の故国の名前から来たものである。故国の名前といつてもそれは漢訳の名称であることもちろんである。この主張が本著の眼目であつて今日まで誰人も明瞭にし得なかつた點である。

ここに一言つけ加えたいことは、太秦の地名は河内の国北河内郡にも古くから存在していることである。もちろん太秦族の集団地であつたことは古記録にも現われている。これなども京都太秦は地名であつて姓族より生じた名称であることを立証するものである。

つぎに彼等の信仰の問題であるが、かれらの信仰目標は一体何であつたか、それは恐らく大秦景教とは対蹠的なものであつたと思う。なぜならば彼等は太秦民族の標榜者であつて太秦教の標榜者ではないからである。太秦民族にはモーゼ以来の固有信仰があつた筈で、おそらく景教を奉ずるようなまやさしい一党ではなかつたとおもう。

景教徒と太秦族とは初めから目的が違つている。前者は大秦国に発生した耶蘇の教をひろめるのが目的であつて、別に滅んだ大秦国の復活を求めているのではない。しかるに後者は太秦国固有の信仰にもとずいて、失なわれた太秦国を復活し、日本の一角にこれを建設しようと努力した民族団体である。いな日本の一角どころではなく日本国そのものをすでに掌中に握っていたのではないかと思われる。信仰としてはおそらくモーゼを開祖とする猶太教であったろうと推察する。のちに述べる平安奠都と秦人の活躍、さらに後章に挙げる秦人の建てた各地の神社や民間伝承の信仰などを見れば、ややその間の消息が判るとおもう。政治面のことについては本著に書けないし、組織立てゝ書く暇がないのが遺憾である。

十、秦人の齎らした文化

奈良、平安の両朝を通じて日本の世界に誇るべきいわゆる王朝時代の文化というものは主として帰化人を媒介とする大陸伝来の文化だとされている。帰化人の中には阿知使主のひきいて来た十七県の漢民族もあれば、その他新羅、百済等の帰化人も少くはないが、いわゆる諸蕃の大族として数えられるのは、功満王および弓月王を祖とする秦民族であることに異論はない。

秦人渡来がわが国の文化におよぼした影響は極めて大きい。これら帰化人の渡来を促進したのは神功皇后の三韓征伐であつたが、その後天智天皇に至るまで約五百年間にわたる日本のもつとも絢爛たる文化というものは全く帰化人と唐朝留学の新人の指導した大陸型の文化だつた。当時の大陸とくに隋唐時代の文化は西欧文明輸入の時代だつたので、日本は長安を媒介點として西欧文明にも触れていたことは事実である。有名な安祿山などは十字架を帯びる大秦景教の信者だつたことはよく知られた話である。

中國がむかしもつとも多く西欧文明および小アジアの文化を取り入れたのは唐の玄宗皇帝の時代である。吉備眞備や、阿倍仲麿、僧玄昉、行基の入唐はこの時代で、すこし遅れて長安に留学したのが最澄、空海等である。当時の長安は世界史上稀有と称せられる国際文化都市だつたのである。ゆえに当時の日唐交通は、まさしく間接には日欧交通でもあつたことは学者のつとに指摘しているところである。ゆえに法隆寺から出た香木にシリヤ文字の刻印があつたからとて別に怪しむに足らないのである。正倉院の御物の中に唐代のものが沢山あるが、いずれも中國のものばかりだと思つたら誤りである。王朝時代の佛寺その他の建築様式にギリシャ風のものがあるなどゝいう学者もあるが、当然のことと言い得よう。当時の帰化佛師などは中國人ばかりではなく、また中國人であつてもよい。中國の文明がすでに西域文明を採り入れておつた時代に相当するのである。

秦人のもたらした文化物は有形無形限りないものであるが、取り立てゝいえば雄略紀に特記されている養蚕、機織が主たるもので、その他醸造、土木、建築等があり、とくに土木工事については雄略紀に「秦人を役《ゆだ》てゝ茨田《まんだ》の堤、茨田の屯倉を作り給ひ、又和珥《わに》の池、依網《よさみ》の池を作り給ひ、又難波の堀江を掘りて海に通じ、又小橋江を掘り云々」とあつて今日の大阪の基を拓いたのは秦人である。また應神紀に「宮室を菟道《うぢ》に興《た》て」たとあるがこれなども殆んど秦人によつて建てられたようである。また後に詳しく述べるように謡曲能樂は秦河勝の家伝と言われ、観世流の元祖観世元清は秦氏であり、梅若流の流祖はもとより今春氏もまた秦氏であつて、今日もなお太秦廣隆寺を以てその氏寺としているのである。さらに次章に述べる平安京のごときは全く秦人の都といつても過言でないのである。

　秦人の創建しまた奉仕して来た神社も数百を以て数える。詳細に調査したならあるいはモット多数に上ることだろうとおもう。そのうちで最も顯著なものは「葵祭」で有名な平安京の氏神下鴨、上賀茂両社で、松尾神社と共に古来秦氏の三所明神と称された神社である。由来葵の紋どころは秦氏の定紋であつて、廣隆寺関係の大辟神社、木島神社、蠶社、下鴨、上賀茂両社等いずれも葵の紋所である。下鴨神社の「糺《たゞす》の森」というのは、もと太秦の木島神社から移したものである。木島神社は太秦の北東にあつて三本足の鳥居で有名な神社である。それから秦人の神社として有名なものに京都の稲荷神社がある。神社関係については別章を設けてさらに述べることにする。

　またその一族の繁栄を示す一例を申せば薩隅の島津氏、四國の長曾我部氏、丹波の川勝氏、越中の神保氏など何れも秦氏から出た名族であることは史家のすでに教えるところである。その他今日の秦氏はもちろん、波多氏、波多野氏、八田、矢田、廣幡、畠山、畑氏等無限にその子孫が国家の柱石として今日までの日本を作つて来たのである。地名についても同様で太秦族の集団地を表示するものが頗る多く、そしてある種の遺風を今に存しているところも少くない。

十一、平安奠都と秦氏の功績

本章の資料は早くから蒐めてあつたが、一は京城の先住地におき、一は昭和十九年警視廳に検挙された折に押收されてしまつた。のちに兵庫県警察部に留置された時に残つた一部もさらに取られたのである。幸いに太秦廣隆寺史の断片を写した中に、もつとも端的にこの問題を取扱つたものがあるから、冒頭にこれを掲げることにした

「長岡奠都、平安奠都の裏面に秦氏の富力の動きつゝありしことは蔽ふべからざる事実なり。即ち長岡京造宮職長官となりし藤原種繼の妻は秦朝元の女にして、長岡新京敷地の大部分と、土木建築の費用とは、外戚秦氏より献上せられたりしことは疑ふべからず。

況んや葛野郡の人秦忌寸足長は宮城を築きし功に依りて延暦三年十二月に正八位下より従五位上

に陞敍せられ、同太秦公宅守は、太政官院の垣を築きしによりて正八位上より從五位下に進めらるゝなど、秦氏の富の力は遺憾なく発揮せられたり。而して又

平安京造宮職長官となりし藤原小黒麿の妻は秦忌寸下島麿の女にして、その間に生れし子が葛野《かどの》麿なり。葛野麿の名より察すれば、下島麿が葛野地（太秦のこと）に住みし秦氏なることは殆んど疑ひなきところなり。

長岡京遷都の場合と同じく秦下島麿が平安新京の土地資金の提供者なりしことは前に引きし拾芥抄に依りても明かに之を窺ふべし。

思ふに秦氏所有の地は大内裏のみならず右京の内に多く編入せられしなるべし。以て両奠都が藤原氏の権力に秦氏の財力の結びつきて、はじめて能く決行を見たりしことを知るなり。而して平安京内秦氏所有地が編入せられしのみならず、廣隆寺々領にも影響を與へしことを看過すべからず（同寺資財帳、實錄帳を見るべし）以て廣隆寺と平安京とも密接なる關係あるを知るべし云々」

と右のうち少し説明すれば、長岡の都というのは、桓武天皇延暦三年（西紀七八四年）に奈良の都より一時遷されたもので、場所は山城国の西南隅で攝津境の山崎の附近である。わずか十三年にして今の京都すなわち平安京に遷都されたのである。

また右文中に「平安京造宮職長官となりし藤原小黒麿の妻は秦忌寸下島磨の女にして云々」とある

が、この秦下島麿について續日本紀才十四卷聖武天皇天平十四年の記事に「八月丁丑、詔して造宮錄正八位下秦下島麿に從四位下を授け、太秦公の姓を賜う。並に銭一百貫、絁一百疋、布二百端、綿二百屯を賜う。大宮垣を築くを以てなり」(拙訳)

とあつて下島麿もまた早くから造宮職にあつて相当な功績のあつた人である。平安京の造築なども長官は曠職であつて実際の仕事は下島麿あたりが多くの秦氏族を指揮してやつたのに相違ない。下島麿は平安遷都の五十数年前にすでに造宮職にあつて大宮垣を築き賞されて太秦公の姓号を賜わつているのだからその道の專門家であることは確かである。

造宮職長官の藤原小黑麿は年輩からいつても下島麿の娘の婿であつてその道の経験者とは思われない。たゞ当時は藤原氏の権勢時代だから徒らに長官の名を汚していたにすぎないであろう。

また前掲文中に「葛野郡の人秦忌寸足長は宮城を築きし功に依りて延暦三年十二月に正八位下より從五位上に陞敍せられ、同太秦公宅守は太政官院の垣を築きしによりて正八位上より從五位下に進めらる云々」

とあつたが、葛野郡は太秦の所在地であることもちろんである。つぎに秦足長の「宮城を築きし功に依り云々」とは延暦三年に奠都された長岡京の築造をいうのである。また秦足長については桓武紀に「延暦三年十二月葛野郡人外正八位下秦忌寸足長、秦忌寸馬長に外從五位下を賜う」とあり。さらに秦宅守については、同じく桓武紀に「延暦卅八年授正七位上太秦公忌寸宅守從五位下」とあり、また前掲文中に「長岡京造宮職長官となりし藤原種繼の妻は秦朝元の女にして」とあつたが、この秦朝元については續日本紀に「秦朝元養老三年四月紀に忌寸姓を賜う」とあり、また前掲文中には書いてないが、考徳紀によれば「神護景雲三年十一月造宮長上正七位下秦倉人呰主に秦忌寸を賜う」とあつて、平安遷都の延暦十五年（西紀七百九十六年）に先立つこと廿七年前の神護景雲三年（西紀七百六十九年）に秦倉人が造宮長の職に在つたことが明らかである。

これによつてこれを見れば平安遷都の五十数年前の天平十四年のころには平安京築造の長官たりし小黒麿の妻の父たる秦下島麿が造宮録の職にあり、また秦倉人は平安遷都の廿七年前より造宮長の職にあり、さらに秦足長は平安遷都の十三年前長岡京の宮城を築いた功によつて位を陞叙され、また秦宅守は平安奠都の廿三年後において太政官院の垣を築いた功績によつて位を進められている等々の前後の事情より推察して、今日の京都すなわち当時の平安京なるものは全く秦一族の手によつて設計され築造されたものであることはほとんど疑いを入れないところである。

なほ拾芥抄に引く所の天暦御記によれば平安京の大内裏はもと秦河勝公の邸址なりと伝えているさらに同記によれば有名な紫宸殿の前の右近の橘も元は秦河勝公の庭内にあつたものを移植したものと伝えている。山城名勝志に引く所の小一条左大臣記に「橘の本《もと》の主《あるじ》は秦保國也」という異説もあるが、定説としては河勝公の庭内より移植したものと古くから諸書に伝えている。歴代編年集成や日本紀略、天暦御記等の記録を綜合して見ると、秦河勝公に橋樹が渡る前の持主が橋大夫と称する同じ秦人だつたらしい。あるいは前記秦保國というのが橋大夫という人だつたのかも知れない。いずれにしても秦族と平安奠都とはなみなみならぬ深い因縁のあることはます／＼窺われるのである。

舊約聖書の記するところによれば「ソロモン」ということは希伯来語の「平安」を意味するということであるが、小谷部氏の「日本及日本國民の起源」の著書の口絵にパレスチナにおけるソロモン王の宮殿の古図と、平安京の宮殿の全景を掲げてゐるが、全く両者は符節を合するごとく酷似している。また故なきにあらずである。

藤原氏は当時の執権職ではあつたが、歴代秦氏よりその女を入れて、血統的にも権力的にもほとんど外戚たる秦氏に実権を取られ今は単なる一の偶像もしくは傀儡に過ぎなかつたのである。当時の藤原氏の實体は実は藤原と称する秦族にすぎなかつたのである。

東鑑に「建保五年四月四日御幸太秦殿」とあるが、山城名勝誌に「太秦殿とは坊門の信清公の家」と註し、また藤原氏系図には「信清は關白道隆公の後胤也、坊門と号す、また太秦内府《うつまさのないふ》と号す」（拙訳）とあつて当時の藤原氏は遂に太秦内府と自称し名実共に太秦族の天下（西紀千二百十七年）となつていたのである。太秦内府とはまた当時の官名ともなつていたと伝えられる。

もはや彼等は帰化人ではなかつたのである。藤原氏を通じて立派に皇室の外戚たる地位をも占め国家の柱石として今日まで大きな文化的役割を果して来たのである。

そして以上においてすでに見る如く当時代表的な人物はいずれも葛野郡太秦の出身である。すなわち葛野郡（太秦）の人秦忌寸足長と称し、あるいは太秦公秦忌寸宅守と称し、あるいは秦下島麿に太秦公の姓を賜うとあり、皇極紀には「秦河勝太秦に住す」とあつて、いずれも太秦の出身であり、また太秦を称する人たちであつた。

太秦公の姓号は当時のかれらに取つて如何程栄誉あるものだつたか知れないのである。かれらは平安遷都の数百年前より山城の葛野郡太秦に集結し、こゝからさらに山城各地に分散し進出して養蚕、機織、工藝、農耕等をいとなみ、さらに政治的文化面にも酒公や大津父や傳燈大師や河勝やその他幾多の有力な人材を輩出して、累代海外文化の扶植と大陸先進文明の輸入に努力したのである。

仲哀朝に功満王が帰化し、母国より捧持せる石を太秦の地に立てゝ大辟神社と崇めて以来六百餘年、弓月王が百廿七県の秦人をひきいてわが国に帰化して以来平安奠都までに同じく六百年、雄略朝に秦酒公がウヅマサの姓を賜わり山城葛野郡太秦の地に百八十部一萬八千六百七十人の秦人を聚集して一王国を築いて以来四百七十年、推古朝十一年に太子、河勝によつて太秦廣隆寺を建てて以来約二百年を経過して、こゝに秦人累代繁延の山城の地に平安の都がさだめられ、爾来明治に至るまで約一千年間皇城の地として栄えたのである。

当時南都の佛教文化の堕落はついに玄昉や道鏡のごとき事件をひき起し国体の基礎を危うからしめたのである。こゝに当時の宮廷内外の空気を一新する建前から和氣廣蟲が弟の清麿を通じて遷都の議を朝廷に献策したものと伝えられている。

桓武天皇の即位は弓削道鏡が下野に貶せられてから十二年目である。奈良朝時代は餘りに佛教勢力が宮中に強く入りすぎていたことは誰しも認めるところである。こゝに桓武天皇は佛教の浸染から逃れて宮中の空気を刷新するために、平安の地に新都を卜されたものと考えられる。

しかし当時は朝廷の財政が豊かでなく一時遷都を見合されたのである。しかるに当時山城の一角に一大勢力をもつていた秦の一族が、金がなかつたら金を提供しよう。労力がなかつたら労力も提供しようというので、前記下島麿その他がぼう大な敷地から資材、労力一切を提供して平安の都を作つたと伝えられる（天暦御記、拾芥抄等参照）すなわち太秦に本拠を有するいわゆる秦《はた》財閥「太秦財閥」が背景となり原動力となつて京都の御所の設計から都市計畫までこと〲く彼等秦氏の手に成つたもののようである。そして彼等の祖国大秦《ユダヤ》の古えにおける代表的な宮殿を象《かたど》りまたその宮殿の名を取つてソロモン（平安）の京と命名したのであろう。ソロモンとはヘブル語の平安の意味であることはすでに述べた通りである。京都の市街は日本のいずれの都市とも異なつた構想の下に建てられたものであることは周知の事実である。それは秦人の構図に成つたものだからである。

つぎに注意すべきことは桓武天皇三年の詔勅に漫《みだ》りに佛寺を建てることを禁止していること、また延暦六年十一月に桓武天皇が交野《かたの》に天神を祭祀したときに恒例を破つて犠牲を供え燔祭を行なつたということである。当時の祭文にも「敬《つゝし》んで燔祀《はんし》の義を采《と》り」と云い「玉帛犠牲粱盛庶品を以てこゝに禋燎《インレウ》を備へ」と述べている。燔祀と云い犠牲ということは日本の神社祭式には稀有のことである。もちろん中國には早くから庭燎を焚いて犠牲を供えるという禮典はあるが、燔祭の本家は何といつてもユダヤである。舊約聖書の至るところに燔祭が述べられている。

いずれにしても佛教の乱脈を制し新たな宗教信仰を打樹てようとする努力が見えていることは見逃せない。

平安奠都と共に太秦に本拠を有する秦人が著しく西陣に進出したことはすでに繰返し述べたところである。西陣の名称に就ては應仁記に出ているが今は詮議しない。西陣は太秦の出店《でみせ》（機織場《はたば》）で江州はその売場だつた。そんな関係から後世秦人はさらに江州に進出し、江州を足場にして更に全国に商取引をするようになつた。これが「近江商人」の起りである。先日も近江の日野に行つたのであるが、小さい農村にかゝわらず、關東の各地に堂々たる出店を持つて醸造屋をやつたり手広く商売している家が何十軒もあるのだそうだが、本據たる日野には妻子や僕婢が留守居をしてるだけで主人公や番頭は何れも關東で商賈を営み一年に一、二回位しか帰らないというのである。

こんな関係から後世廣隆寺や桂宮院、大辟神社、蠶社等の崇敬者は断然西陣や江州に多く、これらの建築物の維持修繕はもちろん奉納品献金等も断然西陣が持ちさらに前記六章の(7)に挙げた如く江州に常燈料庄、修造料庄の寺領を有し奉納献金等も西陣に次ぐものがあつた。

かくしてわが国一千年の王城の基礎を作ることに協力しあるいはわが国王朝文化建設の過半の功績を擔う秦氏族は果して太秦《イスラエル》国十二の流れの中のいずれに属するものであつたかは別途の研究にゆずることにする。

(追記) 室町時代における京都市(平安京)のマークがソロモンの父王ダビデの紋章たる✡印を用いていたという。今日京都市のマークは☆印を使用しているが、これは✡印の転用だと思われる。

十二、秦氏所屬の神社と信仰

従来多くの学者は、佛教と神道との習合を説き、あるいは陰陽道との習合を説いたが、未だ帰化人のもたらした信仰と神道との習合については餘り研究されていないようである。江戸時代に信友の蕃神考なども出ているが觀點を異にする為に本著とは無縁である。

私の考えでは稲荷信仰や蘇民将来の信仰なども帰化人のもたらした特殊信仰の一つだと考えている。

京都の稲荷神社は今から千二百数十年前、元明天皇の和銅年間に秦大津父の子孫の秦公伊呂具によつて創建され、代々秦氏がその祠官として奉仕したことは明らかである。すなわち稲荷神社は秦氏の氏神だと称される所以である。

蘇民信仰については別に一著を公刊する予定だからこゝには簡単に申上げておくが、結論的に言えばすこぶるユダヤ的な信仰であることが確実である。現在蘇民将来の子孫だと称する家柄が各地に存在し、またその屋敷跡と称するものを調査して見るに私の結論に概ね間違いがないと確信している。

信州上田市外の國分寺（あるいは八日堂）から出ている木製の蘇民守ならびに玩具や、米澤市外の笹野觀音、仙台市の木下藥師（元國分寺）小倉の祇園八坂神社、名古屋の洲崎神社、その他全国無数の神社および寺院から出ているところの蘇民の鈴や木製玩具は、ヘブル民族古来よりの遺風たる割禮を表示したものと思われる。もつとも露骨にこれを表わしていたのは名古屋の洲崎神社から出たものであつた。信州上田の國分寺から出ているもの、枋木市の神明神社から出ている蘇民の土鈴なども一見して陽根の表示であることが明瞭である。信州のある地方にはこれに関して次のような俗謡がある。

「蘇民将来長吉が鼠に陽根《ちんぽ》かじられて痛いとも言わず痒いとも言わず元気じゃ元氣じゃ」とすなわち蘇民と陽根との関係を説明して「鼠に陽根かじられて」と称しているのである。蘇民玩具および木製の蘇民守にはいづれも陽根に滴血の表示として赤い曲線を諸所に施し、恰度亀頭の俗にいうカル首の周囲に蘇民将来子孫人也と書いているのである。また蘇民の守札には蘇民将来子孫門或は蘇民将来子孫人也と書いてその下または上あるいは裏に✡のペンタグランマの印をかならず書いている。伊勢の宇治山田市辺では戰爭前までは一軒残らずといつてもよい位に各門戸にこの札を揭げていたものである。京都の官幣大社八坂神社（俗にいう祇園様）を初め全国至るところの神社寺院に蘇民を祀り蘇民の札を出しているが、筆者は殆んど全国各地の蘇民社を数年にわたつて実地踏査した結果、これは間違いなく猶太の割禮の遺風を表示したもので帰化人信仰の習合したものと確信している。

蘇民の由来については、備後風土記や、八坂舊記や、阿倍晴明の簠簋内傳、平田篤胤の牛頭天王暦神辨等に大体のことは書いているが、種々の改竄紛淆があるようだから眉に唾して読まねば飛んでもない間違いを来す虞れがある。近松の浄瑠璃の中の「日本振袖初め」にも随分盛沢山の内容で良い加減な蘇民が書かれている。この事は非常な神祕に屬することが多いからこれ以上はある時期まで書かないことにしている。

つぎに秦氏の建てた神社および秦氏の祖神を祀つた神社について書くのであるが、その数は無数にある。しかし彼等が故意にその由来を踏晦しているものが多いためにその研究はすこぶる困難である。こゝには有名なもの、また特徴のあるものを二、三簡単に紹介しておくにとゞめる。

前記したごとく京都の稲荷神社が千二百数十年前に、秦公伊呂具によつて創建され、秦人が代々奉仕していたということは、今日の民間信仰の雄たる稲荷信仰が何処より発生したかを知る上に大きな示唆を与えるものとして一般に注意を喚起したい。

また京都の官幣大社松尾神社は文武天皇の大寶元年西紀七〇一年に秦忌寸都理の創建したもので代々秦氏がその祠官となつて明治に至つたことは人の知るところである。

なほ京都の下鴨、上賀茂の両官幣大社は松尾神社と共に秦氏三所明神と古来伝えられている。また京名物の一つである鴨の「葵祭」は、秦氏の葵の紋に由来し、葵はまた彼等ヘブル民族の古来尊重し来つたものと伝聞している。廣隆寺に属する大辟神社、木島神社（蠶養社）等は皆古来双葉葵の紋を使用している。

謡曲「加茂」に、

「むかし此の加茂の里に秦の氏女と云ひし人、朝な夕な此の川辺に出でゝ水を汲み神に手向けゝるに、或時河上より白羽の矢ひとつ流れ来り、此の水桶にとまりしを、取りて帰り菴の軒に挿す、主思はず懐胎し男子を生めり。此の子三歳と申しゝ時、人々円居して父はと問へば、此矢を指して向ひしに、此矢すなはち鳴雷《なるいかづち》となり、天に上り神となる。別雷《わけいかづち》の神是なり。其の母御子《はゝみこ》も神となりて、加茂の三所の神所とかや云々」

ここにいう「加茂の三所」とは上賀茂、下鴨、松尾の三社を指すのであつて、秦氏本系帳に「秦氏奉祭三所大明神」と称するのと同一なるはもちろんである。秦氏と鴨氏とは平安の初頭より血縁関係を有して古くより秦氏が加茂、松尾の三社に対して絶対的支配力を有していたことは史上に明らかである。

秦氏本系帳は次のように伝えている（訳文を掲げる）

「初め秦氏女（玉依姫）葛野川に洗濯す。時に一矢あり、上より流れ下る。女子之を取りて還り来て戸上に刺し置く。是に於て女子夫無うして懐妊す。既にして男子を生む云々。玆に因りて諸人を招き集め彼児をして盃を執らしめ、祖父母命じて云わく。父と思う人に之を献ずべしと。時に此児衆人に指さずして、仰ぎ観、ゆいて戸上の矢に指す。すなわち雷公と為つて屋の棟を破り天に昇つて去る。故に鴨上の社を別雷神と号す。鴨下の社を御祖神と号す。戸上の矢は松尾大明神是なり。是を以て秦氏三所大明神を祭り奉り、而して鴨氏の人秦氏の聟と為る。秦氏聟を要する為に、鴨祭を以て之を譲り與う。故に今鴨氏禰宜と為つて祭り奉る。是れその縁なり云々」

とさらに丹波風土記に同様の記録を載せているが、この中では秦氏女が玉依比賣に変つてゐる。三者を比較して考えるに、丹波風土記を基礎にして秦氏本系帳の該記録を作り、さらに秦氏本系帳を本として謡曲「加茂」が作られたものと思われる。

謡曲「加茂」の能本の作者は金春禪竹（または善竹）であつて、金春家は秦氏族であることは後章に述べるところによつて明瞭である。本系帳については續日本紀延暦十八年十二月の条に「宜しく天下諸国をして本系帳を進《たてまつ》らしむべし」との詔勅があり、また三代實錄元慶五年三月廿六日の条にもこの事が出ている。この本系帳は平安初頭の秦氏の全盛時代に勘造されたもので、秦氏三所明神の記録には何等かの意図が藏されていることも考えられるので、そのまゝに受取られないものはあるが、それだけに餘計に上下鴨ならびに松尾の三社は秦氏と因縁浅からぬものゝあるを見逃せないのである。

この三社は秦氏の氏神とされ、また秦氏によつて隆盛を来したことは争いない事実である。今日下鴨を「糺《たいす》の森」といつているが、古来木島神社を「元糺《もとたいす》」といつて、太秦の木島神社から遷したものと伝えられている。

安永九年版の都名所圖繪などにも木島社の中の蠶養社の条に「本社の東にあり、絲、綿、絹を商ふ人此社を敬す。西の傍に清泉あり、世人元糺といふ」と出ている。この清泉は今もなお清冽な水を湛え糺の象徴たる三本足の鳥居が建つている。

木島神社の由緒書によると『境内に神池あり、四時清泉を湧出す、嵯峨天皇の御代、此の池の形を下加茂神社境内に遷し、当社を「元糺の森」下加茂の森を「糺の森」といふ』とあり、末節には「秦氏其の神徳を敬慕し大神を祭祀し尊敬せしといふ」と書いている。秦氏の創建せしことは明瞭であり、社司の姓を神服《はつとり》と称するのもまた当社に適わしいと思つた。つぎに面白いことは、先日神服社司の話に「もと木島の末社に顯名《あけな》神社というのがあつて、これは現在の三井家の祖霊社だつたそうですが、三ツ足の鳥居と何か関係がありそうだ」というのであつたが、筆者がおもうに、あるいは三井家は秦氏族の出ではないかということである。

以上を綜合して考えるに、上下鴨ならびに松尾、稲荷等の各社の創建は共に太秦を根拠とする秦人の一団がその後今の京都市内に向つて著しい進出をしたことを示す一証左だとおもう。

先に引いた「都名所圖繪」上巻（今から約百七十年前出版）によると、下鴨は秦氏女（玉依姫）を祭祀することを明らかにし、さらに古えの葵祭りの盛況を記して次の如く述べている。

「大内《おほうち》より御車《みくるま》出でゝ公卿みな〳〵騎馬にて葵《あおひ》かづらをかけ、音楽を奏し、其儀式嚴重にして美麗の行粧他に並びなき祭禮なり、祭とばかりいうは葵祭のことなり」

と記しているように、京都で単に「祭」という時は葵祭のことだというぐらいに京の代表的な祭典だつたのであろう。昭和十九年一月発行の京都地図の裏に「一目でわかる京の絵姿の解説」があつて、その中に上下加茂神社の条に「桓武天皇平安京を御造営相成つた時両社を王城の鎮守となし給う」とあるように、鴨社は単に秦氏の氏神であるのみでなく、王城の鎮守、京の氏神となつていたのである。

つぎに秦氏の奉斎した神社によく玉依姫という祭神を見るが、これは日本の古典にある玉依姫とは同名異神であるとされているから注意せねばならない。

かれらは帰化人であることを踏晦するために如何に苦辛していたかは後章の秦氏分布の地名ならびに秦氏より分れた姓氏等を一見すれば判明するように、その家系を偽りあるいは祭神を擬装し、中には史書の改竄捏造すら数知れずあるとさえ言われる。應神朝以後帰化人の史人《ふびと》が宮中にあつて諸記録を取扱つていた事実よりこの事が推定し得られるのである。備後風土記の蘇民記録などはその雄なるもので顚倒も甚しい悪意ある改竄だと推察する。篤胤などは吉備眞備にその責を帰しているが、吉備公や安倍晴明等はその血統にすでに一脈の疑點が存するのである。両者共蘇民記録には大いに関係があるようだ。わが国に國分寺の制度ができたのは吉備公が唐より帰朝した当時であるが國分寺に蘇民を祭り込んだのも吉備公あたりかも知れない。幕府が切支丹宗を弾圧した当時、仙台藩では蘇民の守札を踏絵の代りに用いたという記録があることを考えると、当時仙台市にあつて蘇民の守札を出していた國分寺（今も出している）などは、あるいは大秦景教に類似したものを存していたかも知れない。すでに述べたようにわが国國分寺の先駆をなしたのが玄宗帝当時の支那各州の大秦寺の制度だつたからである。

つぎに京都今宮神社の「夜須禮祭り《やすらい》」についてゞある。「都名所圖繪」に、「彌生十日には夜須禮祭りとて、加茂、上野の里人、烏帽子素襖やうのものを着け、太刀をかたげ笛を吹き、鉦、皷をならし、此社をめぐりて、「やすらい花よ」と囃しける」とあるが、この社の祭神は牛頭天王である。牛頭天王は今日一般に素盞嗚男尊だと稱しているがそもそも牛頭天王の称号は廣嶺神社々記によれば吉備公が唐より帰朝の際における廣嶺山の出来ごとから出発していると伝えられている。牛頭天王と蘇民との関係は備後風土記や八坂舊記その他に出ている。

こゝに「夜須禮祭り」と称することは「イスラエル祭り」の訛伝であると筆者は独断する。なぜならば才一に言葉の相似と、二には祭神の牛頭天王なることゝ、三には場所が加茂、上野の近くで当時の秦人の繁衍地であるからである。

前記のごとく彼等は下鴨に玉依比賣の神名のもとに実は秦氏女を祭り込んだと同様に、古来牛頭天王のほかに午頭天王なる相似の神名を附して、あたかも何れも素盞嗚男尊なるが如く擬装して祭つたものがあると伝えられ、後世殆んど混同して分つべからざるに至つたと聞いている。これは多くの場合彼等の常套手段であるようだ。京都名物祇園八坂神社は牛頭天王の本家のようにいわれているが、先人はすでに祇園とはユダヤのシオンの意味だと幾人か考証し力説している。筆者は牛頭天王と蘇民との関係において別な意味から、祇園信仰は帰化人のもたらした信仰の変形であり、日本化したものであると考証し得る材料を有している。こんなところからも今宮神社の「夜須禮祭り」なるものは「イスラエル祭り」の転訛だと考える。ヤとかヨとかイとかは皆通音であることはいうまでもない。筆者はこの意味で津輕地方の「ヨサレ節」なる歌もヤスライの転かもしくはエルサレムの訛だらうと考えている。さらに由良港のユラなどもいろ〳〵の点から考えてエフライムの転かと考えたりしたことがあつた。

　木村鷹太郎は「耶蘇教の日本的研究」の中で、猶太経典の五部書と日本の神道五部書を比較し、神道五部書中の御鎮座次第記の著者としての署名人阿波羅波命《アハラハノミコト》をモーゼに擬しているが、むしろアブラハムノミコトと考えたらどうかと思つたこともある。また近江の甲賀郡油日《アブラヒ》村鎮座の油日神社の祭神、油日大神なども、もとはアブラハ大神でなかつたかと思う。同地方が如何に帰化人が多かつたかは同地郷土史に明らかである。また近江に同じ油日村と書いてユヒムラと読んでいるところもあるが、これが鎌倉の由比などの起りで、矢張り由比は油日から来たものと考える。由比正雪などの由比の姓もやはり同様だと思う。

最後に八幡宮と秦氏との関係を挙げておく。八幡を今はハチマンと言い習わしているが、もとはヤハタである。石井廣夫氏の「神祇古正傳」に「ヤハタの神は幡の神――八幡の神は彌幡の神に坐すべし云々」と、伊勢安齋翁の、安齋随筆卷九に「神書の八の字は、数目の八に非ず。イヤ彌と云ふを略してヤと云ふに八の字を借りて書きたるなり。是賀茂眞淵外説なり。貞丈按に、詞に付きては八の訓を借りたるにて彌の字を用ふべし。イヤはイヨ〳〵なり。イヨ〳〵はマス〳〵なり。されば祝してヤと云ふなり。それに八の字を借り用ふるなり云々」

とて、八は感詞にして彌の変化したものであつて、八幡は彌幡（イヤハタ）である。すなわち幡を讃えたものである。学兄眞野勝利氏の新説によれば、八幡とは彌幡であり、彌幡とは彌秦であつて秦を讃えたものだというのである。以下眞野氏説の要點を摘記して見ると次のようである。

八幡宮の祭神ならびに縁起は頗る新しい割合に不確実で異説が多い。むかしから八幡三所と称して関係する神社が三ツある。宇佐においては延喜式にその祭神を八幡大菩薩宇佐宮、比賣神社、大帯神社の名を記している。

しかし八幡宮御祭神の一般説を綜合すると、應神天皇、神功皇后、および玉依姫である。さきに挙げた秦氏関係の下上鴨神社、松尾神社には何れも秦氏女なる玉依姫を祀つていたが、八幡宮にも大抵祭つている。

また八幡宮の名称は聖武天皇の御代に、宇佐河上に鎮座する鷹居瀬社の神を宇佐菱形山に移し号して廣幡八幡大神宮と称え奉ることによつて初めて八幡大神の神称が現出したのである。

このはじめて現われた八幡大神の名称に、秦氏一族の姓である廣幡の二字を冠したことに注意すべきである。この廣幡姓が秦氏系の姓であることは古記録に明らかであるのみならず、宇佐八幡宮の創始せられた神亀時代前後に頻りに此の姓が現われている。

聖武紀に「天平二十年冬十月丁亥正七位下廣幡牛養賜秦姓」とあり、

また越前国計帳断簡（天平四、五年の文書）に

「戸主秦人廣幡石足、秦人廣幡麻呂、秦人廣幡島虫売、秦人廣幡大名、秦人廣幡足枠、秦人蟲名賣、秦人廣幡賀豆伎賣」

などがあつて、廣幡は秦姓であることが明瞭である。と同時は八幡宮に廣幡を冠する以上秦氏の八幡宮であることを意味する以外に説明の仕様がないのである。

廣幡が秦氏の姓であるところから八幡宮の創始については当然秦氏がこれに関与したろうと見ることは強ち牽強ではあるまいと思う。この意味においても八幡宮に玉依姫を奉祀するのは当然であ

る。かく八幡宮が秦氏と至大な関連があるところより考えれば、八幡すなわちヤハタなる神称もまた彌幡にあらずして、これ彌秦なりというべく、八幡とは秦氏を讃えたものと思われるのである。

八幡宮とは秦氏が、秦氏女に擬したる玉依姫を祀り、しかも秦氏の姓を頭上に冠し、また秦をもぢつた字音仮名八幡を神称したものであつて、八幡宮と秦氏との関係は密接なものがあると言い得よう。

さらに箱崎八幡大宮司家文書に、

「波多隼人宿禰が十餘代の後胤大宮司正四位秦宿禰遠範は醍醐天皇に仕え、延喜中始めて秦姓を賜い正四位に敍せらる。これ箱崎大宮司の始祖なり」

とあり、また同書に、

「筥崎宮管領大宮司才四世を秦宿禰遠久と云えり。この人天元中正四位上に敍せられ長徳中迄在職云々」とあり。

また筥崎宮神領文書に、

「筑前国筥崎宮神領高千石配分之事、三百石御造営料……七十二石三斗大宮司秦朝臣管領云々」

と右文書は箱崎名嶋領主小早川隆景より寄せられたものである。

これらの文書によつて筥崎八幡宮の大宮司は創始以来秦氏によつて占められていたことがわかる

以上を綜合すると、八幡宮の神称は秦氏の姓を用い、その祭神は大陸交通の道を開き帰化をして容易ならしめた大恩人たる應神天皇、神功皇后、さらに己が秦氏の祖神とする玉依姫を祀り、なおその祭官に秦氏を以てこれに充てたものであつて、しかも八幡とは彌秦の字音仮名であること等を綜合すれば、八幡宮こそは秦氏と至大の関係があるものと言わざるを得ない。というのが眞野氏の「八幡即彌秦説」の要点である。右は雑誌「謡曲界」昭和十八年十二月号に氏が掲載した中の極く一部である。

さらに附言したいことは現筥崎宮の宮司幡掛氏もその姓より見て秦氏の流れを汲む古い社家ではないかと推察されることである。

それから眞野氏の考証された八幡とは彌幡《イヤーハタ》であり、さらに彌幡とは彌秦《イヤーハタ》であるということについて、佐伯博士の「中国基督教の研究一」における左の一項を参照されたいとおもうのである。

「近代の猶太（Yudaioi）といふ言葉は元来は「イヤーフダ」又は「イヤーハダ」で「ユーフダ」はその訛音であるが、それが（Jew）になつたのは、欧洲では才十世紀以後であつて、中國でも才十三世紀以後であると云はれてゐる云々」

と、これによつて見ればそもそも秦を「波陀」あるいは「波多」「幡多」と称することは（Yudaioi）「イヤーハダ」または「イヤーフダ」「ユーフダ」の訛伝ではなかろうか。むしろ彌秦あるいは彌幡、八幡の方が秦すなわち「波陀」「波多」の原名ではなかろうか。ヤハタがハタとなりヤダとなつたと考えられないこともない。蓋し後学の宿題たるにとゞまる。

追記　春日の鹿、日枝の猿、稲荷の狐と同様に八幡に鳩はつきものであるが、これはノアの洪水の時に方舟より鳩を放つて水の減少せるを知つた故事に基ずくものではないかと思う。

十三、謡曲は秦氏の家傳

謡曲すなわち能楽は秦氏の家伝であることは後段に述べるように太秦大辟神社記やその他古記録にも早くから伝えられ、すでに学者間にも定評のあることであるが、同攻の畏友眞野勝利氏はさらにこれを専門的に研鑽した先輩であるから餘計な苦労をせずに初めに彼のいうところを摘記する。以下は「謡曲界」昭和十八年九月号に「謡曲と秦氏」と題して眞野氏の書いた論文の要旨である。

『謡曲すなわち能楽が今日の如き形態をととのえるに至つたのは、能楽の大成者世阿彌以降のことであろうけれども、その素地は遠く申楽延年の舞等の起源にまで及ぶものである。能楽の基礎をなすこの申楽延年の舞は應神朝に百済より帰化した秦氏によつて創始せられたということはすでに定評のあるところである。

能樂に関する聖典中の聖典ともいうべき観世家の太祖観世元清が一子相伝として書き遺した花傳書（正しくは風姿花傳書）の巻頭才一に、

「夫れ申樂延年のことはざ其源を尋ぬるに（中略）近頃萬人のもてあそぶ所は推古帝の御世に聖德太子秦河勝に仰せて且は天下あんせむ（安全）の為且は諸人快樂の為六十六のゆうえん（遊宴）を成して申樂と号せしより以来代々の人風月の景を仮りてそのあそびの中だちとせり。其後かのかうかつ（河勝）の遠孫この藝を相続ぎて云々」

とあつて明らかに能樂の太祖世阿彌も能樂が秦河勝に発しているといつている。したがつて能樂と秦氏とはもつとも緊密の関係があり、能樂史研究上秦氏を閑却し得ない。ことに興味のあることは謡曲の始祖が秦氏であるばかりでなく、斯界の三大流派すなわち観世家はもとより梅若、今春の両家もまたその初めは秦氏であることである。

まず観世家を見るに、風姿花傳才三問答奥付に、

「干時應永七年庚辰卯月十三日従五位下左衛門太夫秦元清書」

とあり、観世家の大祖元清が自ら称して秦氏であることを明記している』

と挙げ、さらに眞野氏は観世家の系統については諸説のあることを併記し、あるいは伊賀服部説結城説も挙げて結局何れも秦氏であることに相違ないと結論している。観世休齋の「観世大夫の事」

の中に
「伊賀より大和に移り春日明神の樂人と成りて結城村を領す。是より秦氏結城観世大夫と云う」

また吉田東伍博士の「大日本地名辭典」にも、

「按ずるに観世家は杜屋の樂戸秦姓服部氏の末なるべし」

等もその証拠の一に数えられている。

さらに今春家については、今春家の流祖は氏信である。氏信は秦河勝四十四世の孫と称してその本姓は竹田と云い、大和春日の圓満井座を繼ぎ、金春と改称したのである。

坊目遺考に「今春氏は高天町に住し、祿五百石を賜はる。或は竹田氏又圓満井座と号する。其の祖先は山城国狛里に住す。竹田氏信は服部清次と同時の人也。其の女は観世元清に嫁す」とあり
また野上博士もその著「花傳書」（岩波版）において、

「中樂即ち能樂の始めは大和の圓満井座だといはれている。円満井姓は秦で後今春である」

といつておられる通り、今春家の大祖もまた山城狛里（今の綾部市）に繁栄した秦氏であることを知ることができる。

今春家の系図を見るに、初代秦大津父で、三代目が秦河勝で以下連綿として今日の七十六代八郎に至つている。

つぎに梅若家に至つては、その系図に梅若家の先祖は「波多」であることを明記している。そして「波多」の「秦」であることはいうまでもない。梅若家の系図については、これを梅若吉兵衛政清家の過去帳によつて考えるに、梅若波多大夫景久が文明三年（西紀一四七一年）後土御門帝の時代にはじめて梅若の姓を賜わつた由が記されている。すなわち、

「人皇百四代後土御門院御宇、文明三年辛卯、景久十三歳の時右中辨藤原俊名を以て、梅若大夫波多景久と賜ニ口宣一改ニ梅津一従是一族梅若と称す。丹波国綾部領大志満に住、元祖友時より梅津兵庫景久まで代々此に住す」

とあつて梅若もまたもとは波多を姓とし、金春家と同様に代々丹波の国綾部領に住していたことが明らかである。

波多は秦の字音仮名であつて中世以来、秦を波多と改めたものであることは論をまたない。ゆえに波多景久は秦景久であることに少しの疑いもあり得ないと思う。ことにその出身地は今春家と同様に丹波国狛里（綾部）であつて両家共にもとは同系の秦氏である。

秦氏は狛里を中心にして増加繁殖しあらゆる方面にその勢威を振つていたのであつて、言わば当時の狛里すなわち今の綾部市は秦氏族の一大根拠地だつたのである。

和名抄には狛里に関して「何鹿郡漢部《あやべ》」（高山寺本）とある。この漢部は今日の綾部市である。

日本書紀雄略天皇紀に「散遷秦民、使献庸調、又聚漢部定其伴造」とあるのが、綾部に秦民族が遷住した理由であつて、すなわち秦氏が庸調の機を織るために集団的に遷住した土地である。今綾部市が蚕絲業の一中心地を形成しているのも決して故なしとしないのである。狛里すなわち今の綾部市と秦氏とは最も深い関係にあることは上述の通りである。そして景久がこの狛里の出身でありかつまた波多姓である事実よりして彼が秦氏族の一員であつたことに関して何等疑問をはさむ餘地はないと思う。

右の如く能楽における三大流派観世、金春および梅若家が期せずして、同じ秦氏一族であることは、謡曲の源流が秦氏にあることを想像せしむるに充分なものがある。果せるかな、この世阿彌の花傳書に能楽の源は秦河勝に発するといつたことも、あながちこれを荒唐の伝説であるとすることは出来ないと思うのである。もしこれらの伝説にして多少とも史実の核心を含むところがあるとすれば、能楽こそは、上古の移民たる秦民族が亜細亜大陸よりわが国に持ち来り、最初より秦民族間に伝襲したる特技であつたと思われる。しかして推古帝の御宇聖徳太子の意をうけて秦河勝が六十六番の遊宴の曲を作つたという伝説は、河勝がすでに伎楽の素養を有していたがゆえにこれを作り得たものと思われる。

以上が眞野氏の謡曲と秦氏に関する論文の骨子である。つぎに筆者が太秦研究中に得た一二の資

料を参考までに附記しておく。すなわち太秦の大辟神社記に曰く（拙訳）

「上宮太子国柄を執りたまう時、国家の騒劇あり、太子神代の故事を追思し、十六番の物真似および貌面を製し、川勝に賜う。かつ橘の宮に御してこの伎を見る。けだし俳優の類神代の遺風なり。これによつて国淳風を扇ぎ、民禮俗に向う。尓後この伎を以て川勝の家伝となす云々」

とあり、また太秦廣隆寺史に引くところの或記に曰く、

「聖徳太子が天下安全諸人快楽のために三十三番（又は三十六番）の申楽を作り給いし云々」

と、また雍州府志神社門上二、大辟神社の条に曰く（拙訳）

「河勝仮面を造つて舞楽を作し政道を輔く。今四座の中金春大夫はその裔なり。播磨国大荒社《おほあらのやしろ》もまた秦河勝を祭るところなり。ゆえに能太夫西国に赴くの次でかならずこの神社に詣ずと云々」

とあつて一層眞野氏の説の虚妄でないことを裏書している。

さらに太秦廣隆寺史によれば金春家は今日なお太秦廣隆寺を以てその氏寺としていることが書いてあり、また三十年前の太子の千三百年恩忌にも廣隆寺へ参拝かた〴〵能楽の奉納を行なつたことが記されている。

今日なおわが国古典藝術の最高峰を占め世界に誇る能楽が秦氏に源流を発しまた秦一族によつて普及維持されて来たということは歴史上特筆大書すべき事柄だと思う。

應神朝に帰化して以来一千七百数十年、秦氏はわが国氏族中の大族として、また名族としてわが国上下の社会面にはたまた政治面文化面に不朽の貢献をなし、今日その流れはわが国人口の過半を占めている。帰化当時の紀念として應神天皇を祀り、また大陸交通の動機を與えた神功皇后を祀りさらにこれに自己の民族神玉依姫（秦氏女）を配して八幡三所として尊崇する所以もまたおのずから明らかなるが如くである。

あと一、二年（昭和廿三年記）にして渡来後千七百五十年を迎えるのであるが、この機を卜して秦氏の一大顯彰運動を起し、この大いなる日を永遠に紀念すべきだと思う。

追記　申樂は後に猿樂と称されるようになつたが、申樂《しんらく》とは初め秦樂の謂いで秦人伝来の能樂の意ではなかつたかと思う。

十四、秦氏より分れた諸氏族

「秦氏は天下の大姓であつて、その氏人の多いことも恐らく他に比較がないであろうのみならずその分布も極めて広く、粗密の差こそあれ日本全体、西は九州、對馬から東は奥羽のはてまで分布し何処の国を調査してもこの氏族を見出さないところはない。しかもこの氏族ほど各時代を通じてその代表者が社会的にも才一線において活躍し国家に貢献をなしている氏族も他に比類を見ない。またこの氏人の属する氏も極めて多い」

と眞野氏の「王朝時代における秦氏の分布と人口」に挙げている通り、秦氏より分れた氏族は萬多王の撰進された新撰姓氏録において見るだけでもおびたゞしい数である。中世以降においてはさらに多くの苗字を発生したが、その中で最も有名なのは先にもしばしば述べたように薩隅の島津氏四國の長曾我部氏、丹波の川勝氏、越中の神保氏、對馬の宗氏、および稲荷、松尾両社の社家族等である。

その他秦の字音その他より変化した波田、八田、矢田、半田、畑、廣幡、羽田、畠山、畑中等いずれも秦族の分れと考えられ、数え来れば殆んど無数の氏族が生じている。栗田寛博士が「新撰姓氏録考証」に六國史、姓氏録から拾つてあつめた秦族の姓氏を次のように挙げている

「太秦公、太秦、大蔵、秦、秦前、秦下、秦子、秦許、秦冠、秦大蔵、秦倉人、秦川邊、秦部、秦井手、秦長蔵、秦人廣幡、秦中家、秦田村、秦栗栖野、秦物集、大蔵秦、依智、朴市秦(依智秦)秦原、秦常、秦高橋、秦長田、秦小宅、物集、長田、河勝、秦姓、葛野秦、波陀、三林、秦達布、惟宗(伊統)、朝原、加美能、小宅、時原、秦原高橋、廣幡、令宗、高尾、長蔵、香登、川邊、前、井手、倉人、達布、中家。

等である。この秦氏は最初は公姓を称し、後造姓を賜い、天武朝には連姓を、つぎには忌寸姓をつぎには宿禰姓を賜わつたが、中世以降幾多の苗字を発生したのである。次章の秦氏分布の地名と対照して読者は自ら発見するところがあると信ずる。

十五、秦氏の分布と地名

本章は特に眞野勝利よりいただいた秦氏分布の調査資料をそのまゝ参考に掲げておく。

現今わが国の地名に秦氏の「秦」あるいは、秦の音によつて表現された八田、矢田、半田、端田反田、幡、畑等の町村名を有するものおよび、二字以上の町村名にしてその前後に秦の字を連結した地名が少なからず存在している。それらの地方には上代秦氏の居住したものが多数にある。

また秦の字とは関係のない地方でも古文書、古典等によつて秦民族の居住したことが明らかに知られている地方も多く存在する。よつてこれらを綜合して往昔秦民族の居住した地方を示せば左のようである。

秦民族分散居住地（括弧内は現今の地名）

（国名）　（郷　郡　名）

羽後　機織《はたおり》（秋田県榊村）陽成紀元慶四年二月に出羽国弩師従七位上秦忌寸能仁を載す。

上野　八田郷（群馬県多野郡吉井町字矢田）和名抄に多胡郡八田郷とあり。

八田郷（群馬県邑樂郡羽生田、赤羽村附近か）和名抄に邑樂郡八田郷とあり。本國幡に邑樂郡従三位八田明神とあれど今此祠宇知れず。

常陸　幡田郷（那珂郡中野村）和名抄那珂郡幡田郷とあり。秦氏と関係あるべし。

八部《べし》郷（那珂郡八田村）和名抄久慈郡八部郷。

武藏　幡羅郡（埼玉県大里郡）和名抄幡羅郡を八郷に分つ。其の上秦郷、下秦郷は後世埼玉県に入りし如し。

幡多郷（大里郡畠山村）和名抄男衾郡幡太郷とあり。

幡ケ谷（東京都）

相模　幡屋郷　和名抄都築郡幡屋郷あり。今詳らかならず。

幡多郡（神奈川県中郡秦野町）和名抄餘綾郡幡多郷とあり。

越中　八田郷（礪波郡石動町）和名抄礪波郡八田郷とあり。

東大寺所藏越中国諸郡庄園総卷に「射水秦吉虫女」その他秦忌寸、依智秦公を載す。

越中国官舎納穀交替記「擬大領秦忌寸（延喜九年）」を載す。

越前　八田郷（石川県月津郡矢野村）和名抄江沼郡八田郷。

幡生庄（石川県江沼郡）

山背郷（〃　〃　）

彌太郷（〃　〃　）

餘戸郷（福井県坂井郡）

赤江郷（〃　〃　）

足羽郷（〃　足羽郡）

伊濃郷（〃　〃　）

井手郷（〃　〃　）

利苅郷（〃　〃　）

津守郷（〃　敦賀郡）

敦賀郡伴部郷（南条郡堺村）

山城計帳「秦倉人安麻呂戸口秦倉人刀自賣、同多同賣、右二人和銅五年に越前に逃る」同計帳

「秦人廣幡阿挽甥岡賣上件三口和銅五年に越前に逃る」

天平神護二年越前国司解「江沼郡彌太郷戸主秦得麻呂、足羽郡伊濃郷戸主秦八千麻呂、足羽郡足

羽郷戸主秦安麻呂、坂井郡赤江郷戸主秦赤麻呂、坂井郡余戸郷戸主秦佐彌」
天平神護二年越前国司解「敦賀郡津守郷戸主秦下子公麻呂」
天平神護二年越前墾田町「足羽郡利苅郡戸主秦井手月麻呂、敦賀郡伊部郷戸主秦日佐山」
類聚國史「天長八年四月壬辰越前人秦飯持女、天長九年六月乙丑越前人坂井郡秦乙麻呂」
宇治拾遺　秦豊國（延喜年間）敦賀郡人正倉院天平神護二年二月文書「上家郷戸主野於斐戸口秦前多麻呂父秦前田麻呂」
越前計帳斷簡天平四、五年文書「戸主秦人廣幡石足とありて戸ロ十二人」

加賀　井手郷（石川県郡村名不詳）和名抄石川郡井手郷。

甲斐　上萬力村（東山梨郡上萬力村）唐土明神（秦始皇帝）の社祠あり。

能登　八田郷（石川県鹿島郡矢田郷村）和名抄能登郡八田郷。

隱岐　時代不明なれ共大間書に秦宿禰あり。

佐渡　八田郷（新潟県佐渡郡畑野村）和名抄雑多郡八田郷。
東大寺要錄天平勝寶四年越後国二百戸の中雑太郡幡多郷五十戸とあるのはこれとす。

若狭　清和紀貞觀十年三月「若狭国三方郡人秦勝綱刀自」

美濃　服織郷（大垣附近）和名抄安八郡服織郷。

当国帳安八郡従五位上八田若宮明神あり。此郷今何処にや不明。」

各務郡（岐阜県各務郡）

常咜郡垂穂郷（岐阜県）

加毛郡半布里。

正倉院天平四年三月廿五日文書「秦公豊足常咜垂穂郷三宅里戸頭秦公麻呂」

承知二年九月紀「僧傳燈大法師位護命卒ス、俗姓秦氏各務郡ノ人」

美濃国司解「各務郡大領秦良実」（貞観）

遠江

幡多郷　和名抄遠江国長下郡幡多郷今詳らかならず。もしくは飯田村にや。

覇田郷（静岡県濱名郡有玉村）和名抄麁玉郡覇田郷。

榛原郡　敬満神社あり。敬満は秦氏の祖功満の転訛したる当字なり。

仁明紀承知十四年八月紀「遠江国榛原郡人秦成女」

正倉院文書御野国加毛郡半布里、五保上政戸秦人石寸家口十五、中政戸秦人甲家口十八、中政戸秦人止也比家口十一、中政戸秦人山家口二十二、中政戸秦人小咋家口十四、五保中政戸秦人都々美家口十六。下政戸秦人堅石家口十一、中政戸秦人安麻呂家口卅二、中政戸秦人和爾家口十四、上政戸秦人桒手家口廿二、中政戸秦人阿波家口廿五。

信州　波多郷（東筑摩郡波田村）
治田神社（更級郡稲荷山町）延喜式更級郡の宮社也。神祇資料に今治田社稲荷山に在す。然らば斯の稲荷大明社即是歟。山城国紀伊郡の稲荷社は秦氏の祭る所なるが、此の治田神社を稲荷社と云うも由縁あることにや如何。

駿河　八田郷（静岡県志太郡廣幡村）和名抄益頭郡八田郷、今詳ならず、もしくは廣幡村にあらずや。村に青山八幡宮あり八田てう地名に因みて八幡神を祭れるにや。
除目大成抄三に延喜十四年信濃少目依智秦公岑範

三河　八田郷（愛知県幡豆郡奥津村八田）和名抄幡豆郡八田郷、秦氏と関係あらん。
八田郷（幡豆郡平坂町上下矢田）和名抄幡豆郡八田郷。
幡太郷（豊橋市附近）和名抄渥美郡幡多郷。神鳳抄に秦御厨と云うを改めて近世吉田方と云える諸村中に羽田てうもの遺れりとぞ。

尾張　八田郷（今不明なれ共名古屋の次に八田駅ありその附近か）和名抄中島郡八田郷。
天平二年尾張国正税帳「少目従七位下勳十二等秦前忌寸大魚」

伊勢　八田郷（三重県一志郡川合村八太）和名抄壹志郡八太郷、現地秦、畑の姓存す。
矢田部郷（桑名郡益生村）神鳳抄に八太御厨とあり。

飯野郡神戸郷（河藝郡神戸町）
朝名郡葦田郷（三重郡朝日村）
正倉院天平二十年文書「朝明郡葦田の人秦家主」
正倉院貞観三年六月紀に「伊勢朝明の人秦美津岐」貞観十年紀に「志摩国掌秦氏」
朝野群載天暦十年六月十三日の条に「伊賀権椽依智秦宿禰正頼」

紀州　波多須（和歌山県東牟婁郡）秦人の伝説あり。

秦里（有田郡宮原村畑）

熊野地方。秦人の伝説を有す。殊に太田町では捕鯨船の船長をハタス（秦氏）と呼ぶ。捕鯨歌に「大島原からよせくるつち（槌鯨）を二十艘秦氏がさしてとる」

矢田（紀伊日高郡矢田村）往昔富安の東を矢田荘と曰う。軍器考に正平章と云う物異国より來れり云々。紀伊国矢田荘より其板あまた進められしと云。当時此荘内に造革せるなるべし。

秦忌寸、太秦公宿禰同祖（姓氏錄大和国諸蕃）

大和　矢田郷（生駒郡矢田村）和名抄添下郡矢田郷。八田寺あり。
波多郷（高市郡舟倉村）和名抄高市郡波多郷添上郡波多野村、延喜式添上郡波多神社あり。

檜隈郡腋上

城下郡樂戸郷

添上郡楢中郷

雄略天皇十四年葛城腋上の地に秦氏を置く。

孝謙紀天平神護二年十二月丁酉大和国人正八位下秦勝古麻呂等四人に姓を秦忌寸と賜う。

天長四年明匠記「賻僧正傳燈大法師位勒操姓は秦大和高市郡人、天長四年五月七日卒ス」

延喜式に城下郡樂戸郷杜屋あり、今秦樂寺と云う。樂戸秦連の氏寺なり。

東大寺天暦八年田劵に「添上郡楢中郷戸主秦阿彌古」

丹波

八田郷（何鹿郡上下八田村）和名抄何鹿郡八田郷。八田は其名義秦氏の散遷住止したるに由るなるべし。

多紀郡畑村（兵庫県）

綾部（何鹿郡綾部市）謡曲の祖梅若太夫波多景久……丹波国大志満に住す。梅若は秦姓を呼称す。

秦忌寸太秦公宿禰同祖、秦始皇帝之後也（姓氏錄山城国諸蕃）

秦忌寸、秦始皇帝十五世孫秦川勝公之後也（姓氏錄山城国諸蕃）

秦忌寸、秦始皇帝五世孫弓月王之後也（〃　〃　）
秦冠、秦始皇帝四世孫法成王之後也（〃　〃　）

山城　太秦（京都市右京区太秦）

紀伊郡深草里（京都市伏見区）秦氏の本拠にして稲荷社を奉祀す。」

葛野郡　秦氏の最も増殖せる処とす。

愛宕郡雲ヶ畑村　全村殆んど秦姓を呼称す。

秦酒公については雄略十六年条にあり。

欽明紀山背国紀伊郡深草里より秦大津父を得。

皇極紀秦河勝太秦に居住す。

正倉院宝亀二年文書「秦正月麻呂山城国大里郷戸主秦廣吉戸口」

文徳紀天安元年九月中宮少属正七位上秦忌寸永年賜太秦公宿禰姓脱山城国占着左京。

天平寶字七年三月廿七日造東大寺、鑄工無位秦常大吉、銅工無位秦物集廣立、鑄工秦船人葛野郡人。

正倉院天平神護元年文書に「少初位秦前東人山背国紀伊郡人」

光仁紀寶亀七年十二月紀「山背国葛野郡人秦忌寸箕造等九十七人に朝原忌寸を賜ふ」

桓武紀延暦三年十二月葛野郡人外正八位下秦忌寸足長、秦忌寸馬長に外従五位下を賜う。

弘仁五年十月紀興福寺傳燈大法師常楼卒す。俗姓秦公忌寸、山城国葛野郡人也。

仁明紀承知三年紀遣唐医師山城国葛野郡人朝原宿禰岡野本居改メ左京四条之坊に貫附す。

仁明紀承知元年二月山城国葛野郡人従八位上物集廣永、同姓豐守等に秦忌寸を賜う。

承知八年　外従五位下秦忌寸福代。

三代實錄七　貞觀五年九月五日山城国葛野郡人秦忌寸春風、秦忌寸諸長三人賜姓時原宿禰。

太秦公宿禰　秦始皇帝十三世孫、孝武王之後也（姓氏錄左京諸蕃上）

秦長藏連、太秦公同祖、融通王之後也（〃　〃）

秦忌寸、同王五世孫丹照之後也（〃　〃）

秦忌寸、同王四世孫、大藏秦公志勝之後也（〃　〃）

秦造、始皇帝五世孫融通王之後也（〃　〃）

秦忌寸、太秦公宿禰同祖、功滿王二世孫秦公酒之後也（姓氏錄右京諸蕃上）

秦忌寸、太秦公宿禰同祖、〇〇王之後也（〃　〃）

秦忌寸、太秦公宿禰同祖（〃　〃）

秦忌寸、始皇帝四世孫、功滿王之後也（〃　〃）

秦人、太秦公宿禰同祖、秦公酒之後也（〃〃）

文武紀大寶二年四月従七位下秦忌寸庭廣大寶年間秦辨正入唐す。

持統承知紀十年五月秦造綱手賜姓為忌寸。

秦朝元養老三年四月紀に忌寸姓を賜う。

續紀十七、天平二十年五月乙丑、右大史正六位上秦老等一千二百餘烟に伊美吉の姓を賜う。

續紀十四、天平十四年八月造宮錄正八位下秦下島麻呂に太秦公の姓を賜う。

天平六年正月従七位上秦忌寸大宅。

天平十二年正六位上秦前大魚。

孝德紀天平勝寶二年二月乙已正六位上秦忌寸首麻呂。

廢帝紀天平勝寶八年十月庚午正六位上秦忌寸智麻呂。

天平寶字七年三月廿七日造東大寺解「佛工秦祖父右京人」

正倉院天平寶字二年文書秦稲守左京人。

正倉院天平寶字六年文書無位秦忌寸足人。

孝德紀天平神護元年三月正七位上秦忌寸公足。

神護景雲元年八月散位正七位上秦忌寸眞成、同上二年正八位上秦忌寸弟麻呂、神護景雲三年十一月紀彈正史生従八位上秦長田、三山、造宮長上正七位下秦倉人呰主に秦忌寸を賜う。

宝亀七年十二月紀左京人従六位下秦忌寸長野二十二人に姓を奈良忌寸と賜う。

桓武紀延暦十五年七月外従五位下秦忌寸都岐麻呂を小工とす。

延暦卅八年授正七位上太秦公忌寸宅守従五位下。

延暦三年正月正六位上秦忌寸長足。

延暦三年十一月外従五位下秦造子島。

弘仁二年紀右京人正六位上朝原忌寸諸坂に姓宿禰を賜う。

仁明紀天長十年二月左京人左大史正六位上秦忌寸貞仲に姓を宿禰と賜う。

仁明紀承知三年閏五月右京小属秦忌寸安麻呂、造檀林寺使主典秦忌寸家継等に朝倉宿禰姓を賜う。

仁明紀承知二年二月十二日左京人正六位上秦忌寸賜姓朝原宿禰。

仁明紀承知四年十月山城国人造酒司史生秦忌寸伊勢麻呂等本居を改めて四条三坊に貫附す。

光仁紀仁和元年十二月十五日山城国葛野人大膳少進正六位上秦忌寸氏立父子六人改本居貫附右京四条二坊。

元慶七年十二月廿五日紀左京人従五位下行下野権介秦宿禰永厚、従五位下守大判事兼行明博士秦公直宗右京人主計大允正六位上秦忌寸越雄、左京人右衛門少志秦公直本男女十九人に朝原惟宗朝臣と賜ろ。

續紀五承知三年三月甲子山城国人秦宿禰氏繼改本居貫附四条三坊。

清和紀貞觀六年六月五日右京人内教坊頭従七位下秦忌寸善子賜姓伊統朝臣弟秦忌寸安雄云々。

近江

蒲生郡上羽田中羽田、下羽田（蒲生郡平田村）

淺井郡

愛知郡秦川村

愛知郡大國郷

犬上郡火田郷

東大寺文書貞觀八年十月十一日近江国愛知郡大國郷戸主秦公宗直。

孝德紀大化元年朴市秦造田来津。

天平勝寶九年四月七日西南角領解「簀秦画師犬上郡火田郷戸主簀秦大島戸口」

天平寶字六年四月廿一日正倉院文書近江国愛知郡司解「大領従七位上依智秦公門守」

天平寶字二年二月廿四日「画工司移簀秦豐次、近江国犬上郡」

類聚國史延暦十一年近江国人秦繼成。

類聚國史大同二年近江蒲生郡人秦刀自賣。
仁壽四年巻愛知郡大國郷戸主依智秦公福方。
東大寺延喜二年十一月文書「愛知郡大國郷居住依智秦公父子」
東大寺文書延元々年大初位依智秦眞。朝野群載廿二に近江追捕使依智秦公。」
延喜廿年東大寺文書右大忠平少書史依智秦友賴。
朝野郡載天曆十年六月十三日伊賀權椽依智秦宿禰正賴。

河内

秦宿禰　秦始皇帝五世孫融通王之後也（姓氏錄河内国諸蕃）」
秦忌寸、秦宿禰同祖融通王之後也（〃　〃　）
高尾忌寸、秦宿禰同祖、融通王之後也（〃　〃　〃　）
秦人、秦忌寸同祖弓月王之後也（〃　〃　）
秦公、秦始皇帝孫孝德王之後也（〃　〃　）
秦姓、秦始皇帝十三世孫熊解公之後也（〃　〃　〃　）
幡多郷（北河内郡豊野村大字太秦、秦）和名抄茨田《まんた》郡幡多郷。此処は秦氏の居邑にして古事記に高津宮段云、後秦人作茨田堤及茨田宅。

北河内郡
丹比郡
河内郡
高安郡
} 一部

正倉院天平寳字二年文書秦蟲足河内丹比郡人。

仁明紀承知十五年三月河内郡人大初位下秦宿禰世智雄賜姓朝原宿禰。

正倉院天平勝寳七年文書秦船人河内国高安郡人伊美吉姓を賜う。

攝津

秦忌寸、太秦公宿禰同祖。功満王後也（姓氏錄攝津国諸蕃）

秦人、秦忌寸同祖弓月王之後也（〃　〃）

幡多鄉（兵庫県有馬郡八多村）和名抄有馬郡幡多鄉（發田）在上下。

秦上鄉（豐能郡秦野村）和名抄豐島郡秦上鄉。

秦下鄉（大阪府池田町）和名抄豐島郡秦下鄉。

八部郡　和名抄に八部郡八部鄉とあり。今神戸市の北辺に当る。

川邊郡坂合鄉

西成郡

大波郷

泉北郡八田莊、八田莊には八田寺あり。

播磨　赤穂郡（佐越村）

少宅里

播磨風土記に少宅里は本名漢部里云々川原若狭祖父小宅秦公の女を娶る。三代實錄貞觀六年八月紀播磨国赤穂郡大領外正七位下秦造内麻呂に外従五位下を借敍す。

由来赤穂郡は古昔秦氏の繁栄せし地也郡内に大酒神社あり、秦氏の奉斎する所なり。

但馬　八田鄉（美方郡八田村）和名抄三方郡八田鄉。

和泉　秦忌寸、太秦公宿禰同祖融通王後也（姓氏錄諸蕃）

秦勝、同祖（〃　〃　）

和泉郡波多神社、神名式に記載す。

日根郡波多神社、神名式に記載す。

泉南郡牛田村、舊秦邑に作る。これ皆秦氏に関係あるべし。

姓氏錄に和泉諸蕃秦忌寸秦宿禰と同祖。

淡路　幡多鄉（三原郡榎列村）和名抄三原郡幡多鄉。

備　前　幡多郷（上道郡幡多村）和名抄上道郡幡多郷。

秦原郷（吉備郡秦村）和名抄下道郡秦原郷。秦氏部民の居れる原野の義なるべし。

八田郷（吉備郡箭田村）和名抄下道郡八田郷。

邑久郡穂梨郷
文武紀大寶元年二月四日条「侏儒備前国人秦大兄」

宝龜五年三月十二日正倉院文書備前国邑久郡穂梨郷戸主秦造國足。

宝龜元年三月紀内掃部司員外令史正六位上秦刀良本是れ備前国仕丁巧に狹疊を作る。

仁和元年十二月紀備前国上道郡人白丁秦春貞。

備　中　八部郷（吉備郡総社町）和名抄備中賀夜郡八部郷八田部の曲部の居りしところ。

河面郷辛人里、
天平十一年備中国司解河面郷辛人里戸主秦人部稲麻呂秦人部弟島。

美　作　久米郡南條郷（久米郡福渡町）

清和紀貞觀七年十一月美作国久米郡の人秦豐永。

久米郡南條郷豐樂寺所藏延文三年戊戌七月卅三日如法經大施主名標中秦安近秦眞安秦義雄秦利
平秦延國秦成安の名見ゆ、猶おその頃は秦氏は久米郡にありて族熾なりしか（東作志）出雲元

享釋書に「釋慧達、姓秦氏、美州人也、元慶二年八月三日卒す」

伯耆　西伯郡幡郷村。

出雲　波多郷（飯石郡波多村）和名抄飯石郡波多郷。

神亀三年出雲計帳「秦前賀久美賣外三人及秦眞侍賣秦里刀自賣」

土佐　幡多郡（幡多郡）和名抄波太と註し、延喜式幡多に作る。

秦泉寺（土佐郡。南路志に秦泉寺は舊秦と云ひし在所にて云々）

土佐郡秦村

廿枝郷（高知県高岡郡高岡村）

当国幡多郡は此氏と関係あるか、後世当国に栄えたる長曾我部氏は秦氏を称す。

阿波　延喜板野郡戸籍に秦正月賣等十四人を載す。

伊豫　溫泉郡に畑寺あり。

天平神護二年三月紀「秦首」

天平神護二年紀伊豫国人従七位上秦毗登淨足等十一人姓を阿部小殿朝臣と賜う。

讃岐　山田郡、多度郡、香河郡。

神護景雲三年九月紀香川郡秦勝倉下等五十六戸に秦原姓を賜う。

元享釋書才三に「釋道昌姓秦氏讃岐香河の人、弘仁七年云々」

仁明紀承知二年十一月讃岐国人従六位上秦部福供弟福益等三烟に秦公の姓を賜う。

三代實錄貞觀六年十一月八日讃岐多度郡人美作椽従六位下秦子上成弟無位秦子彌成等の三人に忌寸姓を賜う。

貞觀八年条香河郡人秦成吉。

元慶元年十二月紀香河郡人左少史正六位上秦公直宗弟彈正少忠正七位上秦公直本等改本居貫附左京六条。

延長三年諸門跡譜「觀賢僧正八秦氏讃岐人」

東大寺天平寶字七年十月廿九日文書讃岐国山田郡。

弘福寺田校出注文「復擬主政大初位上秦公大成」

周防

八田鄉（吉敷郡大内村）和名抄吉敷郡八田鄉。
玖珂郡
柞原郡
延喜の当国玖珂郡戶籍「戶主秦子法師」及「（秦氏助柞原鄉戶主秦未成戶）戶主秦今吉戶」等十餘人を載せ、其他秦人、秦子等当国にあり。

用田の二井寺は「天平十六年玖珂郡大領秦皆是の建つる所」と伝う。
太宰府　天承二年閏四月の太在府在廳官人解「監代秦宗貞」
肥前　東松浦郡波多村
肥後　波多郷（宇土郡波多村）和名抄天草郡波多郷。此地は此の氏人の住みしよりの地名なるべし。
鎮西　鎮西の大社筥崎宮、讃岐一宮等は此の氏人を大宮司とす。
長元三年三月太宰府解「大監正六位上秦宿禰」
永承七年六月太宰府官の連署に「大監秦宿禰」
對馬　桓武紀延暦七年八月對馬島守正六位上守穴咋皆麻呂に秦忌寸姓を賜う。
右の秦氏族の分布調査は六國史、姓氏録あるいは先人の研究せられた地名辞典や人名辞典により綜合收錄作製したるものである。したがってこれ以外に調査洩れの箇所が少なからずあることは論をまたぬ。それ等は将来の研究調査によって補足することゝする。

十六、神祕の謎日本とユダヤ

かつて全盛を極めた希伯来王国も紀元前九五三年ソロモンの歿するや南北両朝に分れた。北方はエフライム族中心の十支族を以て構成されたイスラエル王国、南方はユダ族を中心に二支族を以て構成された猶太王国である。北方イスラエル王国は紀元前七百廿二年にアッスリヤに亡され、ついで猶太王国もまた紀元前五百八十八年にバビロンに滅され、さらに紀元前六十三年ローマのために最後の蹂躙を受け故国を追われて世界各地に流寓するに至つたのである。しかるに希伯来の正系と言われるエフラ､イム族をはじめ北朝十支族は紀元前七百廿二年イスラエル王国の滅亡と同時に、爾来二千六百六十七年間杳として行方不明である。西洋学者のいわゆる「失踪十支族」とはこれである。今日いうところの猶太人とは南朝王国を形成していたユダ、ベニヤミン、レビ等の族を称するのであつて、イスラエル十二支族の総称ではない。結局希伯来族はユダ中心の南朝系と、エフライム中心の北朝系とに分れ、前者は現存し、後者は行方不明なのである。その後隣国中國にも南北両朝が現われ、わが国にもまた約千三百年前南北両朝が現われたことは人の知るところである。わが国において先般またいわゆる熊澤天皇なる者が出現し南北朝問題が再燃していることは注意すべきことである。すなわち世界南北朝の源流に復帰せんがための一兆候ではなかろうか。

希伯来王国伝来の三種の神宝はその十支族と共にこれまた今日なお行方不明と称せられているが、わが国の一部には早くから日本にモーゼの十誡石をはじめオニックスその他のイスラエルの神宝が現存すると伝えるものがある。

イスラエル王国は滅亡して以来二千六百年、日本は建国以来二千六百年、一はアジャの極西、一はその極東である。イスラエルは滅亡以来二千六百年を経過して今日その故地たるパレスチナに建国の曙光を認めたのに反し、日本は建国以来二千六百年後の今日ようやくその退潮期を示しているようである。日本がイスラエルの後半身あるいは分身であり、イスラエルがその前半身であると先人は教えたが、聖書の予言が人を欺かざる限り、神の使わし給う大神人の出現をまつて、今やユダとエフライムの二木を合して一の木となし、永遠なる神の世界が地上に展開せらるゝ日の刻々近ずきつゝあるを筆者はひそかに信ずるものである。

エゼキエル書の一節を左にかかげる。

「エホバの言我に臨みて言ふ。人の子よ、汝一片の木を取りて其上にユダ及其侶なるイスラエルの子孫と書き、又一片の木を取りて其上にヨセフ及其侶なるイスラエル全家と書くべし。是はエフライムの木なり。而して汝之を倶に合せて一の木となせ。是れ汝の手の中にて相聯らん。汝の民の人々汝に是は何の意なるか、我等に示さざるやと言ふ時は之に言ふべし。主エホバ斯く言ひたまふ。我れエフライムの手にあるヨセフと其侶なるイスラエルの支派の木を取り、之をユダの木に合せて一の木となし我手にて一つとならしめん。汝が書きつけたるところの木を彼等の目の前にて汝の手にあらしめ彼等に云ふべし。主エホバ斯く言ひたまふ。我れイスラエルの子孫を其往ける国々より出だし四方より彼を集めて其地に導き其地に於て汝等を一つの民となしてイスラエルの山々に居らしめん。一人の王彼等全体の王たるべし。彼等は重ねて二つの民となることあらず。再び二つの国に分れざるべし。彼等また其偶像と其憎むべき事等および其諸《もろく》の愆《とが》をもて身を汚すことあらじ。我れ彼等を其罪を犯しゝ諸《もろく》の住処より救ひ出して之を清むべし。而して彼等は我民となり我は彼等の神とならん。わが僕ダビデかれらの王とならん。彼ら全体の者の牧者は一人なるべし。彼らはわが法律《おきて》にあゆみ、吾が法度《のり》をまもりて之を行はん。彼らは我僕ヤコブに我が賜ひし地に住《すま》ん。是其先祖等が住《すま》ひし所なり。彼処《かしこ》に彼らとその子およびその子の子長久《とこしなへ》に住はん。吾僕ダビデ長久《とこしなへ》に彼らの君たるべし」（以西結書卅七章）

以上の最後の段を按ずるに表現こそ異なるが、その示すところはわが古典の天壌無窮の神勅とほとんど差なきが如しである。

バイブル中にはすでに小谷部氏、木村氏等の指摘せる如く、わが古典あるいは祝詞とほとんど同一なる思想が無数に存在する。八紘為宇の思想も無窮の宝祚を明示するものも幾多存在する。小谷部氏や酒井氏等は現在の日本皇室を以てこれに擬しているがそれは大きな錯覚である。なぜならばそれは終り（の日）にして初めなる日に生ずべき予言に屬することだからである。永遠なる国および王の立てられる日は今後にあるのであつて、「その日」の来らざる以前にすでに予め建てらるゝということは聖書には書いてないようである。

この點ナザレのイエスに対しても筆者は同様の見解を持つものである。「大いなる日」「終りの日」の来らざる前にメシヤすなわちキリストの出現すべき理由《いわれ》がないからである。これらはいずれも今後に属する予言である。

「終りの日」の予言、メシヤ降臨の予言、永遠なる国および長久に至る王の予言は、イエス以前、日本建国以前よりイスラエル經典にも日本古典にも存在し、また民族的に早くから双方共此の予言を有していたのである。もちろん形式は異なつている。メシヤ降臨とは言わないが、天孫降臨といつているのがそれである。「終りの日」とは言わないが、常闇《とこやみ》の世と云い岩戸隠れといい、荒振神の昔ない、狭蠅満《みな》わき萬妖《よろづのわざわい》悉《ことごと》に起りきと云つているのがそれである。

これらの予言を逆用し「その日」の来らざる以前に「われはそれなり」として、メシヤの降臨あるいは天孫の降臨を僭称したものがあるとすれば天賊に近いと云つた人もあるが、筆者はそうは思わない。それは「終りの日」に至るまでの大衆の信仰をつなぎとめ、また永遠に至る国および長久に至る王の一つのヒナ型として、イエスの出現があり、日本国の出現があつたのであつて、「その日」に至るまでの先駆的大役を承わつたのであつて真物のメシヤ、キリスト(再臨のキリストとメシヤとは同一人と解す)永遠の国および王が出るまでの証明として世に出現したものと解したいのである。これらの予言された事柄は必らず今後あるべき筈である。日本の古事記、書紀の神代巻はバイブルと同じく悉く今後の予言記事であると見れば問題は自ら解決し明瞭となるであろう。

日本の古典の神代巻はバイブルの舊約とほとんどその思想は異ならない。おそらく同一民族の奉じた思想が東西に別れて異なつた形式で表現されたものに過ぎないであろう。

「末の日に至りて神の家の山、諸《もろもろ》の山の嶺に立ち、諸《もろ〳〵》の嶺にこえて高く聳へ萬民河の如く之に流れ帰せん。即ち衆多の民来り言はん。いざ我等神の山に登りヤコブの神の家に行かん。神その道を我等に敎へて我等に其路を歩ましめたまはん。

律法はシオンより出で神の言はエルサレムより出づべければなり。彼衆多《おほく》の民の間を鞫《さば》き強き国を規戒《いまし》め遠き処にまでも然し給ふべし。彼らはその劍を鍬《くは》に打《うち》かへその鎗を鎌に打かへん。国と国とは劍を挙て相攻めずまた重ねて戰爭《いくさ》を習はじ……而して神シオンの山に於て今より永遠に之が王とならん。羊楼《ひつじやぐら》シオンの女《むすめ》の山よ。最初《はじめ》の権汝に帰らん。即ちエルサレムの女《むすめ》の国祚《くらゐ》汝に帰るべし」(米迦書四章)

「汝を苦めたる者の子輩は屈みて汝に来り汝をさげしめたる者は悉く汝の足下に伏し汝を神の都イスラエルの聖者のシオンと称へん」（イザヤ書六〇・一四）
「その日汝等イスラエルの子等よ。エホバは打落したる果《このみ》を集むる如く、大河の流よりエヂプトの川に至るまで汝等を一つ一つ集めたまふべし」（イザヤ書二七・一二）
その日とは世の終りのときなり。エホバは神なり。大河はユーフラーテ河にしてすなわちパレスチナに全世界のイスラエル猶太人が復帰するさまを予言したものと言われる。
「われ天地を震動はん。列国の位を倒さん。また異邦の諸国の権勢を滅さん。又車および之に駕る者を倒さん。馬及之に騎る者もおの〳〵其伴侶劒によりて倒れん」（哈基書二・廿一、二二）
「われ即ち命を下し、篩にて物を篩ふが如く、イスラエルの家を萬国の中にて篩はん。一粒も地に落ちざるべし。我民の罪人、即ち災禍われらに及ばず我等に降らじと言ひ居者等は皆劒によりて死ん。其日には我れダビデの倒れたる幕屋を興し、その破壊を修繕ひその傾圮たるを興し、古代の日の如く之を建て直すべし」（亞麼士書九・九）

「誰か東より人をおこしゝや、われは公義《ただしき》をもて之をわが足下に召し、その前に諸《もろもろ》の国を服せしむ。又之にもろ〳〵の王を治めしめん。我名を呼ぶものを東より来らしむ。彼来り諸《もろもろ》の長を踏みて泥の如くにし陶工のつちくれを践むが如くにせん」（イザヤ書四一・二、二五）

「天に大なる声ありて、我らの神の救と能力と国と神のメシヤの権威とは今已に至れり」

（默示錄十章）

「視よ、此地とその民と其四囲の諸国を攻滅さしめて、之を詑異物《おどろくべきもの》となし、人の喘笑《わらひ》となし永遠の荒地となさん。また欣喜の声、歡樂の声、新夫《はなむこ》の声、新婦《はなよめ》の声、礱磨《ひきうす》の音および燈の光を彼等の中にたえしめん」（耶利米亞記二五・九）

何故かくも破壊的なるか、それは建つべきものを立てんがための神の経綸である。すなわち永遠なる神の御国を打樹てんがためにその虚偽なる偶像は打砕かれるのである。建設のための大破壊である。今日の殺戮破壊はすべて立つて永遠に至るものを打樹てんがための神の御経綸であり、地上天国建設の予備行動であると言い得よう。

日本とイスラエル

不許複製

昭和二十五年八月十五日印刷
昭和二十五年八月二十五日發行

（非売品）
会員外頒価　貳百圓

著者　三村三郎
東京都世田ケ谷區成城町八九二
發行者　山中清
東京都大田區古川町一二五三
印刷者　菅野正一
印刷所　城南印刷株式会社
東京都世田ケ谷區成城町八九二
發行所　日猶關係研究会
電話（砧）一二一番

（以印刷代謄寫）

ユダヤ問題と裏返して見た日本歴史

定価　四八〇〇円＋税

昭和五十九年八月二十五日　初版 発行
平成 十 二 年十月二十五日　新装版発行

著者　三村三郎

発行　八幡書店
東京都品川区上大崎二―十三―三十五
ニューフジビル二階
電話　〇三（三四四二）八一二九
振替　〇〇一八〇―一―九五一七四